덴버 모델을 이용한 조기 개입 프로그램

그룹 ESDM

자폐 스펙트럼 장애 아동을 위한 협력적 치료

Giacomo Vivanti · Ed Duncan · Geraldine Dawson · Sally J. Rogers 공저

허은정 · 한상민 · 신지명 · 김민영 공역

Implementing the Group-Based Early Start Denver Model for Preschoolers with Autism

학지사

First published in English under the title
Implementing the Group-Based Early Start Denver Model for Preschoolers with Autism
by Giacomo Vivanti, Ed Duncan, Geraldine Dawson and Sally J. Rogers, edition: 1

역자 서문

『그룹 ESDM: 자폐 스펙트럼 장애 아동을 위한 협력적 치료(Implementing the Group-Based Early Start Denver Model for Preschoolers with Autism)』는 그룹 기반 ESDM 구현의 장단점과 이를 위한 준비 사항, 그리고 프로그램 효과성 평가에 대한 정보도 제공하고 있어 전문가들로부터 높은 평가를 받고 있는 책 중 하나이다. 이 책은 ESDM을 적용하고자 하는 치료사와 교사 및 부모를 대상으로 하며, 자폐 스펙트럼 장애(Autism Spectrum Disorder: ASD) 아동의 조기 개입 및 치료에 관심이 있는 모든 이에게 유용한 정보를 제공한다.

이 책은 그룹 기반 프로그램에서 ESDM을 제공하기 위해 라 트로브 대학교(La Trobe University)에서 개발한 접근방식을 토대로 한다. 그룹 환경은 또래들과 협동 놀이 활동에 참여하고 의사소통을 시작할 수 있는 기회를 제공하여 사회적 영역의 교육 목표를 성취할 수 있도록 해 준다.

G-ESDM 매뉴얼(The G-ESDM Manual)은 라 트로브 대학교의

샐리 로저스(Sally Rogers) 박사, 지아코모 비반티(Giacomo Vivanti) 박사, 신시아 지어허트 우르수(Cynthia Zierhut Ursu) 박사 간 협력의 일환으로 2017년에 출판되었다. 또한 이 책의 저자 중 한 명인 제럴딘 도슨(Geraldine Dawson)은 ASD 분야에서 국제적으로 인정받는 심리학자이자 신경과학자이다. 그녀는 ASD 진단과 치료 및 조기 개입에 대한 교육적 · 임상적 연구를 수행하고 있으며, 자폐 아동의 발달 이론을 연구하는 데 중점을 두고 자폐 아동의 조기 개입 프로그램 개발 및 평가에도 참여하였다. 또한 오티즘 스픽스(Autism Speaks)의 전 CEO이자, 노스캐롤라이나 대학교 채플힐(University of North Carolina at Chapel Hill)의 교수이기도 하다.

로저스 박사는 ASD에 대한 교육 연구 및 임상적 기여로 School of Medicine Research Award(2008), 미국심리학회(American Psychological Association: APA)의 John W. Jacobsen Career Award(2013) 등 많은 상을 받았다. 또한 자폐 관련 연구원 및 임상전문가의 세계적인 네트워크를 만든 업적과 그 공로를 인정받아 국제자폐연구협회로부터 자폐 연구 분야에 지속적으로 많은 기여를 한 학자에게 수여되는 평생공로상을 받았다.

자폐 영유아 아동 및 가족과 함께 작업하는 로저스 박사의 초점은 일상생활에 존재하는 학습 기회와 상호 작용의 순간을 최대화하여 아동의 관심을 끌고, 의사소통, 언어 및 식사, 놀이, 게임, 책 읽기, 야외놀이, 돌보기 활동과 같은 아동의 전형적인 일상 활동에 포함된 사회적 상호 작용을 아동이 습득할 수 있도록 돕는 것이다. 자폐 아동의 개별 학습 계획은 아동의 학습 설계를 위한 명확한 단계를 제공하여, 목표에 도달할 때까지 발달적 · 행동적 순서를 따라 이동하게 된다. 로저스 박사는 아동에게 가장 영향력 있고 중요한 교사를 부모로 보았으며, 따라서 가정에서 아동에게 필요한 학습 기회를 포착하여 가르치도록 하고 있다.

앞서 출간된 『어린 자폐증 아동을 위한 ESDM』(정경미 외 공역, 2018)에서 ESDM의 근간을 이루는 이론과 접근방법, 그리고 체크리스트를 활용한 목표설정 방법으로 자연스러운 환경에서 자폐 아동의 전반적 발달을 이끌어 내는 길을 제시하였다. 이 책에서는 그룹 기반의 ESDM을 운영하기 위한 직원 배치, 직원의 비율, 물리적 공간구성, 그룹에서 학습을 가르치는 비율, 프로그램 중재 충실도, 커리큘럼, 팀 구성 등을 비롯해 그룹에서 필요한 여러 가지 가이드라인을 싣고 있다. 그룹 기반의 ESDM은 아동에게 보다 친밀한 환경에서 자연스러운 기회를 활용한 방법들을 사용하도록 하고 있어 조기집중교실이나 그룹치료세팅에서 아주 유용할 것이라고 생각한다.

현재 ASD 진단이 지속적으로 증가함에 따라 최대 뇌 가소성 기간 동안 학습 기회를 극대화하기 위한 조기 개입의 필요성이 강조되고 있다. 1:1 집중 조기 개입은 자폐 아동을 위한 개입방법으로 가장 자주 연구되고 실행되는 반면, 이러한 프로그램을 전달하는 데는 비용과 부모의 시간을 요구한다는 잠재적인 어려움이 있다. 이러한 장벽을 해결하기 위해 설계된 한 가지 접근방식은 ESDM의 그룹 전달(G-ESDM)이라고 할 수 있다.

자연주의적 발달 행동 접근법인 ESDM은 학제 간 팀을 활용하여 정서, 주의력, 동기 부여 및 정서에 초점을 맞추고 어린 자폐 아동이 직면한 광범위한 문제를 해결하고자 한다. ESDM 개입 전략은 아동의 관심과 강점 활용, 공동 활동 루틴 구축, 사회적 상호작용의 사회적·정서적·의사소통적 요소 증폭, 의미 있고 동기 부여가 되는 일상 루틴에 학습 기회 포함 등 성인 및 또래와의 상호 작용에 적용될 수 있다. 따라서 치료는 조기 학습 및 보육 환경을 포함하여 아동이 처한 모든 환경(예: 병원, 가정)에서 이루어질 수 있다.

G-ESDM은 전형적으로 발달하는 아동의 사회-인지 발달에 대한 또래와의 조기 상호 작용 및 유치원 경험의 유익한 효과를 지지한다. G-ESDM은 초기 발달 과정의 자폐 아동에게 고품질 조기 학습 및 관리 환경에서 성인이나 또래와의 상호작용을 통해 사회적·학습적 기회를 제공하는 것을 목표로 한다.

그룹 환경의 또 다른 이점은 자폐 아동이 또래들과 함께 학습할 수 있는 기회를 갖는다는 것이다. 유아원 및 보육 프로그램은 의미 있고 상호적인 놀이 및 또래와 일상생활에 참여할 수 있는 기회를 촉진하는 것을 포함하여 조기 교육의 일부로서 사회성 기술을 강조하며, 이는 아동에게 개별적인 ESDM 목표를 최대한 반영하고 촉진할 수 있다.

이 책의 저자 중 한 사람인 로저스 박사는 "나는 이 일을 사랑하기 때문에 이 일을 한다."라고 말했다. 이는 로저스 박사에게만 국한되지 않고 현재 각 임상과 연구현장에서 열정적으로 일하고 있는 모든 사람의 마음이기도 할 것이다. 로저스 박사는 10살 때 『라이프(Life Magazine)』에서 자폐 아동의 행동치료에 관한 기사를 읽고 관심을 갖게 되었다고 한다. 대학교에서 자폐 스펙트럼 장애에 대한 관심을 시작으로 자폐 아동과 일하면서 점차로 그녀의 커리어와 기여가 커진 것이다. 이처럼 지금 어린 자폐 아동과 일하고 있는 전문가 혹은 미래의 전문가가 우리나라의 자폐 스펙트럼 장애 연구에 큰 발전을 가져오기를 소망한다.

자폐 아동들을 위해 최전선에서 일하고 연구하느라 여념이 없지만 바쁜 시간을 쪼개어 번역을 좀 더 자연스럽고 매끄럽게 하기 위해 모였던 공역자들께도 고마움을 전한다.

끝으로, 우리나라의 자폐 스펙트럼 장애에 대한 증거기반치료, 특히 응용행동분석의 역사는 길지 않다. 그러나 그 시작점에서

후학을 양성하시고 누구보다 열정적으로 응용행동분석이라는 학문이 자라날 수 있는 토양을 마련해 주신 홍준표 중앙대학교 명예교수님께 깊은 감사를 드린다.

2024년 봄, 일산 정발산동에서
허은정

추천사

Early Start Denver Model(ESDM)이 호주에 소개된 것은 내가 3개 팀의 훈련을 위해 샐리 로저스(Sally Rogers) 박사, 신시아 지어허트(Synthia Zierhut) 박사 그리고 로리 비스마라(Laurie Vismara) 박사를 초빙했던 2009년이었다. 2007년에 캘리포니아 대학교 데이비스 캠퍼스(University of California, Davis)의 마인드 연구소(MIND Institude)를 방문했을 때, 나는 ESDM 개입을 직접 관찰했고 그것을 뒷받침할 만한 증거 기반들을 잘 알고 있었다. 당시 ESDM은 12개월 수준의 아주 어린 자폐 아동에게 적합한 포괄적 조기 개입 접근법으로 유일했다. 2006년부터 라 트로브 대학교(La Trobe University)에서 '사회적 관심과 의사소통 감시(Social Attention and Communication Surveillance, 이하 SACS)'라는 진단도구를 사용하여 자폐를 조기 진단하고 있었고, 이로 인해 멜버른 지역에서는 아주 어린 아동에 대한 개입 수요가 계속 늘고 있었다.

2010년, 호주 연방의 기금을 받아 라 트로브 대학교에 빅토리아 자폐 조기 학습 및 치료 센터(Autism Specific Early Learning and

Care Centre, 이하 ASELCC)가 설립되었다. 오랜 역사를 자랑하는 라 트로브 대학교 지역 아동센터의 부속이자, 저명한 라 트로브 대학교의 동문이며 호주 자폐 연구의 대표적인 연구자인 마고 프라이어(Margot Prior) 교수의 이름을 따서 '마고 프라이어 윙(The Margot Prior Wing)'이라고 불리는 이 센터에서 자폐 아동들에게 주간 보육 환경에서 조기 개입을 실시하게 되었다. 마고 프라이어 윙 센터는 ESDM 실시에 이상적인 환경을 제공하였고, 유아 교육자와 보육 전문가가 보건의료 전문가와 협력하여 그룹 환경에서 조기 개입을 실시하게 되었다. 이 팀을 훈련시키기 위해 로저스 박사도 멜버른으로 돌아왔다.

로저스 박사 팀의 성과에 힘입어 지아코모 비반티(Giacomo Vivanti) 박사와 신시아 지어허트 박사가 빅토리아 ASELCC에 합류하여 지속가능한 그룹 기반의 ESDM 프로그램의 연구 및 실시를 주도하였다. 이 프로그램은 멜버른 지역의 수많은 가족과 아동에게 지속적인 혜택을 안겨 주었다. 아이들은 그들과 함께 지내며 공동체를 이루는 또래와 더불어 지속가능한 혜택을 누리게 되었다. 이 성공적인 결과는 많은 과학 잡지에 소개되었다. 그러나 치료에 헌신했던 직원이 아니었다면 가능하지 못했을 일이다.

마고 프라이어 윙 센터의 뛰어난 다학제 팀은 오랜 기간에 걸쳐 어린 아동을 대상으로 그룹 기반의 ESDM을 적용할 수 있도록 잘 정비되어 있으며, 이 매뉴얼은 바로 그들의 보석 같은 업적에 기반하고 있다. 그러므로 나는 이 책을 당신에게 적극적으로 추천하는 바이다.

올가 테니슨 자폐연구센터(Olga Tennison Autism Research Center)
셰릴 디사나야케(Cheryl Dissanayake)

차례

○ 역자 서문 3
○ 추천사 9

제1장

자폐의 조기 학습

○ 초기 발달과 학습 ········· 19
○ 또래로부터 배우기 ········· 22
○ 조기 학습의 뇌와 인지적 기반 ········· 24
○ 조기 학습과 전형적인 발달에 대한 요약 ········· 28
○ 자폐 스펙트럼 장애의 학습 ········· 29
○ 자폐의 원인은 무엇인가 ········· 31
○ 자폐는 어떻게 학습을 방해하는가 ········· 32
○ 자폐와 학습: 교육의 역할은 무엇인가 ········· 36
○ 결론 ········· 37
○ 참고문헌 ········· 37

제2장

그룹 기반의 ESDM: 기원, 원리 및 전략

○ 왜 자폐를 개입해야 하는가 ……… 44

○ 왜 조기에 집중적으로 개입해야 하는가 ……… 46

○ 왜 ESDM인가 ……… 48

○ ESDM의 원리 ……… 49

○ ESDM에서 G-ESDM으로 확대 ……… 60

○ 자폐를 위한 그룹 개입의 잠재적 우려 사항들 ……… 64

○ 결론 ……… 69

○ 참고문헌 ……… 71

제3장

G-ESDM에서 치료 목표 만들기

○ G-ESDM의 개별 학습 목표 ……… 78

○ 학습 목표 구성 ……… 81

○ 학습 목표와 교육 단계의 숙달을 정의하는 기준 식별하기 ……… 86

○ 환경적 고려 사항: 모든 환경이 개별 목표를 달성할 수 있는 동일한 기회를 제공하지는 않는다 ……… 90

○ 측정 항목의 개선: G-ESDM에서 데이터 수집 ……… 91

○ 결론 ……… 97

○ 참고문헌 ……… 97

제4장
G-ESDM 팀 및 학습 환경 구축

○ G-ESDM 팀 설계 …… 100
○ G-ESDM 교실 설계 …… 104
○ G-ESDM 플레이룸의 다양한 학습 영역 …… 111
○ 놀이 활동 센터 …… 112
○ 소그룹 및 대그룹 영역 …… 114
○ 다른 영역들 …… 119
○ 영역 간 전환 …… 122
○ 물리적 공간을 구성하는 데 도움이 되는 질문 …… 122
○ 결론 …… 123
○ 참고문헌 …… 124

제5장
G-ESDM 교실 커리큘럼 개발

○ G-ESDM의 커리큘럼 활동: 그룹 루틴 내에 개별 아동의 목표 통합하기 …… 128
○ 자폐 아동을 위한 직접 교수를 일상생활에 포함하기 …… 133
○ 이를 실현하는 방법: 팀 협력 및 매일의 '합동연주회' …… 136
○ 전환 지원 …… 139
○ G-ESDM에서의 역할과 책임 …… 139
○ 개입은 계획한 대로 진행되고 있는가: G-ESDM 내의 충실도 측정 …… 143

○ 결론 …… 146
○ 참고문헌 …… 147

제6장

G-ESDM 치료 전략

○ 개입의 맥락 …… 150
○ G-ESDM에서 사용되는 개입 전략 …… 151
○ 결론 …… 175
○ 참고문헌 …… 176

제7장

또래 상호 작용 및 사회적 참여를 통해 학습 촉진하기

○ 조기 학습에서의 또래 역할 …… 179
○ 통합 환경에서 사회적 참여 구상하기 …… 181
○ 올바른 분위기 조성: 통합을 위한 철학적 준수 및 실질적인 지원 … 183
○ 통합 환경에서의 개별화된 목표 …… 189
○ 또래를 참여시키는 교육 전략 …… 192
○ 결론 …… 200
○ 참고문헌 …… 202

제8장
아동이 진전을 보이지 않는다면 어떻게 해야 하는가

○ 왜 몇몇 아동은 개입 프로그램에 빠르게 반응하는 것에 실패하는가 …… 206
○ 언제 교육 방식을 변경해야 하는가 …… 207
○ 만약 아동이 학습하지 않으면 무엇을 할 수 있는가 …… 210
○ 아동이 여전히 배우지 않는다면 …… 214
○ G-ESDM 의사결정 과정에서의 전문가 투입 …… 224
○ 아동이 언어를 말하고 사용하는 능력의 진전을 보이지 않으면 어떻게 하는가: 언어병리학자의 도움 …… 224
○ 아동의 문제행동이 프로그램을 방해한다면 어떻게 해야 하는가: 행동분석의 도움 …… 229
○ 결론 …… 230
○ 참고문헌 …… 233

제9장
자주 묻는 질문들

○ G-ESDM은 모든 자폐 아동에게 적합한가 …… 237
○ ESDM은 자폐 이외의 진단을 받은 아동에게 적합한가 …… 239
○ ESDM과 G-ESDM의 효과를 뒷받침하는 과학적 증거는 무엇인가 …… 240
○ G-ESDM을 제공하려면 어떤 자격이 필요한가 …… 242

○ 보호자는 G-ESDM 내에서 어떤 역할을 하는가 …… 242
○ G-ESDM에서 시각적 지원의 역할은 무엇인가 …… 243
○ 이 책의 많은 활동은 아동이 책상에 앉아 있어야 한다. 만약 아동이 몇 초밖에 혹은 전혀 앉아 있지 못한다면 어떻게 해야 하는가 …… 247
○ ESDM은 감각 반응을 어떻게 다루는가 …… 249
○ 태블릿 PC 또는 다른 모바일 기술 도구가 G-ESDM에서 학습을 촉진하기 위해 사용되는가 …… 251
○ G-ESDM 프로그램에서 계획 및 회의는 어느 정도 필요한가 …… 252
○ 다학제적 팀 문화는 어떻게 확립될 수 있는가 …… 254
○ G-ESDM 프로그램의 관리자로서 G-ESDM 실행에 도움이 될 수 있는 자료가 있는가 …… 255
○ 참고문헌 …… 256

○ 부록: G-ESDM 충실도 평가 도구 259
○ 찾아보기 275

제1장

자폐의 조기 학습*

자폐 아동에게 학습이 어려운 이유는 무엇일까? 그리고 어떻게 하면 아이들이 좀 더 쉽게 배우도록 가르칠 수 있을까? 그 해답을 찾는 첫 단계는 자폐가 없는 아동이 유아기에 양육자와 또래로부터 어떻게 배우는지를 살펴보는 일이다.

초기 발달과 학습

세상에 태어났을 때 아동이 혼자 할 수 있는 일은 거의 없다. 다른 동물과 비교했을 때, 인간의 아이가 혼자 힘으로 주변 환경을

* Giacomo Vivanti · Geraldine Dawson · Sally J. Rogers

탐색할 기술을 갖추려면 훨씬 더 많은 시간과 도움이 필요하다. 하지만 인간은 태어나면서부터 스스로 발달을 지원하는 강력한 도구를 갖추고 있다. 바로 학습이다.

발달 초기의 아이들은 주변의 물리적 · 사회적 환경 속에서 자기만의 발견과 경험을 통해 배운다. 인지 능력과 언어 능력이 완전히 발달되기 훨씬 전부터 아이들은 타인과의 즐거운 사회적 상호 작용을 갖고, 일상생활의 틀 속에서 새로운 기술을 습득하고, 세상에 대한 지식을 넓힌다. 새, 강아지, 유인원과 같은 다른 종들도 환경을 탐색하고 다른 개체와 상호 작용하면서 새로운 행동을 배울 수 있지만 인간의 학습은 여러 측면에서 아주 독특하다.

첫째, 유아기부터 아이들은 빨리 배운다. 아이들은 엄청난 속도로 새로운 행동, 새로운 단어, 새로운 개념을 배운다. 이 엄청난 속도는 아이들이 새로운 것이라면 무엇이든 좋아하는 데에서 일부 기인한다. 행동이든 단어든 물건이든 소리든 모든 새로운 것은 아이들의 주의를 끄는 것 같다. 하지만 새로움만으로 이 속도를 설명하기는 충분치 않다.

인간의 학습 속도에 영향을 미치는 두 번째 요소는 사회적 상호작용에 대한 동기(motivation)와 관련이 있다. 유아의 학습은 특별한 종류의 호기심, 즉 사람의 얼굴, 행동, 감정에 대한 자연스러운 매력에 이끌린다. 아이들은 뭔가를 혼자 하기보다는 남들과 함께 하는 경향이 있다. 일반적으로 아이들은 혼자 하는 활동보다는 사회적 교류로부터 더 많은 보람과 동기를 경험한다. 다른 사람과 함께 있으려는 (그리고 다른 사람과 비슷해지려는) 아이들의 선호와 동기는 상대방과의 상호 작용에도 본질적으로 영향을 미쳐 그들의 관심과 참여를 이끌어 낸다. 결과적으로, 발달 초기 아동의 사회적 동기는 우연한 경험만으로는 학습할 수 없을 새로운 기술을 배우는 풍부한 기회를 제공한다.

세 번째 영향 요소는 타인으로부터 선택적으로 학습하는 성향과 관련이 있다. 성인과 마찬가지로 아이들도 무엇을, 누구에게, 언제 배워야 하는가에 대해 매우 까다롭다. 아이들은 자신에게 노출된 모든 것을 행동 목록에 무분별하게 저장하기보다는 ① 학습 대상자와 정서적 유대감을 경험하고, ② 자신에게 중요한 목표에 새로운 행동과 단어가 긍정적인 작용을 할 때 이를 학습하는 경향이 있다. 최근 연구에 따르면, 아이들은 자신을 무시하는 사람보다 자신을 바라보는 사람을 더 잘 모방한다. 눈 맞춤 형성이 성인과 아동 간에 사회적 연결과 정서적 참여를 만들기 때문이다(Vivanti & Dissanayake, 2014; Over & Carpenter, 2012). 엄마가 쇼핑 목록을 작성하는 동안 그 옆에 앉아 있는 아이를 상상해 보자. 엄마가 쇼핑 목록을 작성하면서 아이를 쳐다보고 미소를 지으면 아이 역시 종잇조각에 낙서를 시작할지도 모른다. 하지만 엄마가 쇼핑 목록을 작성하는 동안 통화를 하거나 요리책을 보면서 아이에게 무관심하면 모방 행동은 잘 나타나지 않는다.

마찬가지로, TV를 통해 언어에 노출되기만 하고 그 언어를 말하는 사람과 상호 작용할 기회가 없을 때보다는 그 언어를 말하는 누군가와 함께 놀 수 있을 때 아이들은 새로운 언어를 배울 가능성이 높다(Kuhl, 2007). 끝으로, 아이들은 문제해결과 목표 달성에 도움이 되는 기술을 더 잘 배운다(Williamson, Meltzoff, & Markman, 2008). 그러므로 유아기 발달의 장(場)인 사회적 호기심, 즐거움, 정서적 참여, 목표 달성에 대한 흥미는 학습 과정에서 발생하는 부산물이 아니다. 오히려 이들이야말로 인지발달 과정에 있어 주된 재료이다. 일상적인 가사와 놀이 활동 중에 아동-양육자가 꾸준하게 상호 작용하면 바로 이러한 요소들이 결합하여 유아기 아동에게 날마다 학습 경험을 제공하는 맥락으로 작용한다.

또래로부터 배우기

양육자만 사회적 학습의 기회를 제공하는 건 아니다. 유아기부터 아이들은 자연스럽게 또래 친구에 집중하고 함께 노는 경향이 있다(Sanefuji, Ohgami, & Hashiya, 2006). 또래는 특히 놀이 맥락에서 다양한 학습 기회를 제공한다. 취학 전 또래 놀이는 **공동** 활동(예: 둘 이상의 상대가 필요한 사회적 활동)에 참여하려는 욕구, 그리고 활동의 목표나 결과에 대한 관심에 의해 이루어진다. 예를 들면, 두 명의 아이가 블록으로 높은 탑을 쌓을 때, 아이들은 활동 중에 상호 간 사회적 참여(예: 마지막 블록을 쌓는 순간 함께 느끼는 긴장감)에서 즐거움을 얻게 되고, 다시 이것은 탑 쌓기라는 목표를 달성했다는 기쁨과 결합된다.

걸음마 단계의 유아기 즈음이면 이미 아이들은 성인의 지시 없이도 스스로 기본적인 놀이에 참여할 준비가 되어 있다. 아이들은 **공동**의 목표를 중심으로 행동을 조직화할 수 있으며, 행동을 조정하기도 하고, 놀이 상대와 감정을 공유하기도 한다(Tomasello & Hamann, 2012). 술래잡기를 예로 들어 보자. 아이들은 시선을 교환하면서 함께 웃는다. 아직 언어로 소통할 수 없어도 아이들은 몸짓, 표정, 자세, 상호 모방을 통해 자신의 생각, 감정, 의도를 공유하며 계속 소통한다. 세 명의 아이가 놀이터에서 술래잡기를 하다가 그중 지친 한 명이 한숨을 쉬면서 기진맥진한 표정으로 더는 못하겠다는 듯 주저앉는 장면을 상상해 보자. 그럼 이것을 본 다른 두 아이도 함께 앉아 교대로 풀밭을 뒹굴지 모른다. 이 예에서 다른 두 아이는 앞선 아이의 행동과 감정을 관찰하고는 자신의 행동을 조정한 것이다. 또래와의 일상적인 놀이는 번갈아 하기(turn-taking), 모방, 감정 공유, 합의된 의사결정 등 복잡한 사회적 · 협력적 행동을 실험할 수 있는 기회를 제공함으로써 풍부한 학습 경험을 안겨 준다.

또래와의 일상적인 놀이에 반복해서 참여하는 것은 공감 능력이나 사회적 이해 같은 정교한 인지처리 능력의 발달과도 관련이 있다. 예를 들면, 비슷한 나이의 형제자매와 함께 자란 아동은 또래 놀이를 통해 사회적 지식을 연습할 기회가 적은 외동에 비해 타인의 생각과 감정을 더 잘 이해하는 편이다(McAlister & Peterson, 2007). 또한 또래와의 일상 놀이는 우정을 형성하고 유지하는 능력의 발달과도 관련이 있다. 유아기에는 보육센터와 같은 조기 학습 환경이 또래와의 공동 활동에 참여를 유도하는 최적의 환경을 제공하는데, 연구에 따르면 보육 환경의 질이 높을수록 아동의 인지 · 언어 · 사회 발달이 향상되는 것으로 나타났다(National Institute of Child Health and Human Development Early Child Care Research Network, 2000, 2003). 또래는 성인이 제공할 수 없는 학습 기회를 제공한다. 이유는 간단하다. 아이들은 또래를 자신이 가진 수준의 인지, 선호도, 운동 기술, 감정 반응을 지닌, 자신과 비슷한 존재로 보기 때문이다. 또래의 행동을 이해하다 보면 아이들은 특별한 방법으로 자기 자신에 대한 통찰력을 얻게 된다.

조기 학습의 뇌와 인지적 기반

인간의 뇌는 이러한 조기 학습 경험을 촉진할 만한 일련의 시스템을 갖추고 있다.

그중 하나는 이미 알고 있는 것보다는 새로운 자극을 감지하고 반응하는 데 특화된 뇌 네트워크이다. 이 시스템을 통해 아이들은 불필요한 정보를 배제하면서 새로운 잠재적 학습 원천에 집중할 수 있다. 중요한 것은, 예상치 못한 새로운 자극에 반응하여 활성화되는 뇌 부위가 이 새로운 자극이 지닌 정서적 중요도와 보상가치를 처리하여 학습을 작동시키는 뇌 영역과 연결되어 있다는 점이다. 예를 들어, 아이가 난생 처음 북을 두드리는 또래를 보았다면 이 정보는 기존 정보에 비해 더 의미 있고 더 흥미로운 것으로 입력된다. 결과적으로, 북 치는 아이에게 완전히 집중하게 되고, 장난감을 갖고 노는 아이는 이미 익숙한 (별로 의미도 없고 흥미롭지도 않은) 대상이므로 별로 신경 쓰지 않게 된다. 따라서 새로운 행동은 '눈에 잘 띄어' 기억에 남기 때문에 모방될 가능성이 높아진다.[1] 이러한 신경망이 반영하는 메커니즘에서는 새로운 것에 주목하는 능력과, 보상을 얻기 위해 새로운 자극을 찾으려는 동기가 서로 연결된다(Bunzeck & Düzel, 2006). '미답의 세계'(그리고 그에 따른 보상의 기대)를 선호하고 '이미 알려진 것'은 무시함으로써 인간의 뇌는 물리적 · 사회적 세상을 탐험하면서 능동적으로 학습할 수 있는 최적의 조건을 갖춘다.

두 번째 메커니즘은 아이들로 하여금 학습 기회의 가장 중요한 원천인 '인간'과 '인간의 행동'이라는 사회적 정보에 태생적으로 유독 관심을 기울이게 만드는 신경망 프로그램이다. 이 특별한 신경 회로는 생물학적 움직임(예: 입술을 두드리거나 손뼉을 치는 사람)과 비사회적 정보(예: 자동차 와이퍼의 움직임)를 구별해 내는 데 특화되어 있다. 사회적 정보는 발달 초기부터 '특별한 대상'으로 여겨져, 아이들은 태어날 때부터 얼굴, 목소리, 기타 생물학적 움직임에 주의를 기울인다(Johnson, Grossmann, & Farroni, 2008). 생후 첫 한 시간 동안 신생아는 양육자의 옷이나 천장에서 돌고 있

1 중요한 것은, 감정을 처리하는 뇌 영역에서는 어떤 새로운 정보도 '흥미로운 것'으로 처리하지 않는다는 점이다. 일부 정보(예: 개 짖는 소리)는 보통 무서운 경험으로 남는다. 주의력과 감정 처리 영역이 연결되면 새로운 자극에 대해 신속하게 감정적으로 반응할 수 있지만, 그것이 어떤 특정한 감정인가는 해당 사건의 성격에 따라, 그리고 그 사건에 양육자와 또래가 어떻게 반응하는지 관찰하면서 결정된다.

는 선풍기보다 양육자의 얼굴을 더 자주 쳐다본다.

이러한 사회적 주의편향(attention bias)은 학습의 기원과 발전에 기여하는 제3의 신경계인 '모방'과 관련이 있다. 태어난 지 몇 시간 만에 아이들은 인간의 행동(예: 혀 내밀기)을 모방하는 능력을 평생 보유한다. 서로 연결된 신경 시스템들에 의해 새로운 행동을 모방하는 중요한 절차가 가동되는데, 그중에는 '거울 뉴런 시스템'이라는 특별한 뇌 네트워크도 포함되어 있다. 이 뇌 네트워크 세포들은 자기가 직접 어떤 동작을 하든 그 동작을 하고 있는 다른 사람을 관찰하든(예: 본인이 컵을 잡는 것과 타인이 컵을 잡는 모습을 관찰하는 것) 똑같은 방식으로 반응하는데, 결과적으로 해당 동작 수행과 연결된 동일한 운동 경로를 자극하게 된다. 많은 학자에 따르면, 이 과정을 통해 아이는 자신이 비슷한 동작을 하고 있다고 여기면서 타인의 행동을 이해한다(Rizzolatti & Sinigaglia, 2008). 마찬가지로 뇌에는 특정한 감정과 감각에 대해 관찰과 경험 모두에서 동일하게 반응하는 영역이 있어 아이들은 초기 발달단계부터 주변인(성인 및 또래)의 감정과 기분을 받아들일 수 있다(Thioux & Keysers, 2010).

또한 유아의 뇌에는 타인의 행동을 감지하고 학습하는 시스템뿐 아니라 사람들의 의사소통 목표를 인식하고 읽어 내는 데 특화된 네트워크도 있다. 바로 이것이 유아의 빠른 학습과 관련된 네 번째 신경 시스템이다. 이 전용 네트워크를 통해 타인의 시선은 의사소통의 신호로 처리되어 내가 관심 대상이 되었다는 느낌을 전달한다. 유아기부터 우리는 누군가 우리를 보고 있을 때 이를

'나는 너에게 어떤 의사를 전달할 거야' 또는 '너는 나의 다음 행동의 대상이야'라는 메시지로 읽는다. 반대로, 그의 시선이 특정 물체에 고정되어 있다면 **그 물체**가 그 사람의 미래 행동의 대상이 될 것임을 뜻한다. 이러한 이해는 아이가 두 가지 관점, 즉 자신의 관점(예: 그가 '나'에게 말할 거야)과 상대의 관점(예: '그'가 말할 거야)을 처리할 수 있음을 보여 준다. 발달 초기부터 등장하는 이 능력, 즉 타인의 행동과 의도를 자신의 행동과 의도와 정신적으로 조정하는 이 능력(기술적인 용어로 '공동 주의'라고 부른다)은 유아와 성인의 인지 형성에 중요한 것이다. 아이는 타인의 행동을 의도적인 것으로 보고 타인과 자신이 동일한 물리적 · 정서적 '공간'을 공유한다고 경험한다. 이는 **사람으로부터**, 그리고 **사람에 대해** 학습하는 중요한 바탕이다(Csibra & Gergly, 2007; Mundy, 2016).

뇌의 앞뒤에서 병렬로 작업하는 다양한 신경회로는 관심 있는 사물/사건에 대해 타인과 자신의 시선과 몸짓을 안내하고 조정하는 능력(예: 양육자를 한 번 쳐다본 다음 하늘에 보이는 비행기를 포인팅하는 것) 뿐만 아니라 타인의 시선과 몸짓의 방향을 따라가는 능력(예: 양육자가 포인팅하는 책 속의 특정 사물을 바라보는 것)을 지원한다. 발달 초기부터 등장하는 이 행동은 공동 주의의 개시 또는 반응을 통해 아동이 타인과 정보를 서로 공유함으로써 학습에 필요한 최적의 바탕을 제공한다(Bruner, 1975; Tomasello & Farrar, 1986). 가르치는 사람과 배우는 사람 사이에 주의(attention)를 조정하는 틀이 없다면 사회적 학습의 과정은 상당히 제한될 것이다.

끝으로, 정보가 아동에게 전달되는 방식도 학습에서 중요한 역할을 한다. 유아의 두뇌는 '아동 지향적' 방식으로 전달되는 행동이나 말에 최적으로 반응하도록 되어 있기 때문이다. 예를 들어, 양육자가 정원에 물을 주면서 크고 과장된 동작(더 '극적'인 행동)과 함께 단순한 언어로 그 동작을 설명하면서 긍정적인 행동과 말(예: 아이를 향한 미소와 눈 맞춤)을 더한다면 아이가 그 장면에서 사용된 단어나 동작을 더 잘 알아차리고 기억하고 학습할 가능성이 높다. 즐거운 언어적 · 비언어적 의사소통이 이 방식에 결합되면 주의력, 사회적 연결, 학습 향상이 촉진된다(Weisleder & Fernald, 2013; Brand & Shallcross, 2008). 만일 같은 동작과 말이 '중립적' 방식으로 아무런 비언어적 의사소통 신호 없이 사용된다면, 모방과 학습의 가능성은 떨어질 것이다. 두뇌 수준에서 보면, 이러한 아동 지향적 방식이 보여 주는 효과는 결국 정서와 보상 처리를 담당하는 뇌 영역과 구조가 학습과 연결되어 있음을 나타낸다.

조기 학습과 전형적인 발달에 대한 요약

요약하면, 유아의 뇌는 사람이나 사물과의 일상 경험에서 빠르게 학습할 수 있도록 지원하게 되어 있다. 인간의 유아는 새로운 사건, 타인의 목표지향적 행동, 의사소통의 단서 등에 유독 관심을 기울일 준비가 된 채 세상에 나온다. 상대를 대상으로 관심을 공유하고, 모방하고, 감정적인 신호를 이해하고, 긴밀한 관계로 발전시킬 수 있는 독특한 능력이 유아에게는 일찌감치 성숙되어 있다. 이러한 학습 준비 외에도, 유아는 학습 경험을 통해 뇌 기능을 발달시킨다. 유아기 초기에는 뇌 세포나 뇌 세포 간 연결(즉, 시냅스)이 모두 과잉 상태이다. 세포와 시냅스는 사람과 사물을 대상으로 반복된 경험을 하면서 자극받게 되고, 이 반복된 경험은 특정한 경험에 관여하는 여러 다른 뇌 영역을 강하게 연결시킨다. 시간이 지나면서 연결은 더 강해지고, 뇌 세포와 연결 경로는 뇌 구조의 일부가 된다. 반대로, 경험에 의한 자극이 없는 신경 세포와 시냅스는 뇌가 환경에 필요한 기술과 지식을 바탕으로 스스로를 재구성함에 따라 점차 사라진다. 이 과정을 통해 뇌는 아이의 일상생활 사건들을 처리하기 위해 더욱 전문화되고, 다른 뇌 영역에 있는 신경 장치를 빌려다 이 전문화된 영역에서 보다 심도 있는 학습을 진행한다. 이런 방식으로 즐겁고 일상적인 사회적 상호 활동을 발달 초기에 반복 경험하면서 아이는 말 그대로 뇌가 다듬어져 점점 빠르고 능숙하게 사회적 정보를 처리하고 일상 업무를 수행할 수 있게 되는 것이다. 아동이 물리적 · 사회적 환경 속에서 지속적으로 겪는 능동적인 경험은 뇌, 흥미, 재능, 기술을 다듬는 데 있어 큰 역할을 한다.

자폐 스펙트럼 장애의 학습

이처럼 사회적 학습에 최적화된 시스템이 자폐 스펙트럼 장애(Autism Spectrum Disorder: ASD)를 지닌 아동에게서는 보이지 않는다.

자폐에 대한 최초의 의학 논문(1943)을 발표했던 오스트리아의 정신건강의학과 의사 레오 카너(Leo Karner)는 두 가지 주요 특징을 강조했다. 하나는 타인과 의사소통 및 관계 맺기의 어려움이고, 또 다른 하나는 반복적이고 틀에 박힌 행동 성향(에 대한 고집)이다. 카너는 이러한 특징들이 사회적 상호 작용, 공감, 조율 능력을 관장하는 생물학적 시스템 속에서 장애를 통해 서로 연결되어 있다고 주장했다.

지금도 중요하게 여기는 이 두 가지 자폐적 특성(American Psychiatric Association, 2013)은 이 복잡한 증후군이 지닌 다른 특징들과 함께, 앞에서 언급한 유아 초기의 발달 과정에 차이가 있음을 말해 준다.

전형적으로 발달하는 또래에 비해 자폐가 있는 아동은 타인을 관찰하거나 모방하고, 또래를 찾아 함께 놀고, 사회적 목적을 지닌 의사소통과 상호 작용을 개시하고, 자신을 향한 사회적 의도에 반응하는 경향 등이 더 적다. 이러한 차이는 발달 초기에 등장하며, 대부분 생후 2년 이내에 눈에 띄게 나타난다.

마찬가지로, 반복 행동의 특이 패턴은 생후 2년차에 명확해진다. 이는 변화에 대한 어려움, 루틴에 대한 집착(예: 매일 똑같은 음식만 먹기, 똑같은 TV 프로그램을 반복해서 보여 달라고 하기), 그리고 신체나 사물을 이용한 동작(예: 손 털기, 점프하기, 물체를 응시하며 움직이기)으로 나타난다. 단일 증상이 아닌 행동 '스펙트럼'이 수반된 자폐 개념은 영국의 정신건강의학과 의사인 로나 윙(Lorna

Wing; Wing & Gould, 1979)에 의해 도입되었다. 특히 그녀는 자폐인마다 발현되는 증상이 서로 매우 다르고, 최중증(사회적 의사소통 행동에 거의 또는 전혀 참여하지 않고 끊임없이 반복 행동과 움직임을 보이는 아동)에서부터 경도(사회적 반응과 개시의 빈도 및 품질에 차이가 있고 반복 행동이 정상 범주는 아니나 '전통적인' 자폐 증상은 보이지 않는 아동)에 이르기까지 연속선상에서 자폐를 묘사했다는 점에서 획기적인 기여를 했다. 대부분 자폐 아동의 중증도는 이러한 양극단 사이 어딘가에 위치하며, 다양한 증상의 표현과 심각한 정도는 시간이 지남에 따라 크게 달라질 수 있다.

자폐의 원인은 무엇인가

자폐의 단일한 원인은 아직 밝혀지지 않았다. 자폐 증상은 뇌 발달에 영향을 미치는 유전적 · 환경적 위험 인자의 복잡한 상호 작용을 포함하여 다양한 생물학적 요인의 발현일 가능성이 있으며, 임신 최초 단계부터 시작되는 것일 수 있다(Minshew et al., 2011). 자폐의 비전형적인 뇌 발달은 뇌 세포에 영향을 미치는 화학물질에서부터 뇌 세포 구조, 뇌 세포 간 연결, 뇌 연결 네트워크, 뇌의 서로 다른 기능별 특화 영역, 각 영역 간 연결에 이르기까지 많은 단계를 포함한다. 자폐의 원인과 증상은 다양하지만, 자폐 아동의 공통적인 특징 중 하나는 자폐가 없는 또래들처럼 타인으로부터 쉽게 배우지 못한다는 점이다.

자폐는 어떻게 학습을 방해하는가

자폐가 모든 학습 분야에 영향을 미치는 것은 아니며, 무조건 학습 문제나 학습 장애를 야기하는 것도 아니다. 자폐가 있는 아동도 많은 기술을 배우고, 어떤 자폐 아동은 학습 능력이 뛰어난 경우도 있다. 예를 들어, 어떤 아이는 자신이 좋아하는 TV 프로그램이나 책의 아주 긴 구절을 암송할 수도 있고, 집에 가는 정확한 경로나 학교까지의 정류장 개수와 이름을 정확히 기억할 수도 있다. 우리는 앞서 자폐 아동이 종종 또래들보다 사람에는 관심이 덜하고, 대신 환경 내 다른 측면에 더 많은 시간을 보낸다고 언급했다. 이것이 자폐 아동의 흥미를 끄는 물건에 대해 많은 것을 학습하는 결과(예: 태블릿 PC 작동법, 자전거 페달 밟는 법)를 낳을 수 있다.

자폐 아동에게 어려운 것은 **사회적** 학습, 즉 타인의 행동과 의사소통에서 배우는 일이다. 전형적으로 발달하는 아이들과 달리 타인의 행동과 말에 특별한 주의를 기울이지 않으므로, 자폐 아동은 자신의 환경으로부터 또는 자신의 환경에 대해 학습할 기회를 잃는다(Dawson & Bernier, 2007; Nuske, Vivanti, & Dissanayake, 2016; Rogers & Dawson, 2010; Vivanti, Hocking, Fanning, & Dissanayake, 2016). 사람에게 관심을 기울이는 별도의 편견이나 선호가 없다면, 아이들은 그 환경에 있는 사물, 지각, 소리, 질감, 맛, 냄새 같은 문자 그대로 '물건'이나 다른 종류의 경험에 많은 시간을 할애하게 될 것이다. 게다가 자폐가 있는 대개의 아이들은 다양한 종류의 감각 정보에 대해 비정상적으로 반응한다. 이것 또한 그들의 행동에 영향을 끼치고, 결과적으로 그들의 학습 경험에 영향을 미친다(Baranek et al., 2013). 예를 들어, 아이가 소음에 매우 민감하다면 붐비는 수영장이나 '시끄러운' 놀이터에서는 놀이 활동에 덜 참여할 것이므로 학습 기회를 놓칠 수 있다. 마찬가지로 모래놀이의 감각적인 느낌에서 특별한 즐거움을 얻는 아이라면 그 활동에 완전히 몰입되어 주변 또래들이 하는 행동에 거의 관심을 기울이지 않게 되고, 사회적 상호 작용과 사회적 학습 기회를 놓친다.

공동 주의에 대한 반응과 개시의 어려움도 초기 사회적 결함이 학습과 연관되어 있음을 나타낸다. 자폐 아동은 흔히 어른의 시선을 따르지 않으며, 사물이나 사건을 포인팅하지 않는다. 예를 들어, 성인이 "저기, 비행기다!"라며 손으로 가리켜도 자폐 아동의 시선이 이를 따라가지 않으므로 성인이 가리키는 사물과 '비행기'라는 단어를 연결하지 못한다. 아이가 타인의 지시나 시선 방향을 따르는 데 어려움(즉, **공동 주의에 반응하지 못하는** 결함)이 많을수록 언어 학습에 어려움을 겪는 것으로 나타났다(Sigman, 1998; Mundy, 2016). 마찬가지로 자폐가 있는 대부분의 아이는 눈 맞춤, 발화, 제스처, 얼굴 표정을 통해 양육자로 하여금 자신이 관심 있는 대상에 주의를 기울이고 유지시키는 능력(즉, **공동 주의를 개시하지 못하는** 결함)이 제한적이다. 관심의 공유가 줄어든다는 것은 아동이 양육자의 반응으로부터 학습할 수 있는 기회, 즉 양육자의 관심이나 사건과 관련된 일상생활 속 단어, 행동, 개념, 습관을 배울 기회가 줄어든다는 것을 의미한다. 끝으로, 놀이 중 또래를 모방하고 교대로 뭔가를 하며 경험을 공유하는 경향이 감소하면 아이는 새로운 기술을 배우거나 우정을 쌓을 소중한 기회를 빼앗기게 되고, 이는 다시 사회적 어려움을 악화시킨다.

사회적 의사소통의 어려움과 더불어 새로운 기술 학습을 방해하는 자폐의 또 다른 측면으로는 행동의 경직성, 즉 '동일성의 집착'이 있다. 앞서 언급했듯, 전형적으로 발달하는 아동은 자연스럽게 새로운 것에 이끌린다. 예를 들어, 이전에 본 적 없는 익숙하지 않은 사건, 말, 행동에 더 많은 관심을 기울이고 결과적으로 새로운 경험에 이끌린다. 자폐가 있는 아동은 새로움보다는 익숙함과 반복에 더 매료되는 것 같다(Brock et al., 2012). 자폐가 있는 아동은 대개 새로운 장소, 음식, 사물, 경험을 경계하고 새롭거나 낯선 상황과 경험을 피하고 싶어 한다. 결과적으로 아이들은 새로운 경험에 필요한 새로운 기술을 배울 기회를 놓친다. 자신의 관심을 끌 만한 흥미나 경험이 적다는 것은 자폐 아동이 왜 자신의 관심 분야에서만큼은 그렇게나 많은 것을 학습할 수 있는지에 대한 이유가 될 수 있다(예: TV 프로그램에 나오는 등장인물들의 이름).

학습을 방해하는 세 번째 자폐적 특성으로는 학습 과제에 집중할 때 주의를 산만하게 만드는 요소를 배제하는 중요한 능력이 있다. 자폐 아동은 집중을 유지하고, 산만하거나 무관한 사건을 무시하는 데 어려움을 겪는 경향이 있다. 전형적으로 발달하는 아동은 놀이 활동 중(예: 양육자와 그림책을 읽을 때) 책 속의 그림이나 놀이 파트너의 말과 행동에 집중하면서 관련 없는 자극(거실의 TV 소리, 방구석의 선풍기 소리, 멀리 지나가는 자동차 불빛 등)은 배제하기 때문에 새로운 것을 많이 배울 수 있다. 반면 자폐가 있는 아동은 과제에 집중하면서 '배경 소음'을 배제하기가 극도로 어려울 수 있다. 일부 자폐 성인에 따르면, 자신이 어렸을 때 종종 혼란스러운 시청각 자극의 대규모 폭격을 당하는 느낌이 들었다고 한다. 그룹 학습 환경에서 주의를 산만하게 만드는 요소를 배제할 수 없고, 사람에 집중하기 어려우며, 새로운 것보다는 익숙한 것에 이끌리는 아동이 저마다 집중하라는 수많은 요구에 공격을 받아 방향감각을 잃거나 정서적으로 고통을 받고 무질서하게 행동하여 이것이 다시 학습에 또 다른 장애를 만들 수 있음을 상상하기란 어렵지 않을 것이다.

결론적으로, 자폐가 있는 아동은 학습이 가능한 영역도 있지만, 사회적 정보 처리에 대한 생물학적 약점, 동일성에 대한 집착, 주의력과 인지와 감정의 어려움으로 인해 성인이나 또래와 일상 속 환경에서 자연스럽게 발생하는 수많은 학습 기회를 박탈당한다. 이는 특히나 사람을 돌보고 이해하는 능력, 유연한 집중력과 행동 능력, 학습 기회에 집중하고 산만한 요소는 배제하는 능력이 상당히 요구되는 또래 그룹 속 학습 상황에서 더욱 그러하다.

생물학적 관점에서 보면, 초기 사회적 학습 경험에 대한 낮은 관심과 참여라는 자폐의 핵심 증상은 영유아기 사회적 학습을 돕는 '타고난' 선호도와 반응성에 차이가 있음을 나타낸다. 이 차이는 다시 사회적 의사소통과 사회적 학습의 발달을 돕는 신경망이 구성되고 특화될 시기에 이를 자극해 줄 만한 학습 경험을 얻지 못하게 한다(Dawson, 2008; Vivanti & Rogers, 2014). 하지만 다행히도 전문적인 교육 프로그램이 조기 시행될 경우 자폐가 있는 아동의 초기 학습 장애를 줄이는 데 큰 역할을 할 수 있다.

자폐와 학습: 교육의 역할은 무엇인가

앞서 설명한 자폐 아동들의 사회적 학습의 어려움은 일찍부터 뇌 기능에 영향을 미치는 다양한 생물학적 요인에 뿌리를 두고 있다. 이러한 생물학적 어려움을 교육 프로그램이 어떻게 해결할 수 있을까? 다행히도 인간의 뇌는 놀라운 학습 기계이다. 학습은 경험에서 비롯되며, 학습은 뇌의 구조와 기능을 변화시킨다. 이 현상을 '뇌의 가소성'이라고 하는데, 연구에 따르면 영유아기에는 뇌가 조직되고 특화되는 과정이 매우 유동적(plastic)이어서 '기꺼이 변할 준비가 되어 있다.' 이는 특별한 도움이 필요한 아동에게도 해당된다. 예를 들어, 자폐와 난독증 분야의 최근 연구에 따르면, 집중 행동개입을 받은 아이들의 뇌 활동이 '정상 기능'한다고 보고되었다(Dawson, 2008; Dawson et al., 2012; Davis et al., 2011; Gabrieli, 2009). 전문적인 개입이 학습을 자극하고 행동을 변화시키며 증상을 감소시키고 뇌 기능을 향상시킬 수 있다는 개념이 바로 다음 장에서 자세히 논의할 'Early Start Denver Model'의 기초이다.

결론

전형적으로 발달하는 아동은 유아기부터 사회적 환경에서 학습할 수 있는 준비가 잘 되어 있다. 익숙하지 않은 새로운 정보에 특히 주목하게 하는 생물학적 절차, 사물이 아닌 사람에 대한 관심, 학습에 유용한 사회적 상호 작용의 참여 성향 등이 이러한 조기 학습의 경험을 지원한다. 자폐가 있는 아동도 학습할 수 있지만, 사회적 정보를 처리하는 생물학적 어려움, 동일성에 대한 집착, 주의력의 어려움 등이 성인과 또래로부터 배우는 능력을 방해할 수 있다. 전문적인 조기 개입은 이러한 어려움을 해결할 수 있다. 이제 다음 장부터 연구와 경험을 통해 그룹 환경에서 자폐 아동의 학습을 지원하는 데 가장 유용하다고 밝혀낸 전략들을 설명할 것이다.

참고문헌

American Psychiatric Association. (2013). *Diagnostic and statistical manual of mental disorders* (5th ed.). American Psychiatric Association.

Baranek, G. T., Watson, L. R., Boyd, B. A., Poe, M. D., David, F. J., & McGuire, L. (2013). Hyporesponsiveness to social and nonsocial sensory stimuli in children with autism, children with developmental delays, and typically developing children.

Development and Psychopathology, 25(2), 307–320.

Brock, M. E., Freuler, A., Baranek, G. T., Watson, L. R., Poe, M. D., & Sabatino, A. (2012). Temperament and sensory features of children with autism. *Journal of Autism and Developmental Disorders, 42*(11), 2271–2284.

Bruner, J. S. (1975). From communication to language–A psychological perspective. *Cognition, 3*, 255–287.

Brand, R. J., & Shallcross, W. L. (2008). Infants prefer motionese to adult–directed action. *Developmental Science, 11*, 853–861.

Bunzeck, N., & Duzel, E. (2006). Absolute coding of stimulus novelty in the human substantia Nigra/VTA. *Neuron, 51*(3), 369–379.

Csibra, G., & Gergely, G. (2007). 'Obsessed with goals': Functions and mechanisms of teleological interpretation of actions in humans. *Acta Psychologica, 124*, 60–78.

Davis, N., Barquero, L., Compton, D. L., Fuchs, L. S., Fuchs, D., Gore, J. C., & Anderson, A. W. (2011). Functional correlates of children's responsiveness to intervention. *Developmental Neuropsychology*, *36*(3), 288–301.

Dawson, G. (2008). Early behavioral intervention, brain plasticity, and the prevention of autism spectrum disorder. *Development and Psychopathology, 20*, 775–803.

Dawson, G., & Bernier, R. (2007). Social brain circuitry in autism. In D. Coch, G. Dawson, & K. Fischer (Eds.), *Human behavior and the developing brain*. Guilford Press.

Dawson, G., Jones, E. J., Merkle, K., Venema, K., Lowy, R., Faja, S., …, Webb, S. J. (2012). Early behavioral intervention is associated with normalized brain activity in young children with autism. *Journal of the American Academy of Child Adolescent Psychiatry,*

51, 1550–1559.

Gabrieli, J. D. (2009). Dyslexia: A new synergy between education and cognitive neuroscience. *Science*, *325*(5938), 280–283.

Johnson, M. H., Grossmann, T., & Farroni, T. (2008). The social cognitive neuroscience of infancy: Illuminating the early development of social brain functions. *Advances in Child Development and Behavior, 36*, 331–372.

Kuhl, P. K. (2007). Is speech learning “gated” by the social brain? *Developmental Science, 10*, 110–120.

McAlister, A., & Peterson, C. (2007). A longitudinal study of child siblings and theory of mind development. *Cognitive Development, 22*(2), 258–270.

Minshew, N., Scherf, K. S., Behrmann, M., & Humphreys, K. (2011). Autism as a Developmental Neurobiological Disorder: New Insights from Functional Neuroimaging. In D. Amaral, G. Dawson, & D. Geschwind (Eds.), *Autism Spectrum Disorders*(pp. 630–647). Oxford University Press.

Mundy, P. C. (2016). *Autism and joint attention: Development, neuroscience, and clinical fundamentals*. Guilford Publications.

NICHD Early Child Care Research Network. (2000). The relation of child care to cognitive and language development. *Child Development, 71*(4), 960–980.

NICHD Early Child Care Research Network. (2003). Does amount of time spent in child care predict socioemotional adjustment during the transition to kindergarten? *Child Development, 74*(4), 976–1005.

Nuske, H., Vivanti, G., & Dissanayake, C. (2016). Others' emotions teach, but not in autism: An eye-tracking pupillometry study.

Molecular Autism.

Over, H., & Carpenter, M. (2012). Putting the social into social learning: Explaining both selectivity and fidelity in children's copying behavior. *Journal of Comparative Psychology, 126*(2), 182–192.

Rizzolatti, G., & Sinigaglia, C. (2008). *Mirrors in the brain. How our minds share actions and emotions*. Oxford University Press.

Rogers, S. J., & Dawson, G. (2010). *Early start Denver model for young children with autism: Promoting language, learning, and engagement*. Guilford Press.

Sanefuji, W., Ohgami, H., & Hashiya, K. (2006). Preference for peers in infancy. *Infant Behavior & Development, 29*, 584–593.

Sigman, M. (1998). The Emanuel Miller memorial lecture 1997: Change and continuity in the development of children with autism. *Journal of Child Psychology and Psychiatry, 39*(6), 817–827.

Thioux, M., & Keysers, C. (2010). Empathy: Shared circuits and their dysfunctions. *Dialogues in Clinical Neuroscience, 12*, 546–552.

Tomasello, M., & Farrar, M. (1986). Joint attention and early language. *Child Development, 57*, 1454–1463.

Tomasello, M., & Hamann, K. (2012). Collaboration in young children. *The Quarterly Journal of Experimental Psychology, 65*, 1–12.

Vivanti, G., & Dissanayake, C. (2014). Propensity to imitate in autism is not modulated by the model's gaze direction: An eye-tracking study. *Autism Research, 7*(3), 392–399.

Vivanti, G., & Rogers, S. J. (2014). Autism and the mirror neuron system: Insights from learning and teaching. *Philosophical*

Transactions of the Royale Society B, 369(1644), 20130184.

Vivanti, G., Hocking, D., Fanning, P., & Dissanayake, C. (2016, in press). Social affiliation motives modulate spontaneous learning in Williams Syndrome but not in Autism. *Molecular Autism.*

Weisleder, A., & Fernald, A. (2013). Talking to children matters early language experience strengthens processing and builds vocabulary. *Psychological Science, 24*(11), 2143–2152.

Williamson, R. A., Meltzoff, A. N., & Markman, E. M. (2008). Prior experiences and perceived efficacy influence 3-year-olds' imitation. *Developmental Psychology, 44*(1), 275.

Wing, L., & Gould, J. (1979). Severe impairments of social interaction and associated abnormalities in children: Epidemiology and classification. *Journal of Autism and Developmental Disorders, 9*(1), 11–29.

제2장

그룹 기반의 ESDM: 기원, 원리 및 전략*

자폐 아동은 배우는 방식이 특별하기 때문에 교사, 치료사, 양육자가 사용하는 교육 기술 또한 특별해야 한다. 현재 연구에 따르면, 자폐 아동의 학습과 발달을 촉진하는 최선의 개입 방법은 ① 조기에 시작하고, ② 하루 종일 시행되며, ③ 근거 기반 전략을 채택하고, ④ 각 아동의 강점과 요구에 따라 조정되고, ⑤ 자폐의 핵심 특성에 집중하여 기능 기술과 적응 기술을 다루고, ⑥ 아동의 발전을 체계적으로 모니터링하고, ⑦ 의사결정에 양육자를 참여시키는 것이다(National Research Council, 2001).

Early Start Denver Model(ESDM)은 앞서 나열한 조기 개입 실제의 최상위 기준을 만족하는 근거 기반 개입이다. ESDM은 자폐 아

---

* Giacomo Vivanti · Cynthia Zierhut · Geraldine Dawson · Sally J. Rogers

동의 학습과 발달을 촉진하기 위해 다양한 분야(발달 과학, 응용행동분석, 사회-정서적 신경과학 등)의 지식을 통합했다는 점에서 독특하다. 이 책에서는 보육센터 환경에서 ESDM을 제공하기 위해 라 트로브 대학교(La Trobe University)에서 개발된 그룹 기반의 조기 개입 덴버 모델(Early Start Denver Model)인 G-ESDM을 설명한다.

이 프로그램의 기원은 1980년대 초로 거슬러 올라가는데, 당시 덴버 모델(Denver Model)이라는 이름의 개입이 콜로라도 대학교 건강과학센터의 샐리 로저스(Sally Rogers)와 동료들에 의해 개발되었다. 최근 샐리 로저스와 제랄딘 도슨(Geraldine Dawson)이 개발한 'Early Start Denver Model(이하 ESDM)'(Rogers & Dawson, 2010a)은 원래의 덴버 모델 커리큘럼을 영유아 수준까지 확장 적용한 것으로, 자폐의 영향을 받는 핵심 영역에 대해 추가로 밝혀진 연구들이 포함되어 있으며, 개별화된 개입 목표를 설계할 수 있도록 ESDM 커리큘럼 체크리스트(ESDM Curriculum Checklist; Rogers & Dawson, 2010b)가 개발되었다.

이번 장에서 우리가 논의할 ESDM 실제의 기본 원리에는 조기 개입, 특히 ESDM의 근거에 대한 논의와 더불어 이러한 원리와 절차를 그룹 환경에서 실행할 수 있는 기초가 담겨 있다.

왜 자폐를 개입해야 하는가

최근까지도 자폐는 부정적인 의미를 함축하고 있었고 고쳐야 할 문제 덩어리로 간주되어 왔다. 이 개념이 치료에 끼친 영향은 극적이어서, 예를 들면 자폐 행동을 '벌하기 위해' 전기충격을 사용할 정도였다. 최근에 와서야 겨우 자폐 아동들의 강점, 독특한 자기 표현과 경험의 방식, 가족과 공동체와 사회에 미치는 영향 등을 긍정적인 시각으로 바라보기 시작했다. 그렇다면 자폐에 개입이 필요한 이유는 무엇일까? 자폐를 옹호하는 수많은 단체는 자폐란 세상에 존재하는 방식 중의 하나이며, '고쳐야 할' 대상이 아닌 지지받고 인정받아야 할 문화라는 생각에서 자폐를 치료해야 할 필요성에 의문을 제기한다.

ESDM 철학 역시 자폐가 있는 각 개인의 고유성이 존중되어야 한다는 개념을 온전히 수용하지만, 동시에 조기 개입이란 자폐 아동의 능력을 극대화하고 가족과 또래의 일상 환경에 참여시키며 사회적 참여를 방해하는 요소를 해결함으로써 아동의 역량을 강화하고 자신의 독특한 잠재력을 충분히 표현할 기회를 제공하는 도구로 인식한다. 이러한 견해는 정상 궤도에서 벗어난 것을 고치거나 근절하는 데에 목표를 두는 '의료적 모형'에서, 시민권, 통합, 자기 정체성과 잠재력 표현을 방해하는 환경적 · 사회적 장벽에 초점을 맞춘 '사회적 모형'으로 전환되는 과정과 일치한다. 따라서 ESDM 철학에서 우리는 자폐 아동이 발달지연과 장애 해결에 필요한 개입을 받아 중요한 사회 기술, 의사소통 기술, 적응 기술을 습득하여 (수동적인 치료 수혜자가 아닌) 능동적인 공동체 일원이 되는 데 필요한 도구를 제공받을 수 있다고 믿는다. 장애인 권리에 대한 유엔 협약(United Nations, 2006)의 원칙과도 일치하는 이 철학은 ESDM 원리와 실제 속에 내재되어 있으며, 자폐 아동의 선호, 동기, 선택을 고려하고 이를 활용하여 자폐 아동이 도전과 기회를 통해 동기와 능력을 확장시킴으로써 사회적 상호 작용의 실제 세계를 탐험할 수 있게 만든다.

이 개념은 자폐 아동 역시 다른 모든 아동과 마찬가지로 그들의 동기, 강점, 흥미가 개입에 반영되었을 때 가장 잘 배운다는 최근의 문헌들과 완전히 일치한다.[1]

왜 조기에 집중적으로 개입해야 하는가

치료를 늦게 시작하는 것보다 일찍 시작하는 것이 바람직한 이유는 여러 가지이다. 앞 장에서 언급했듯이 대뇌에서 사회적 의사소통 회로가 발달하고 조직되려면 사회적 학습 기회가 매우 중요함에도 공동 활동 참여에 대한 낮은 성향 등 일부 자폐의 특성

1 이 개념은 자폐인의 학습에 대한 초기 개념에서 상당히 진보된 것이다. 역사적으로 수십 년 동안 자폐가 있는 사람들은 학습이 불가능하다고 주장되었다. 1960년대에 이 가정(assumption)이 재고된 것은 행동 기법에 의한 학습을 보고한 최초 연구들 덕분이다. 그럼에도 당시뿐만 아니라 그 이후 수십 년 동안, 자폐인의 학습은 '정상적인 학습' 과정과는 전혀 다른 과정을 통해서만 가능하다고 믿었다. 최근에서야 자폐인의 학습 역시 전형적인 발달과 마찬가지로 자연스러운 상호 작용 속에서 놀이와 사회적 학습을 통해 지원될 수 있다는 의견이 인정받고 있다(역사적 개관은 Schreibman, 1988과 Ashbaugh & Koegel, 2013 참조).

은 이를 활용할 수 없도록 방해한다.

ESDM은 사회적 교류의 참여를 촉진하여 사회적 학습의 필요성을 해소하므로, 아이의 뇌는 영유아기의 중요한 시점에 필요한 바를 입력받을 수 있다. 아이의 뇌 발달은 나이가 들수록 변화에 대한 '개방성'이 떨어진다(물론 일정 수준의 뇌 가소성은 평생에 걸쳐 유지되며, 자폐가 없는 사람들처럼 자폐인 역시 일생의 어느 시점에서든 새로운 기술을 배울 수 있지만 말이다). 게다가 조기 진단의 노력 덕분에 3세 이전에 자폐 진단을 받는 아동의 수가 계속 증가하고 있으므로(Barbaro & Dissanayake, 2010; Robins et al., 2014), 조기 육아를 제공하는 모든 지역사회 환경(예: 가정환경, 영유아 조기 학습 및 돌봄 전담 프로그램 등 가정 외 보육 환경)에서 적절한 개입이 가능한가의 여부는 매우 중요하다. 개입 시작 나이가 어린 자폐 아동일수록 효과가 높다는 연구 데이터는 조기 시작의 중요성을 증명한다(Makrygianni & Reed, 2010; Perry et al., 2008; Vivanti et al., 2016; Rogers et al., 2012; Smith et al., 2015).

마찬가지로, 일주일에 몇 시간이 아닌 아동의 일상생활 전반에 걸쳐 개입을 제공해야 한다는 지침은, 유아기 사회적 학습의 어려움으로 인해 이미 누적된 학습결손을 해결할 필요가 있음을 의미한다. 자폐 증상으로 인해 놓치는 수많은 학습 기회를 되돌리기 위해서는 매일, 하루 종일, 훨씬 더 많은 학습 기회를 제공할 필요가 있다. 전형적으로 발달하는 아이들은 깨어 있는 모든 순간(일주일에 75시간 이상) 타인과 관계를 맺고 사회적 학습 기회를 확보한다는 점을 명심해야 한다. 발달에 아무런 문제가 없는 아이들도 이렇게 많은 시간 사회적 학습에 노출된다면, 자폐 아동 역시 발달을 극대화하기 위해 그 정도의 학습 기회가 필요하다는 것은 당연한 논리이다. 우리는 자폐 아동이 깨어 있는 모든 순간에 걸쳐 고르게 개입 기술을 적용하려고 노력한다.

왜 ESDM인가

자폐 아동을 위한 조기 집중 개입 접근법들은 대부분 몇 가지 공통점이 있다. 행동기법이 포함된 교육 치료 계획에 매주 장시간(보통 20시간 이상) 아동을 적극 참여시키는 것, 평가 결과를 바탕으로 특정한 목표를 도출하는 것, 교육 절차를 매뉴얼화하는 것, 발전 상황과 결과를 쉽게 측정할 수 있는 데이터 수집 시스템을 갖추는 것 등이 그것이다(National Research Council, 2001). 이러한 특징을 지닌 개입 프로그램들이 자폐 아동의 언어, 인지력, 사회 기술 향상에 효과적이라는 사실은 여러 연구로부터 탄탄한 지지를 얻고 있다(Vivanti et al., 2014; Reichow et al., 2011).

그러나 같은 틀 안에서도 목표와 절차에 따라 선택할 수 있는 접근법은 다양하다. 이 책에 설명된 G-ESDM 프로그램은 독특한 일련의 원리, 목표, 전략을 지니고 있다. 이 프로그램이 왜 그룹 환경(예: 보육 프로그램)에 이상적인 선택지인지 논의하기에 앞서, 우리는 ESDM의 고유 원리, 목표, 전략을 간단히 알아보려고 한다.

ESDM의 원리

ESDM 원리의 기초가 되는 몇 가지 핵심 개념이 25년 전 출판된 한 중요한 논문(Rogers & Pennington, 1991)에 자세히 설명되어 있다. 이 논문에 소개된 가장 중요한 개념은 모방, 상호 음성 교환, 감정 공유 등의 초기 상호 작용 중에 신체와 정서가 동기화되는 발달 과정에 자폐가 걸림돌이 된다는 것이다. 초기 사회적 교류의 참여 부족은 다시 아이가 사회적 파트너의 행동과 감정(주의집중, 정서적 반응의 원천, 동기, 행동의 의미)에서 의미를 찾거나 이해할 수 없게 방해한다. 대뇌 수준에서 보면, 이는 사회적 영역과 관련된 대뇌 피질이 조직화 · 전문화되지 못함을 의미한다(Dawson, 2008). 이러한 생각은 인지와 언어가 일상생활 속 의미 있는 사회적 교류의 참여를 통해 발생하는 것이며, 본질적으로 사회적이고 즐거운 신체활동에 기초하고 있음을 나타낸다(Bruner, 1975).

ESDM에 큰 영향을 미친 또 다른 연구로 도슨과 동료들의 연구(Dawson et al., 2005, 2002; Dawson & Bernier, 2007; Mundy & Burnette, 2005 참조)가 있다. 이 연구는 사회적 참여를 본질적으로 유익한 경험으로 인식하여 대뇌 발달을 이끄는 부분에 발생한 생물학적 결함이 자폐와 연관되어 있다는 개념을 소개하였다.

이렇게 발달 과학에서 파생된 원리 외에도 ESDM은 자폐 아동의 학습 요구를 해결하기 위해 응용행동분석(Applied Behavior Analysis: ABA)의 원리를 자연스럽게 적용하고 있다. ABA가 적용된 실제는 일찍이 슈라이브만과 쾨겔 및 그 동료들(Schreibman,

Koegal et al., 1989)의 중심축반응훈련(Pivotal Response Training: PRT)에 관한 연구에서 잘 설명되었는데, PRT는 아동의 흥미와 동기에 기반한 활동 맥락 속에서 조작적(operant) 학습 전략의 사용을 강조하는 접근법이다. ESDM 역시 이와 유사하여, 사회 참여와 아동 주도 학습의 보다 넓은 틀 속에서 자연주의적 ABA 전략들을 통합하고 있다. 이 외에도 ESDM 툴킷에는 다음과 같은 개입 전략이 포함되어 있다.

발달 순서

ESDM 매뉴얼(Rogers & Dawson, 2010a)에 설명된 바와 같이 ESDM에는 현재의 발달 수준을 평가하는 고유의 커리큘럼 체크리스트가 들어 있다. 이 커리큘럼은 운동 능력, 적응기술, 인지적 측면 외에도 모방, 언어적 · 비언어적 의사소통, 공동 주의, 정서 공유, 놀이 등의 초기 사회적 학습에 중요한 발달 영역을 다루고 있어 종합적으로 아동의 강점과 약점을 평가할 수 있는 발달 평가 도구이다(Rogers & Dawson, 2010b).

모든 자폐 아동은 타인으로부터 학습하는 능력의 일부에 장애가 있으며, 따라서 ESDM의 주요 목표는 자발적인 사회적 학습의 기반을 구축함으로써 자폐 아동도 다른 아동처럼 모든 일상 경험과 환경에서 타인으로부터 배울 수 있게 하는 것이다. 그 원리는 소통, 모방, 상호성 향상으로 얻은 사회적 학습 능력이 일상의 사회적 교류 과정에서 학습할 수 있는 능력으로 이어진다는 것이다. 결론적으로 아동의 사회적 학습에 자폐가 미치는 영향을 최소화하려면 아이들에게 사회적 학습의 기초를 제공하고 자폐 아동에게 (자폐 특성으로 인해 줄어든) 의미 있고 보람 있는 사회적 상호 작용의 빈도와 그로 인한 사회적 학습 기회의 빈도를 '정상화' 시켜야 한다. 앞서 언급했듯, 이 사실은 아이가 어릴수록 특히 관련이 있는데, 발달 초기일수록 발달 중인 뇌에 신경 가소성이 미치는 사회적 학습 경험의 영향이 더 깊기 때문이다.

이 중요한 목표는 모든 자폐 아동과 관련이 있지만 ESDM은 자폐 아동마다 서로 다르다는 것을 인식하고 그에 따라 커리큘럼 평가 도구를 사용하여 개별 아동의 영역별 강점과 약점을 판단한다. 이를 통해 아동에게 학습 역시 맞춤형으로 제공하여 학업 성취를 극대화시킨다.

ESDM에서 개입 목표는 전형적인 발달에서 나타나는 기능 발달 순서에 따라 설계된다. 예를 들어, 한두 개의 단어 사용을 목표로 하려면 반드시 그 이전에 표현언어의 기본적인 선행 기능(예: 의사소통용 제스처 사용, 음운론적 성숙, 의사소통 의도의 자발적 발성, 소리 모방, 시선과 제스처와 감정 표현의 통합 등)을 습득한 상태여야 한다. ESDM이 사회-인지 기능의 전형적인 발달 순서를 따르는 것은 ESDM의 목표가 언어 · 인지 발달의 사회적 기반을 구축하는 데 있기 때문이다. 이로 인해 단어 사용과 같은 복잡한 행동은 단순 암기나 주문(예: 어른이 보여 주는 그림을 보고 이름을 말하기)에 의한 것이 아니라 자폐가 없는 아이들처럼 공동 주의, 감정 공유, 소리와 단어의 자발적 사용 등 다양한 화용 기능이 담긴 의사소통에 기초하게 된다. 또한 이것은 다시 다양한 환경, 자료, 사람에 걸쳐 일반화된다(Akhtar & Tomasello, 2000).

따라서 ESDM은 모방, 제스처, 눈 맞춤, 기타 사회-인지적 발달에 중요한 행동 외에도 **자발적**이고 **사회적인** 언어 사용 능력의 습득을 목표로 한다. 커리큘럼 체크리스트의 구성과 학습 목표의 정의는 ESDM 매뉴얼과 ESDM 체크리스트(Rogers & Dawson, 2010a, b), 그리고 다음 장에 제시되어 있다.

공동 활동 루틴

ESDM의 개입 전략은 다음과 같다. ① 초기 사회적 · 의사소통적 · 인지적 기술은 의미 있고 보람 있는 사회-정서적 교환의 맥락 속에서 가장 잘 가르치고 배울 수 있다. ② 초기 사회적 참여의 부족은 자폐 아동의 학습에 주요 장애물이라는 개념에 기초하고 있다. 따라서 ESDM 치료사의 기본 임무는 공동 참여와 긍정적인 정서 공유를 특징으로 하는 사회적 일상에 아동을 참여시켜 자발적인 사회적 학습을 지원하는 것이다. 이것을 '공동 활동 루틴'(Bruner, 1975)이라고 부른다. 공동 활동에서는 둘 이상의 상대와 함께 활동(책, 사회적 게임, 장난감 놀이, 식사 등)을 수행한다. 상대가 참여하면서 활동을 정하고 루틴의 첫 주제를 설정한다. 이후 함께 번갈아 주제를 정하게 되고, 그 과정에서 의사소통하면서 활동의 즐거움을 공유한다. 종종 흥미를 유지하고자 루틴에 구성요소를 추가하여 변화를 주기도 한다. 어느 한쪽이 원하지 않으면 활동은 종료되고 상대는 다른 활동으로 전환된다. 따라서 이런 구성에는 상호 관심, 번갈아 주제 정하기, 초기 주제에 대한 지속적인 변형, '종료 및 전환'과 같은 요소가 포함된다. 의사소통의 틀에는 공동의 관심, 공동의 즐거움, 공동의 목표, 상호 작용이 들어 있다. 두 사람은 자신뿐만 아니라 상대방의 흥미, 관심, 목표를 인식하고 있으며, 따라서 그들은 정서적으로 연결되면서 상호 관계의 감각을 경험한다. 바로 이것이 공동 주의와 사회적 의사소통을 위한 틀이다.

공동 활동 루틴을 교육의 기본적인 맥락으로 사용하는 것은 ESDM이 여러 다른 모델과 구별되는 중요한 차별점이다. ESDM은 사회적 모델링 대신 시각적 단서를 사용하거나 구두 지시 대신 그림 스케줄을 사용하는 등 비사회적인 방법을 가르쳐 사회적 상호 작용 없이도 일을 해내는 식으로 자폐의 약점을 해결하려 하지 않는다. 오히려 어린 자폐 아동을 위한 개입 핵심으로 사회-정서적 참여를 강조함으로써 개입 절차의 중요한 요소로 삼는다. 즉, ESDM 전략은 학습의 사회적 구성 요소를 제거하여 학습을 **단순화**하려는 것이 아니다. 오히려 아동을 '사회적 순환 고리'로 끌어들이기 위해 학습의 사회적 틀을 **확대**하려는 것이다. 이를 달성하기 위해 사용되는 한 가지 전략이 (앞서 설명한 발달 순서 전략에 더하여) 바로 아동을 보람 있고 의미 있는 공동 활동 루틴에 참여시키는 것이다.

의미, 동기, 보상을 위한 아동 선호 활동의 활용

이 루틴 속에 어떻게 수업 에피소드를 집어넣는가를 설명하기에 앞서 '보상'과 '의미'의 개념을 보다 심층적으로 분석할 필요가 있다. 앞서 언급했듯이 전형적으로 발달하는 아동들은 사회적 상호 작용을 본질적으로 보람된 것으로 경험하는 반면, 자폐 아동에게는 이러한 요소가 강하지 않다. 그래서 자폐 아동들은 본질적으로 사회적 관심과 칭찬에 의해 보상받지 못하므로 이를 대체할 보상이 필요하다는 논리에 근거하여 많은 개입 방법에서 현재 진행 중인 학습 과제와는 관련 없는 보상('외적 보상'이라고 부름)을 사용한다.

그러나 ESDM 전략이 기초하는 경험적 연구에 따르면, 자폐 아동들도 특정 환경에서 사회적 교류를 흥미 있고 보람된 것으로 여긴다. 어린 자폐 아동도 대개는 자신이 좋아하는 성인이 있으며, 필요할 때 도움, 편안함, 즐거움을 위해 그들에게 의지한다. 또한 같은 나이 또래들이 좋아하는 것과는 차이가 있지만, 그들 역시 즐겁다고 여기는 활동이 있다. ESDM 치료사의 임무는 이러한 사회적 · 비사회적 보상을 파악하여 개입 활동에 통합함으로써 아동의 긍정적 감정을 유도하는 것이다. 움직임, 터치, 제스처, 노래, 기타 긍정적이고 감각적인 입력에 의한 사회적 참여를 하는 동안 아동에게 긍정적인 감정을 유도함으로써 아동은 해당 활동을 즐거움이나 보상과 연관시키기 시작하고, 더 적극적으로 참여하고, 더 많은 경험을 찾으며, 다른 사람들에게 더욱 접근하는 경향이 생긴다. 치료사는 아동의 초기 관심사(예: 장난감 돌리기)로부터 공동 활동 루틴을 구축함으로써 활동의 즐거움과 보상 가치가 사회적 파트너와 **공동의** 즐거움으로 전환되도록 지속적으로 시도하며, 이를 통해 활동의 사회적 의사소통 측면이 강조되도록 한다.

이러한 공동 활동은 보람뿐만 아니라 의미가 있어야만 자발적인 학습이 촉진된다. 여기서 의미가 있다는 것은 정확히 무슨 뜻일까? 이것은 아동이 자신에게 무엇을, 왜 요구하는지 정확히 이해한다는 뜻이다. 제1장에서 언급했듯, 자폐 아동에게 기대되는 많은 것이 아동 자신에게는 정작 의미 없는 경우가 많은 이유는 자폐 아동은 다른 사람의 행동을 이해할 수 없고(Vivanti et al., 2011, 2014), 다른 사람들의 언어나 감정도 이해할 수 없어서 자신이 질문을 받고 있는 것의 맥락을 파악할 수 없기 때문이다. '따라 해'라는 지시와 함께 임의의 행동(예: 코 만지기)을 모방하게 하는 일이 아이에게는 별 의미가 없을 가능성이 높다. 이런 무작위적인 연관성은 수없이 시도해야 겨우 축적이 가능할 것이다. 그러나 서로의 몸에 스티커를 붙이면서 스티커가 어디에 있는지, 치료사가 스티커를 어디에 붙이려고 하는지 가리키느라 손가락으로 신체 부위를 포인팅하는 것은 대부분의 어린 자폐 아동에게도 한두 번의 경험만으로 파악할 수 있는 놀이가 된다. 이제 신체 부위를 가리키는 것은 '의미'를 갖게 되고 아동은 놀이를 시작한 지 몇 분 되지도 않아 어른을 따라 신체 부위를 포인팅하는 모방을 배운다. 왜냐하면 그 요청이 이제 아동에게 '의미'가 있기 때문이다.

무작위한 일을 배우는 것은 자폐가 없는 아동에게도 행복한 일이 아니다. 그건 성인도 마찬가지이다. 우리 모두는 의미 있는 활동에 참여할 때 동기 부여가 된다. 그러나 자폐가 없는 사람들이 타인의 행동, 감정, 의사소통을 의미 있는 것으로 생각할 수 있는 것은 부분적으로는 서로의 뇌가 연결되어 이 과정을 촉진하기 때문이다. 또한 타인의 의사소통, 사회적 맥락, 그리고 사회적 교류에서 주는 신호로부터 얻은 정보를 빠르게 '통합'할 수 있기 때문이다. 자폐가 없는 아동은 마치 체스 게임의 전문가처럼 진행 중인 체스 게임을 관찰하면서 왜 그 말이 체스판 위에 특정한 방식으로 배열되어 있는지, 그 말이 어디서 왔는지, 그리고 그 말이 다음에는 어디로 갈 확률이 높은지 이해하고 기억할 수 있다.

자폐 아동이 타인의 행동, 감정, 의사소통을 이해하는 일은 마치 체스 게임에 대해 아는 것이 하나도 없는 사람이 체스 게임을 이해하려는 것과 같다. 체스판 위 말들의 배열, 움직임, 변화는 명확한 의미를 전달하지 못하고, 따라서 학습을 위한 기반을 제공하지 않는다. 행동에 의미가 없다면, 모든 행동은 다 무작위적으로만 보일 뿐이다. ESDM 치료사에게 정말 중요한 과제는 개별 아동에게 의미를 전달할 수 있는 활동을 개발하여 공동 활동 루틴 중에 발생하는 행동, 감정 및 단어가 아이에게 무작위적인 장면이나 소리의 흐름이 아닌 목표지향적인 행동으로, 목적이 분명하고 조직적이며 응집력 있는 순서로 인식되게 하는 일이다.

이를 달성하려면 일상적인 재료를 사용한 일상적인 루틴의 설정이 필요하다(일상적인 재료의 사용은 치료 환경 밖의 일반화를 위해 매우 중요하다). 활동은 명확한 주제를 바탕으로 구성되며 개별 아이들마다 '잘 먹히는' 동기와 목표를 찾아낸다. 치료사는 활동에 포함된 행동, 사람, 사물, 감정을 단순하고 일관된 단어로 설명함으로써 해당 활동에 대한 명확한 '내러티브'를 만든다(나중에 자세히 설명하겠지만, 언어의 복잡한 정도는 아동의 수준에 기초한다; 제6장 참조).

예를 들어, 블록으로 탑을 쌓거나 부수는 것에 아이가 자발적인 흥미를 보인다면 이를 기초로 간단한 주제를 설정하여 아이와 치료사의 행동(블록을 하나 집어서 탑 위에 올리는 것)에 의미를 부여할 수 있다. 치료사는 아이와 마주 보고 앉아 행동, 말, 얼굴 표정, 의사소통 신호를 아이가 쉽게 공유할 수 있게 한다. 여기에는 치료사가 사용하는 말(예: 탑 꼭대기에 블록을 올리기 전에 '계속 올려.' '맨 위에 올려.' '나도 블록 하나 줘.'라고 말하는 것)이나 감정 표현(예: 뭔가를 기대한다는 듯 미소를 짓거나, 탑이 흔들거릴 때 '긴장감'의 느낌을 전달하기 위해 '어어어~'라고 말하는 것)이 포함된다. 만일 탑이 무너지면 이는 놀랍고 흥분되고 시끄러운 일이 되고, 이 반복적인 활동에 절정과 결말을 제공하며 이를 드러내기 위해 말이나 행동, 감정을 더한다. 시선, 표정, 몸짓, 소리가 전달되면서 상대와 공유된 감정 경험은 두 마음이 같은 경험을 통해 하나로 합쳐질 수 있음을 나타내게 된다. 그리고 아이에게 공동의 감정, 공동의 목표, 공동의 의미를 경험할 기회를 만들어 주고자 했던 사물 활동과 치료사의 능력 덕분에 그동안 사용되었던 모든 단어, 표현, 몸짓이 사회적으로 의미를 갖게 된다.

ESDM 툴킷에는 방금 설명한 사물을 활용한 공동 활동 루틴 외에 사물을 활용하지 않는 공동 활동도 포함되어 있는데, 이를 **감각 사회적 루틴**이라고 부른다(Rogers, 1999). 감각 사회적 루틴은 얼굴을 맞대고 하는 대화형 게임(예: 간지럼 게임, 동작 루틴, 노래, 하이파이브 루틴, 숨바꼭질 게임)을 기반으로 하며, 게임 중 두 사람의 활동과 관심은 사물이 아닌 상호 작용을 공유하는 상대방에게 집중된다. 이 루틴이 지닌 즐겁고 예측 가능하다는 특성은 사회적 참여, 몸짓 언어의 해독, 비언어적 의사소통의 사용, 감정 공유, 아동의 각성 수준 최적화(자극 조절 전략은 제6장 참조) 등을 촉진할 수 있는 의미 있고 보람 있는 사회적 틀을 만든다. 감각 사회적 루틴이 진화할수록 아동은 신체 행동, 표정, 소리, 말 등을 통해 사회적 교류를 시작하고 반응하고 지속하면서 능동적으로 활동을 재구성하는 역할을 수행한다.

이처럼 ESDM 전략이 본질적으로 보람 있고 의미 있는 사회적 상호 작용을 활용하는 것은 사회적으로 보람 있고 목적성 있는 공동 활동에 집중적으로 참여하는 것이 아이들을 사회적 환경에 적응하게 만든다는 생각을 바탕으로 한다. 따라서 **타인으로부터** 배우는 과정은 곧 **타인에 대해** 배우는 것과 동일하며 그 기반은 공동의 감각 운동과 사회-정서적 상호 교류에 대한 참여이다. 아이들은 타인과 사회적 활동을 공유하면서 그 절차와 결과뿐만 아니라 그 과정에 대해서 배우게 되는데, 이때 상대방의 얼굴과 몸짓에서 나타나는 사회적 의사소통과 감정의 단서를 인식하게 된다.

공동 활동 루틴에 포함된 학습

공동 활동 루틴이라는 틀은 ESDM의 중요한 기반이지만 학습을 촉진하기에는 충분치 않다. ESDM 치료사는 이러한 공동 활동 루틴 안에 세심하게 맞춤화된 교육 에피소드를 삽입한다. 이는 A-B-C(선행사건-행동-후속결과) 원리의 적용을 강조하는 응용행동분석에 기초를 두고 있다. 학습이 일어나는 A–B–C 틀에 따르면, 특정 자극 또는 사건(선행사건)이 특정 행동을 일으키고 이는 다시 특정 결과를 초래한다. 만일 그 결과가 아이에게 보상이 되면 우리는 그 행동이 '정적 강화되었다'고 표현한다. 이 경우 B(행동)와 A(선행자극)를 연결하는 신경 경로가 보상에 의해 강화되기 때문에 아이는 미래에도 특정 선행자극이 있으면 특정 행동을 일으킬 가능성이 더 높아진다. (내적 보상이든 외적 보상이든) 보상이 작용하면 A–B 간 연결은 강해지지만, 즐거운 활동을 활용하는 과정에서 보상은 곧 목표를 달성하는 것에서 나온다. 목표 달성은 본질적으로 보람 있는 것이다. 아이들이 의미 있고 보람 있는 활동 안에서 학습을 하면 그 활동 자체가 내재적 보상이 되고 아이들은 자신의 기술을 다른 환경으로 일반화시키는 데 도움을 받는다(해당 활동이 다른 환경에서 자연스럽게 발생하는 한!).

ESDM 수업 에피소드는 공동 활동 루틴의 일부에 포함된 자연스러운 A–B–C 순서로 구성된다. 예를 들어, 아이들이 좋아하는 노래가 담긴 루틴 중에 어른이 "우리 모두 바닥에……"라는 소절을 부르면서 뭔가를 기대하듯 동작을 멈추면(선행사건) 아이가 어른을 쳐다보면서 "앉아!"라고 반응한다(행동). 그러면 아이와 어른 모두 바닥에 주저앉은 뒤 깔깔대고 웃을 수 있다(후속결과). 아이가 노래를 즐기고 웃을 수 있으므로(보상) 아이는 다음에도 언어의 사용, 눈 맞춤, 감정의 공유(이 사례의 표적 행동임)를 나타낼 가능성이 높다.

A–B–C에서 파생되어 ESDM에서 널리 사용되는 전략으로는

촉구(아동의 표적 행동 수행을 촉진하기 위해 성인이 제공하는 단서), 용암법(표적 행동의 자발적 발생을 위해 점차 촉구를 제거하는 과정으로, 행동이 성인의 촉구에 의존하지 않는 것), 행동형성(미숙한 행동을 강화하면서 점진적으로 표적 행동에 근접시키는 것), 행동연쇄(단순한 행동을 복잡한 순서로 연결시키는 것), 도전행동을 다루기 위한 기능 행동평가와 긍정적 행동전략의 사용, 엄격한 데이터 수집 시스템의 사용(아동 학습 모니터링, 발전 평가, 교수 전략 수정 등에 필요) 등이 있다. ESDM 접근법에서 치료사는 아이에게 도움이 될 만한 수많은 경험적 기반의 전략을 사용할 것이다[자폐 아동에게 특정 기술을 가르치는 데 성공적이라고 입증된 절차의 전체 목록은 Wong 등(2015)의 논문 참조].

이러한 교수 전략을 활용하여 아동 개입 목표는 공동 활동 루틴에 체계적으로 통합된다. 시간이 지나면 일반 루틴 속에 체계적이고 정교하게 짜여 있는 공동 활동을 하루 종일 경험하면서 아동은 유연하고 적응적이고 일반화되고 연령에 맞는 자신의 기술과 지식의 레퍼토리를 늘린다. 아동은 이를 통해 다양한 맥락에서 목표 기술을 배우고 연습할 기회를 제공받는다.

ESDM에서 G-ESDM으로 확대

이 절은 그룹 맥락에서 ESDM을 적용하는 이론적 근거와 원리를 설명하고 있다.

그룹 기반의 효과적인 개입 개발이 필요하게 된 중요한 요인 중 하나는 지난 10년 동안 조기 개입 프로그램이 필요한 특수 교육 대상 아동의 수가 극적으로 증가했다는 사실이다(Aron & Loprest, 2012). 미국 연방규정에 따라 조기 개입은 "장애가 없는 아동이 참여하는 가정 및 지역사회 환경을 포함하여 자연스러운 환경에서 제공되어야 한다."(「장애인교육법」 34 CFR Part 303) 학령기 전 프로그램이 지역사회에서 비교적 폭넓게 운영되는 점을 고려하면 지역 아동센터, 어린이집, 놀이 그룹 서비스 내에서 조기 개입 프로그램을 시행하는 것이 이러한 요구를 충족할 만한 이상적인 해결책으로 보인다. 그러나 그러한 프로그램에서 특수 교육 대상 아동에 대한 조기 개입 절차와 결과를 기록한 문헌은 제한적이다(Stahmer & Ingersoll, 2004; Vivanti et al., 2014).

그룹 기반 ESDM(이하 G-ESDM) 개발의 주요 목표 중 하나는 정규 어린이집 및 그룹 환경에서 실시할 수 있는 지속 가능한 근거 기반의 자폐 아동 조기 개입 프로그램을 만드는 일이었다. ESDM의 기존 문헌 대부분은 1:1 개별 실시(보통 아동의 집에서 한 명의 아동에게 치료사 한 명이 치료를 담당하는 것)에 초점을 맞추고 있지만, 많은 맥락에서 이는 실현 불가능한 일이다. 1:1 조기 개입 프로그램의 장애물은 주로 공공 의료 및 교육 자원의 부족, 그리고 민간 치료사로 구성되는 치료 조직의 높은 비용이다. 또 다른 문제로는 가정 기반 개입이 가족의 일상생활에 미치는 영향이다. 즉, 치료 시간 중에는 적어도 한 명의 가족 구성원이 집에 있어야 할 필요성이 있고, 여러 치료사가 해당 가정에 장시간 머물면서 자연스럽게 발생하는 실질적이고 감정적인 어려움이다. 실제 사례를 기반으로 한 어느 부모의 경험담을 예로 들어 보자.

> 아이가 자폐 진단을 받고 집에서 치료가 이루어져야 한다는 말을 들었을 때 저는 스트레스를 받았고 꽤 당황스러웠어요. 아이 아빠와 헤어지고 최근에 저희 친정 집으로 이사했어요. 저희 엄마는 훌륭한 할머니지만 외부인을 집에 들이고 싶어 하지 않으세요. 아직도 같이 사는 게 낯선데, 제가 금전적 도움도 드리지 못하면서 그것까지 부담을 드리고 싶지는 않아요. 아이가 갈 만한 어린이집이 있는지 의사에게 물어봤어요. 그래야 일을 구해서 아들과 엄마에게 도움을 줄 수 있을 것 같아서요.

재택 치료가 가능하고 또 가족도 이를 선호하는 상황이 분명히 있다. 그러나 자폐 개입 방법을 추가적으로 개발하려는 목표는 유연성을 제공함으로써 개별 가족들의 요구를 충족시키고 가능한 한 많은 아이에게 개입 서비스를 제공할 수 있다는 확장성을 입증하는 데 있다.

보육센터나 어린이집 환경에서 조기 개입을 시행할 수 있다면 지속 가능한 대안을 제공하여 가족의 일과 일상에 제약을 가하지 않고도 기존 지역사회 프로그램 내에서 아동이 치료를 받을 수 있을 것이다. 게다가 그룹 환경은 1:1 환경에서는 불가능한 교육 기회를 제공할 수도 있다. 예를 들면, 협동 활동의 참여, 또래와의 목적성 놀이의 참여, 또래와의 의도적인 의사소통 같은 사회적 영역의 교육 목표는 훨씬 더 많은 기회가 제공된다. 보육 및 미취학 프로그램은 어린 아동들이 조기 학습과 사회화를 촉진할 수 있도록 고안되었기 때문에 ESDM을 적용하기에 이상적인 환경을 제공한다. 클리닉 기반의 치료 환경과 달리 보육 및 미취학 프로그램은 전형적으로 발달하는 또래들과 지속적으로 놀이와 상호 작용할 수 있는 기회를 제공하므로 배움의 기회를 극대화하고 사회적 고립의 위험은 줄일 수 있다.

또한 G-ESDM은 치료적 놀이 그룹의 맥락에서도 적용될 수 있다. 치료적 놀이 그룹이란 특정한 사회적·의사소통적 목표를 위해 임상 환경에서 치료사에 의해 조직된, 자폐 아동과 또래로 이루어진 작은 그룹이다. 이 형태의 그룹은 치료 시간에 더 많은 아동을 돌보면서도 1:1 환경에서는 설정하기 어려운 목표를 해결할 수 있다. 다음은 한 치료사의 경험담이다.

> 보육센터 허가에 필요한 요구 사항이 워낙 많았기 때문에 ESDM 치료사로서 어린이집 모델보다는 G-ESDM 치료적 놀이 그룹 모델을 선택하기로 했습니다. 제 놀이 그룹은 자폐 아동과 전형적으로 발달하는 아동이 섞여 있고, 그 크기는 반마다 서로 다릅니다. 놀이 그룹 모델에서는 자폐 아동의 필요를 바탕으로 그룹의 크기와 구성을 선택할 수 있습니다. 놀이 그룹 모델의 단점은 적합한 또래를 찾고 그 부모님께 참여를 북돋는 일입니다. 종종 함께 일하는 가족과 자연스럽게 마련하는 사교 모임을 활용하기도 하지만, 어린이집 인근에서 놀이 그룹을 진행하는 것도 유용하다는 점을 알게 되었습니다. 해당

어린이집의 원장 선생님과 긴밀히 협력하고 있고, 원장 선생님 역시 아동들에게 우리 프로그램의 참여를 권장하고 계십니다.

자폐를 위한 그룹 개입의 잠재적 우려 사항들

이러한 이점에도 불구하고 지역사회 그룹 환경에서 조기 개입을 실시하려다 보면 그룹 프로그램을 설정하는 전문가나 그 프로그램에 등록하려는 가족들을 낙담시킬 만한 어려움이 등장한다. 가장 자주 언급되는 우려 사항은 다음과 같다.

- 각 개별 아동마다 특별하고 고유한 학습 요구를 그룹 환경에서 어떻게 해결할 수 있는가? (치료의 개별화 문제)
- 어린이집 환경의 과다한 직무, 업무, 제약 조건 속에서 치료의 엄격함과 품질이 느슨해지지 않는다고 어떻게 보장할 수 있는가? (치료 충실도 문제)
- 장애 아동끼리만 모여 있다면 지역사회로부터 분리되는 위험을 어떻게 피할 수 있는가? (사회적 통합의 문제)
- 가족의 치료 참여를 어떻게 보장할 수 있는가? (양육자와 전문가 간 파트너십의 문제)

G-ESDM에는 이러한 문제를 해결하기 위해 개발된 특정 절차가 있으며, 이 책 전체에 걸쳐 해당 절차를 다루게 될 것이다. 하

지만 이렇게 자주 언급되는 우려에 대해 가족과 직원이 이해하고 소통할 수 있도록 다음과 같이 간략하게 논의하려고 한다.

개별화는 그룹 개입과 공존할 수 있다

개별 치료와 그룹 치료 간의 차이가 가장 명백하게 드러나는 부분이 바로 개별화 문제이다. 이것이 종종 우려를 낳는 이유는 양육자나 전문가가 알고 있듯 각각의 자폐 아동마다 일상 루틴을 소화하고, 배우고, 접근하는 자기만의 고유한 방법이 있어 개별적인 맞춤 프로그램이 요구되기 때문이다. 더욱이 개별화가 부족할 경우 이는 특수 교육에 있어 교육 프로그램의 질에 대한 주요한 위협이 된다(National Research Council, 2001; Schreibman & Ingersoll, 2005).

그룹 환경에서 ESDM을 제공한다는 것은 그룹 내 모든 아이가 서로 비슷해지거나 또는 같은 방식으로 학습해야 한다는 것을 의미하지 않는 점이 중요하다. G-ESDM에는 치료 목표(제3장 참조)와 치료 전략(제8장 참조)을 개별화하고 그룹 시행의 틀 속에서 발전 상황을 추적하는 특정 절차가 포함되어 있어, 각 아동은 치료 효과의 지속적인 모니터링과 더불어 자신의 강점과 약점에 대한 개별 프로파일에 기초한 맞춤형 프로그램을 갖게 된다.

ESDM 그룹 활동은 1:1 활동의 느슨한 버전이 아니다

만일 프로그램이 지역사회 환경의 제약 속에서 1:1 치료에 요구되는 자원 없이 실시된다면 치료의 '능동적인 요소'가 느슨해질 위험에 있다는 것이 바로 치료 충실도 문제이다. 이러한 위험 요소로는 한정된 자원, 제한된 훈련, 높은 직원 대 아동 비율, 그리고 치료 충실도를 계획하고 검토하고 체계적으로 모니터링할 시간에 한계가 있다는 점 등이다(Akshoomoff & Stahmer, 2006).

이러한 위험을 해결하기 위해 G-ESDM에는 의도된 대로 치료사가 치료를 수행하는지 여부를 확인하기 위해 개발된 특별한 충실도 시스템이 포함되어 있다. 이 도구에는 두 가지 기능이 있다. 하나는 치료사와 현장이 G-ESDM을 실시할 준비가 되었는지 여부를 결정하는 것이고, 다른 하나는 치료의 '표류'(예: 치료 프로토콜이 조금씩 바뀌는 것)를 피하기 위해 치료의 품질을 모니터링하는 것이다. G-ESDM의 의도대로 치료가 실시되도록 보장하는 이 충실도 시스템 및 기타 자료는 부록에 제공되어 있다.

다만 우려되는 점은 잘 훈련된 치료사도 직원 대 아동 비율이 1:3보다 낮으면 치료 품질과 충실도를 유지하는 데 실패할 수 있다는 점이다. 전형적으로 발달하는 아동이나 특수 교육 대상 아동이나 긍정적인 결과를 얻으려면 높은 직원 대 아동 비율을 확보하는 것이 중요하다(Frede, 1995; Graham & Bryant, 1993). 그리고 연구(Vivanti et al., 2014, 2016)에 따르면, 하루 종일 최소 1:4 비율을 유지하는 것이 효과적이다. 그리고 그룹의 다양한 요구를 해결하고 학습 기회를 극대화하기 위해서는 프로그램 내 특정한 활동에서는 더 높은 비율이 필요한 경우가 많다. 따라서 G-ESDM을 구현하기 위해서는 1:2에서 1:4 사이의 직원 대 아동 비율이 권장된다.[2]

그룹 환경에서 치료 받는 것은 통합(주류화) 원칙과 상반되지 않는다

양육자와 전문가는 종종 자폐 아동들끼리 그룹으로 함께 있는 환경이 지역사회로부터 분리되는 위험을 수반한다고 우려한다. 분리된 환경의 아동(또는 성인)이 평가절하되거나 위험에 처하는 경우가 있다는 연구(Marini & Stebnicki, 2012)나 특수 교육 대상 아동에게는 분리가 아닌 통합 환경이 더욱 유리하다는 연구(Buysse & Bailey, 1993)를 고려하면 이러한 우려는 과소평가되어서는 안 된다. 이러한 위험을 인식하고 있는 우리로서는 G-ESDM을 통합 환경(예: 자폐 아동과 비장애 아동이 같은 공간에서 같은 활동에 참여하는 환경) 내 G-ESDM의 사용을 지지하고 분리된 치료 환경에서의 사용은 반대한다. G-ESDM의 개발과 시행 과정에서 우리는 사회적 통합과 참여를 촉진하기 위한 여러 절차를 개발했으며, 이에 대해서는 제7장에서 다룰 예정이다.

---

2 이 권장 사항은 할당된 모든 직원이 참석했을 때의 비율이 아니라 1:2와 1:4 사이의 실제 비율을 말한다. 직원의 병가, 휴가, 교육, 회의 등을 적절히 보완하기 위해서는 이 비율에 대한 계획과 자금 지원이 더 높아야 한다.

자폐 아동은 그룹 환경에서 서로의 부적응 행동을 모방하지 않는다

양육자들은 종종 자녀가 다른 자폐 아동에게 노출되다 보면 그 아동의 부적응 행동을 모방할 것이라는 염려를 나타낸다. 이것은 근거 없는 우려이다. 자폐 아동이 다른 자폐 아동의 부적응 행동(예: 공격성)을 모방하는 성향이 있다는 근거는 없다(Stahmer & Carter, 2005). 사실 자폐 아동은 전형적으로 발달하는 또래 아이들보다 다른 아이의 행동을 모방하는 성향이 덜하다(Vivanti & Hamilton, 2014). 마찬가지로 자폐 아동이 또래와 함께 있을 때 더 공격적이라는 증거는 없다. 자폐 아동은 전형적으로 발달하는 또래보다 의도적으로 타인을 공격할 가능성이 낮다(Rogers et al., 2006).

그룹 환경에서 치료를 받는 것이 양육자의 배제를 의미하지 않는다

또 다른 중요한 고려 사항 중 하나는 어린이집 환경이 가정 기반의 개별화된 프로그램에 비해 양육자-전문가 간 접촉과 의사소통에 좋지 않을 수 있다는 점이다. 그룹 프로그램은 지속적으로 자폐 아동을 양육해야 하는 가족의 부담을 덜어 주고 다른 일이나 업무에 집중할 수 있도록 도와준다는 장점이 있다. 실제로 양육 프로그램의 오래된 임무 중 하나는 양육자가 원할 경우 집 밖에서 일을 할 수 있도록 하는 것이므로 G-ESDM의 시행이 이 중요한 목적에 영향을 미쳐서는 안 된다. 하지만 G-ESDM은 양육자-전문가 간 파트너십을 최우선으로 한다. 이것은 자폐 아동의 학습이 전문가와 함께 있는 '치료 시간' 중에만 이루어져서는 안 된다는 믿음에 기반을 두고 있다. 오히려 아이들은 전형적으로 발달하는 아동들처럼 일상생활 동안 많은 것을 배울 수 있고 또 배워야 한다. 따라서 양육자는 가정에서 아이를 돌보는 일상 중에 ESDM 전략을 사용하여 아이의 학습 기회를 촉진하는 가장 중요한 역할을 한다. 또한 양육자의 참여는 각 아동의 개별화 교육계획을 구성하는 데 중요하다. G-ESDM 프로그램은 교육목표와 교육 전략을 정의하는 데 있어 가족의 가치, 목표, 우선순위를 고려하며, 이는 「2004 장애인교육개선법」(Individuals with Disabilities Education Improvement Act: IDEA)의 원칙과도 일치한다. 따라서 G-ESDM 치료사는 양육자와의 열린 의사소통, 신뢰, 상호 존중을 촉진하고, 양육자-전문가 간 파트너십의 장애물을 해결해야 할 필요가 있다.

결론

이 장에서 우리는 ESDM의 원칙과 전략 그리고 그룹 환경에서의 실시(G-ESDM)에 대해 논의했다. 다른 접근법과 마찬가지로, ESDM 역시 강조하는 것은 조기에 개입을 시작하는 것, 하루 종일 아이에게 개입을 제공하는 것, 근거 기반의 교육 전략을 채택하는 것, 프로그램을 개별화하는 것, 의사결정에 양육자를 참여시키는 것이다. 앞으로 이 책 전반에 걸쳐 자세히 논의하겠지만, 양육자는 G-ESDM에서 중요한 역할을 담당한다. 양육자는 '무엇을 가르칠 것인가'에 대한 지침을 제공하여 치료 목표를 설정하는 개입 팀과 협력하며, 가능하면 팀의 감독하에 집에서 양육의 일상 중에 ESDM 전략을 사용하게 된다. ESDM은 긍정적인 인지, 적응, 사회성의 중요한 재료가 된다는 점에서 초기의 사회적 학습 경험에 특별히 초점을 맞추고 있다. 따라서 ESDM은 사회적으로 매개되는 학습을 대안적 형태의 교육으로 '대체'하는 것에 목표를 두지 않는다. 오히려 어떻게 하면 초기 사회적 상호 작용을 학습에 의미 있고 보람 있고 유용하게 만들 것인가에 초점을 두고 있다. 성공적인 사회적 학습을 달성하기 위한 전략은 덴버 모델, 중심축 반응훈련, 응용행동분석에서 도출되었다.

1:1 치료와 비교했을 때 ESDM의 그룹 실시(G-ESDM)에는 다양한 장점이 있다. 그룹 환경 속에서 또래 매개 학습과 '스스로 학습'을 촉진할 수 있다는 '가능성'과 '잠재력'도 그중 하나이다. 그룹 환경에서는 품질 관리와 감독의 가능성이 더 크고 가족의 부담도 덜하다. 집에서 치료사와 함께 장시간 1:1 치료를 하는 것과 달리 그룹 환경은 아이들에게도 자연스러운 환경이다. 또한 그룹 프로그램은 다가올 학교 환경에 대한 준비가 될 수도 있다. 동시에 그룹 프로그램은 교육 목표와 전략의 개별화 확보, 치료 충실도의 확보, 사회적 참여, 양육자-전문가 간 파트너십 구축 등 여러 영역에서 과제를 제시한다. 이 네 가지 과제를 해결하기 위한 절차가 바로 이 프로그램이 지닌 중요하고 독특한 구성 요소이다. 만일 개별화된 학습 목표, 엄격한 수준의 교육 전략 실행,

전형적으로 발달하는 또래 간 활동의 능동적이고 독립적인 참여, 양육자의 프로그램 참여 등이 보장되지 않은 채 그룹 환경에서 ESDM이 사용된다면, 연구에서 나타난 G-ESDM의 긍정적인 결과(제9장 참조)가 달성될 가능성은 낮다. G-ESDM을 제공하는 각 그룹은 이러한 문제를 성공적으로 해결하고 주요 이해관계자(예: 양육자, 서비스 제공자, 직원)에게 해결책을 제시함으로써 가족, 전문가, 기타 팀 내 서비스 제공자의 우려를 가라앉혀야 한다.

ESDM의 효과성을 뒷받침하는 과학적 근거는 제9장에서 다룰 예정이다.

참고문헌

Akhtar, N., & Tomasello, M. (2000). The social nature of words and word learning. *Becoming a word learner: A debate on lexical acquisition*, 115–135.

Akshoomoff, N. A., & Stahmer, A. (2006). Early intervention programs and policies for children with autistic spectrum disorders. *The Crisis in Youth Mental Health: Critical Issues and Effective Programs, 1*, 109–131.

Aron, L., & Loprest, P. (2012). Disability and the education system. *The Future of Children, 22*(1), 97–122.

Ashbaugh, K., & Koegel, R. L. (2013). Naturalistic interventions. In F. Volkmar (Ed.), *Encyclopedia of autism spectrum disorders* (pp. 1978–1986). Springer.

Barbaro, J., & Dissanayake, C. (2010). Prospective identification of autism spectrum disorders in infancy and toddlerhood using developmental surveillance: The social attention and communication study. *Journal of Developmental and Behavioral Pediatrics, 31*(5), 376–385.

Bruner, J. S. (1975). From communication to language-A psychological perspective. *Cognition*, *3*, 255–287.

Buysse, V., & Bailey, D. B. (1993). Behavioral and developmental outcomes in young children with disabilities in integrated and segregated settings: A review of comparative studies. *The Journal of Special Education, 26*(4), 434–461.

Dawson, G., Webb, S., & McPartland, J. (2005). Understanding the nature of face processing impairment in autism: Insights from behavioral and electrophysiological studies. *Developmental Neuropsychology, 27*(3), 403–424.

Dawson, G., & Bernier, R. (2007). Social brain circuitry in autism. In D. Coch, G. Dawson, & K. Fischer (Eds.), *Human behavior and the developing brain*. Guilford Press.

Dawson, G. (2008). Early behavioral intervention, brain plasticity, and the prevention of Autism spectrum disorder. *Development and Psychopathology, 20*, 775–803.

Dawson, G., Rogers, S., Munson, J., Smith, M., Jamie, W., Greenson, J., et al. (2010). Randomized controlled trial of the Early Start Denver Model: A developmental behavioral intervention for toddlers with Autism: Effects on IQ, adaptive behavior, and autism diagnosis. *Pediatrics,*. doi:10.1542/peds.2009–0958.

Dawson, G., Webb, S., Schellenberg, G. D., Dager, S., Friedman, S., Aylward, E., & Richards, T. (2002). Defining the broader phenotype of autism: Genetic, brain, and behavioral perspectives. *Development and Psychopathology*, *14*(03), 581–611.

Frede, E. C. (1995). The role of program quality in producing early childhood program benefits. *The Future of Children*, 115–132.

Graham, M. A., & Bryant, D. M. (1993). Developmentally appropriate environments for children with special needs. *Infants and Young Children, 5*(3), 31–42.

Koegel, R. L., Schreibman, L., Good, A., Cerniglia, L., Murphy, C., & Koegel, L. (1989). *How to teach pivotal behaviors to children with Autism: A training manual*. University of California.

Makrygianni, M., & Reed, P. (2010). A meta-analytic review of the effectiveness of behavioural early intervention programs for children with autistic spectrum disorders. *Research in Autism Spectrum Disorders, 4*, 577–593.

Marini, I., & Stebnicki, M. A. (Eds.). (2012). *The psychological and social impact of illness and disability*. Springer Publishing Company.

Mundy, P., & Burnette, C. (2005). Joint attention and neurodevelopmental models of autism. In F. Volkmar, R. Paul, A. Klin, & D. Cohen (Eds.), *Handbook of autism and pervasive developmental disorders* (Vol. 1, pp. 650–681). Wiley.

National Research Council. (2001). *Educating children with autism*. National Academy Press.

Pennington, B., Williams, J., & Rogers, S. (2006). Conclusions. In S. Rogers & S. Williams (Eds.), *Imitation and the social mind. Autism and typical development* (pp. 431–450). Guilford.

Perry, A., Cummings, A., Geier, J. D., Freeman, N., Hughes, S., LaRose, L., Managhan, T., Reitzel, J., & Williams, J. (2008).

Effectiveness of intensive behavioural intervention in a large community based program. *Research in Autism Spectrum Disorders, 2,* 621–642.

Reichow, B., Doehring, P., Cicchetti, D. V., & Volkmar, F. R. (2011). *Evidence-based practices and treatments for children with autism*. Springer.

Robins, D. L., Casagrande, K., Barton, M., Chen, C. M. A., Dumont-Mathieu, T., & Fein, D. (2014). Validation of the modified checklist for autism in toddlers, revised with follow-up (M–CHAT–R/F). *Pediatrics, 133*(1), 37–45.

Rogers, S. J., & Pennington, B. F. (1991). A theoretical approach to the deficits in infantile autism. *Development and Psychopathology, 3*, 137–162.

Rogers, S. J. (1999). Intervention for young children with autism: From research to practice. *Infants and Young Children: Special Issue on Autism, 12*(2), 1–16.

Rogers, S. J., & Dawson, G. (2010a). *Early Start Denver Model for young children with autism: Promoting language, learning, and engagement*. Guilford Press.

Rogers, S. J., & Dawson, G. (2010b). *Early Start Denver Model for young children with autism: The curriculum*. Guilford Press.

Rogers, S. J. (2013). Early Start Denver Model. In Volkmar (Ed.). *Encyclopedia of autism spectrum disorders*. Springer.

Rogers, S. J., Estes, A., Lord, C., Vismara, L., Winter, J., Fitzpatrick, A., & Dawson, G. (2012). Effects of a brief Early Start Denver Model (ESDM)–based parent intervention on toddlers at risk for autism spectrum disorders: A randomized controlled trial. *Journal of the American Academy of Child & Adolescent Psychiatry*, *51*(10),

1052–1065.

Rogers, J., Viding, E., James Blair, R., Frith, U., & Happe, F. (2006). Autism spectrum disorder and psychopathy: shared cognitive underpinnings or double hit? *Psychological Medicine, 36*(12), 1789–1798.

Schreibman, L. (1988). *Autism*. Sage Publications Inc.

Schreibman, L., & Ingersoll, B. (2005). Behavioral interventions to promote learning in individuals with autism. In F. Volkmar, R. Paul, A. Klin, R., & D. Cohen (Eds.). *Handbook of autism and pervasive developmental disorders* (pp. 882–896). Wiley.

Smith, T., Klorman, R., & Mruzek, D. W. (2015). Predicting outcome of community-based early intensive behavioral intervention for children with autism. *Journal of Abnormal Child Psychology*, *43*(7), 1271–1282.

Stahmer, A. C., & Ingersoll, B. (2004). Inclusive programming for toddlers with autism spectrum disorders: outcomes from the children's toddler school. *Journal of Positive Behavior Interventions, 6*(2), 67–82.

Stahmer, A. C., & Carter, C. (2005). An empirical examination of toddler development in inclusive childcare. *Early Child Development and Care, 175*(4), 321–333.

United Nations. (2006). *Convention on the Rights of Persons with Disabilities*. http://www.un.org/disabilities/convention/conventionfull.shtml.

Vivanti, G., & Hamilton, A. (2014). Imitation in autism spectrum disorders. In F. R. Volkmar, R. Paul, S. J. Rogers, & K. Pelphrey (Eds.), *The handbook of autism and developmental disorders, Fourth Edition*. Wiley.

Vivanti, G., Hocking, D. R., Fanning, P., & Dissanayake, C. (2016). Social affiliation motives modulate spontaneous learning in Williams syndrome but not in autism. *Molecular Autism*, *7*(1), 40.

Vivanti, G., McCormick, C., Young, G. S., Abucayan, F., Hatt, N., Nadig, A., & Rogers, S. J. (2011). Intact and impaired mechanisms of action understanding in autism. *Developmental Psychology*, *47*(3), 841.

Vivanti, G., Paynter, J., Duncan, E., Fothergill, H., Dissanayake, C., Rogers, S. J., & Victorian ASELCC Team. (2014). Effectiveness and feasibility of the Early Start Denver Model implemented in a group-based community childcare setting. *Journal of Autism and Developmental Disorders, 44*(12), 3140–3153. doi:10.1007/s10803-014-2168-9.

Wong, C., Odom, S. L., Hume, K. A., Cox, A. W., Fettig, A., Kucharczyk, S., … & Schultz, T. R. (2015). Evidence-based practices for children, youth, and young adults with autism spectrum disorder: A comprehensive review. *Journal of Autism and Developmental Disorders*, *45*(7), 1951–1966.

제3장

G-ESDM에서 치료 목표 만들기*

1:1 방식의 ESDM과 마찬가지로, G-ESDM에서는 각 아이의 개별적인 학습 목표를 가지고 있다. 학습 목표를 개발하는 기본 절차는 ESDM 매뉴얼(Rogers & Dawson, 2010a)에 상세히 기술된 절차와 동일하다. ① 핵심 발달 영역에 있는 측정 가능한 학습 목표가 평가 결과를 기반으로 12주마다 생성된다. ② 학습 목표는 작은 단계로 쪼개져 무엇을 학습해야 하는지 자세히 설명된다. ③ 아동의 발전 상황을 체계적으로 기록한다. ④ 모든 목표의 달성 여부를 12주마다 평가한다. ⑤ 평가 결과에 기초하여 새로운 학습 목표를 생성한다. 이 틀에 포함된 특정 절차를 통해 G-ESDM은 개별화된 학습 목표를 생성하는데, 이 학습 목표는 ① 그룹 환경의 제

* Ed Duncan · Giacomo Vivanti · Geraldine Dawson · Sally J. Rogers

약과 기회 속에서 해결되어야 하고, ② 그룹 프로그램 안팎에서 치료에 참여하는 모든 성인이 아동의 학습 목표에 접근할 수 있고, 동일한 학습 목표에 대해 협업하며, 데이터를 효율적으로 수집하여야 한다. 이 장에서는 이러한 절차를 자세히 설명하고 있다.

G-ESDM의 개별 학습 목표

G-ESDM에서는 분기별로 프로그램 내 각 아동에 대한 커리큘럼과 목표를 개별적으로 구성한다. 팀의 역할은 협업을 통해 개별화 학습 목표를 적극적으로 공략하고 발전 상황을 매일 기록하는 것이다. 아동의 발전 상황에 대한 체계적인 지침과 추적은 각 아동의 개입 결과를 매일 반영할 수 있게 하므로, 팀은 아동의 고유한 학습 요구와 강점에 따라 모든 프로그램을 이상적으로 맞춤화하고 필요시 조정하게 된다.

개별 목표는 아동의 강점과 약점에 대한 평가를 바탕으로 팀 리더(또는 '핵심인력'; 자세한 역할은 제4장 참조)와 양육자 및 다양한 팀 구성원이 참여하는 협력 절차를 통해 선택된다.

평가 과정은 다양한 학습 영역에 걸쳐 아동의 기술 수준을 측정하는 발달 평가 도구인 ESDM 커리큘럼 체크리스트(Rogers & Dawson, 2010b)를 기반으로 한다. 여기에는 의사소통(표현언어 및 수용언어), 공동 주의, 모방, 사회적 기술, 놀이, 인지, 소근육 운동, 대근육 운동, 독립성이 포함되어 있으며, 크게 4단계 레벨로 나뉜다. 대략 발달연령 12~18개월(레벨 1), 18~24개월(레벨 2), 24~36개월(레벨 3), 36~48개월(레벨 4)이 이에 해당한다. 체크리스트상의 다양한 기술에 대한 아동의 강점 및 약점에 대한 평가와 결정은 1:1 놀이 기반 회기 동안 직접 관찰한 아동의 행동과 더불어 아동과 함께 지내는 가족과 전문가로부터 얻은 정보를 기반으로 한다(ESDM 커리큘럼 체크리스트의 관리에 대한 자세한 내용은 Rogers & Dawson, 2010b 참조). ESDM 커리큘럼 체크리스트의 결과를 근거로 팀 리더(핵심인력)와 양육자는 12주의 개입 주기 동안 목표로 삼을 약 16개의 측정 가능한 학습 목표(예: 각 학습 영역 당 1~3개의 목표)를 함께 설정한다. 일일 데이터 수집은 이러한 목표에 대한 각 아동의 발전 상황을 측정하는 데 사용된다. 이를 통해 아동의 학습을 모니터링 및 분석하고, 필요에 따라 수정하여 결과를 최적화한다.

학습 목표의 또 다른 원천은 아동의 행동 문제에 대한 기능평가에서 얻는다. 학습과 참여에 지장을 주는 현저한 행동 문제가 있는 아동을 대상으로 행동에 대한 기능평가를 수행하고 긍정적인 행동 계획을 수립한다. 이 중요한 영역은 다음 장에서 더 자세히 다룰 것이다.

ESDM 커리큘럼 체크리스트를 G-ESDM의 그룹 맥락에서 사용할 때 중요한 고려 사항은 다음과 같다.

- ESDM 커리큘럼 체크리스트의 아동 행동 관찰은 그룹 환경(특히 또래 상호 작용)을 포함하고는 있지만 주로 별도 공간에서 1:1 아동-성인 간 상호 작용의 맥락에서 수행되는데, 이

는 성인이 아동의 강점과 약점에 대한 고유 프로파일에 집중할 수 있게 하기 위함이다.

- 아동이 지닌 특정 영역의 강점과 약점을 평가할 수 있도록 필요시 다른 분야의 전문가를 ESDM 커리큘럼 체크리스트 평가팀에 포함시킬 수 있다. 예를 들어, ESDM 커리큘럼 체크리스트를 수행하는 성인이 교사라면 언어병리학자가 10~15분간 평가에 참여하여 아동의 의사소통 기술을 관찰하고 전문 의견을 제공해 줄 수 있다.
- 목표는 아동의 영역별 상대적 강점과 약점에 관계없이 ESDM 커리큘럼 체크리스트에 포함된 각 발달 영역마다 개발된다. 예를 들어, 소근육 운동 영역이 '레벨 3'(일반적으로 24~36개월 아동에게 기대되는 수준)인 아동이 표현언어 영역에서는 '레벨 1'(12~18개월 아동에게 기대되는 언어 기능)인 경우가 드물지 않다. 이 경우 팀은 아동의 소근육 운동 기술에 대한 상대적인 강점이 있음에도 소근육 운동 목표를 개발할 것이다. 이 규칙에 대한 유일한 예외는 아동이 이미 특정 영역에 적합한 연령 수준에 도달해 있을 때이다.
- 중요한 것은 ESDM 커리큘럼 체크리스트에 명시되지 않은 일부 기술이 그룹 환경에서는 아이에게 중요하다는 점이다(예: 자신을 보고 있지 않은 성인에게 도움을 요청하기 위해 멀리서 가로질러 오는 것). 따라서 학습 목표를 설정할 때 팀 리더는 교사와 협의하여 전형적으로 발달하는 아동이 그룹 환경에서 일반적으로 사용하는 기술을 고려하는 것이 좋다.

학습 목표 구성

ESDM 커리큘럼 체크리스트 평가에 따라 팀 리더는 팀과 양육자의 협력하에 12주 학습 목표를 만들 책임이 있다. 각 목표는 12주의 개입 주기 내에 습득되도록 설계되어 있으며, 이 기간 동안 아동이 달성할 수 있다고 추정되는 학습 최고치에 기초한다. 학습 목표를 설정할 때 팀은 아동의 역량을 최적화하여 지정된 기간 내에 목표 기술을 습득할 수 있도록 프로그램에서 제공되는 교육의 강도와 아동의 개별 학습률을 고려해야 한다. 우리는 보통 12주 동안 최대 16개의 목표(영역당 1~3개의 목표)를 사용했다. 각 아동의 목표 수에 이러한 제한을 두는 것은 각 목표를 가르칠 수 있는 충분한 시간을 확보하고 개입 주기 내에 일관된 수업과 체계적인 데이터 수집을 하려는 데 있다.

중요한 것은 개별 커리큘럼 항목이 목표가 되는 건 아니라는 점, 그리고 커리큘럼 체크리스트에서 '실패'로 평가된 첫 번째 항목을 목표로 반영하지는 않는다는 점이다. 오히려 목표는 양육자와 팀이 커리큘럼 체크리스트를 평가하는 과정에서 확인한 우선순위에 따라 결정되며, 종종 서로 다른 커리큘럼 체크리스트 항목이 결합되기도 한다. 학습 목표와 교육 단계는 매우 구체적인 형식에 맞춰 공식화되는데, 이는 아동의 학습과 성인의 교수 방법을 모두 지원하도록 설계되었다. G-ESDM 역시 동일한 형식을 사용한다. ESDM 매뉴얼(Rogers & Dawson, 2010a)에 요약되었듯이 학습 목표는 네 가지 주요 특징을 가지고 있다. ① 표적 행동의 유발에 선행되는 사건인 '선행자극'에 대한 진술, ② 관찰 가능하고 측정 가능한 행동(가르칠 기술)의 정의, ③ 목표의 숙달을 정의하는 기준, ④ 표적 행동의 기능적이고 일반화된 수행의 기준(자세한 내용은 ESDM 매뉴얼 Rogers & Dawson, 2010a, p. 70 참조)이다. 예를 들면, 다음과 같이 학습 목표를 정할 수 있다.

[선행사건] 좋아하는 물건들(예: 연필, 블록, 풍선)이 자연스럽게 놓인 상황이나 놀이 활동 중에 익숙한 또래가 1미터 이내로 나란히 또는 건너편에 앉아 놀이를 함
[행동] 제인(Jane)이 5분 이상 평행놀이를 유지함
[숙달 기준] 하루 2회 이상
[일반화] 2명 이상의 또래와 3회기 이상 연속으로

그러고 나면 학습 목표는 표적 행동의 숙달에 이르기까지 여러 단계로 쪼개진다. 이러한 교육 단계(과제분석 절차에서 생성)는 일 단위로 시행되는 교육과 자료 수집의 지침이 된다(Rogers & Dawson, 2010a). 첫 번째 단계는 현재의 기초선 수행(평가 시점에 아동이 할 수 있는 것들)을 반영한다. 두 번째 단계는 즉시 표적으로 삼을 행동을 표시한다. 이것이 숙달되면 세 번째 단계부터는 마지막까지 가르치게 될 새로운 행동을 계속 정한다. 마지막 단계는 12주차에 아동이 성취하기를 바라는 기술을 나타낸다. 이러한 학습 목표에 대한 교육 단계를 다음과 같이 정의해 볼 수 있다.

학습 단계	
1	제인은 각자의 활동 재료(예: 연필, 블록, 풍선)를 가지고 또래가 2미터 이상의 거리에서 놀 때 2분 이상 활동을 지속한다. 성인은 활동을 감독하고 필요시 제인을 지도한다. 하루 1회 이상 수행한다.
2	제인은 각자의 활동 재료(예: 연필, 블록, 풍선)를 가지고 또래가 2미터 이내의 거리에서 놀 때 2분 이상 활동을 지속한다. 성인은 활동을 감독하고 필요시 제인을 지도한다. 하루 1회 이상 수행한다.
3	제인은 각자의 활동 재료(예: 연필, 블록, 풍선)를 가지고 또래가 1미터 이내의 거리에서 놀 때 3분 이상 활동을 지속한다. 성인은 활동을 감독하고 필요시 한두 차례만 활동을 지속하도록 제인을 지도한다. 2명 이상의 또래와 하루 2회 이상 수행한다.
4	제인은 공동의 활동 재료(예: 연필, 블록, 풍선)를 가지고 또래가 1미터 이내의 거리에서 놀 때 3분 이상 활동을 지속한다. 성인은 제인이 원하는 재료를 얻을 수 있도록 활동을 감독한다. 2명 이상의 또래와 하루 2회 이상 수행한다.
5	제인은 공동의 활동 재료(예: 연필, 블록, 풍선)를 가지고 또래가 1미터 이내의 거리에서 놀 때 5분 이상 활동을 지속한다. 성인은 제인이 원하는 재료를 얻을 수 있도록 활동을 감독한다. 2명 이상의 또래와 연속 3회기에 걸쳐 하루 2회 이상 수행한다.

학습 목표와 교육 단계의 구성 요소를 정의할 때 사용되는 언어는 모호하지 않아야 하고, ① 아동 행동의 선행사건은 어떻게 되어야 하는지, ② 성인은 무엇을 해야 하는지, ③ 아동으로부터 기대되는 반응은 무엇인지에 대해 명확한 지시를 제공해야 한다. 이렇게 하면 아이와 함께하는 다른 팀 구성원들도 배경이나 전문

지식에 관계없이 '빠른 수행'이 가능하다. 이 목표를 달성하기 위해 G-ESDM에서는 다음과 같은 다양한 전략이 사용된다.

- 각 목표의 선행사건, 표적 행동, 기준을 구별할 수 있도록 제목을 사용한다.
- 성인과 동료가 해야 할 일을 자세히 설명한다. 여기에는 표적 행동에 선행하여 이를 유발하는 행동 · 지시 · 상황인 '선행사건', 그리고 아동이 독립적으로 표적 행동을 수행하지 못할 때 이를 할 수 있게 도와주는 성인의 '촉구'가 포함된다. 중요한 것은 '선행사건'을 단순히 행동이 발생하는 맥락(예: '성인'과 노는 중)이 아닌, 표적 행동을 '촉구'하는 자극(예: "하나, 둘……"을 말하여 "셋!"이라는 반응을 유발하는 것)으로 나타낼 필요가 있다.
- 모든 목표마다 단순한 언어를 사용하고 전문 용어는 피한다(예: "성인이 아동에게 조사가 포함된 지시를 내릴 때"라고 하기보다는 "성인이 '안에' '위에' '아래에' 같은 조사를 포함하여 물건을 '움직여요' '놓아요' '모아요'라는 지시를 내릴 때"라고 한다).
- 측정 가능한 정의를 사용하여 표적 행동을 특정한다(예: "색의 개념을 갖고 있다."거나 "색을 이해한다."라고 하기보다는 "빨간색과 초록색을 바탕으로 3세트의 사물을 매칭할 수 있다."라고 한다).
- 팀 구성원과 양육자가 학습 목표와 교육 단계에 동의하고 이해하는지 확인한다.
- 약어를 피한다(약어가 아무리 보편적이더라도 그러하다). 약어

는 잘못 해석될 수 있으며, 특히 신입 직원 또는 대체 직원일 경우 교육 및 데이터 수집에서 오류가 발생할 수 있다.

예를 들어, "아론(Aron)이 무언가를 들고 있을 때 어른이 '보여 줘'라고 말하면, 아론은 성인을 향해 해당 물건을 내민다. 2명 이상의 성인에게 연속 3일 이상. 주어진 기회의 80%."라고 쓰기보다는 다음과 같이 이 목표를 정의할 것을 제안한다.

[선행사건] 아론이 자기가 만든 물건(블록, 그림 등)이나 특별한 물건(예: 집에서 가져온 물건)을 들고 있을 때 앞에 서 있는 어른이 '보여 줘'라고 말함

[행동] 아론은 독립적으로 물건을 어른에게 내밀면서 눈을 맞춤

[숙달 기준] 주어진 기회의 80%

[일반화] 2명 이상의 성인에게 연속 3일 이상

마찬가지로 G-ESDM에서는 "안나(Anna)는 부분 신체 촉구(Partial Physical Prompt: PPP)를 받아 80%로 물건을 내민다."라고 하기보다, 부분 신체 촉구에 대해 명확하게 정의를 내릴 것이다(예: "성인이 물건을 잡고 있는 안나의 팔을 두드리면 안나는 물건을 내민다. 주어진 기회의 80%.").

학습 목표와 교육 단계의 숙달을 정의하는 기준 식별하기

실제로 아동이 목표를 숙달했는지 여부를 결정하는 기준은 매우 명확하게 정의되어야 한다. 숙달 기준을 정할 때 기본적인 규칙은, 같은 나이의 전형적으로 발달하는 아동이 보통 무엇을 하는지를 생각해 보는 것이다. G-ESDM에서 숙달 기준을 정의하는 몇 가지 방법은 다음과 같다.

- 기회에 대한 백분율 표기[예: "브라이언(Brian)은 전체 기회 중 80%에서 모방을 수행할 수 있다." 또는 "브라이언은 5번의 기회 중 4번을 모방할 수 있다."]
- 양적 표기(예: "브라이언은 10분 동안 두세 차례 소리를 모방한다." 또는 "아동은 3개의 퍼즐 조각을 맞출 수 있다.")
- 반응 지연 시간(예: "브라이언은 어른이 인사하면 1초 이내에 인사에 응답한다.")
- 지속 시간(예: "브라이언은 10분 동안 촉구 없이 독립적으로 장난감을 적절하게 가지고 논다.")
- 기술의 정확도(예: "브라이언은 선의 75%를 벗어나지 않고 선을 따라 그릴 수 있다.")

G-ESDM의 그룹 환경 맥락에서는 "**브라이언은 전체 기회 중 80%에서 모방을 수행할 수 있다.**" 또는 "**브라이언은 5번의 기회 중**

4번을 모방할 수 있다."와 같이 백분율 표기 방법을 숙달 기준으로 사용하는 것이 때로 문제가 될 수 있다. 동시에 여러 명의 아이와 여러 목표를 두고 여러 차례에 걸쳐 시도하기가 어렵기 때문이다. 80%의 기회에서 성인의 행동을 모방한다는 것은 적어도 5번의 기회를 제공해야 한다는 것을 의미하며, 아동은 적어도 5번 중 4번의 기회에 대해 모방이 이루어져야 한다. 이러한 맥락에서 만일 성인이 목표 숙달의 여부를 평가할 만큼 충분한 시행 횟수(5회 이상)에 도달할 기회가 없다면, 이때는 80%의 기준을 단순하게 '표적 행동이 대부분의 기회에서 관찰됨'으로 생각하고 복수의 성인으로부터 관찰된 내용을 대조하여 숙달 수준을 정하는 것이 낫다. 우리의 경험에 따르면, 백분율 표기는 다음과 같은 경우에 숙달 기준을 교육하고 평가하는 데 용이하다.

- 선행사건이 성인에 의해 명확하게 통제될 수 있다(학습 목표가 자발적인 반응이 아닌 선행사건에 의해 **유발되는** 반응일 경우임. 모방을 예로 들면, "아동은 80%의 기회에서 성인의 새로운 제스처 시연에 반응하여 모방할 것이다.").
- 표적 행동이 그룹 환경에서 자주 발생한다(예: 요구하기 및 지시 따르기).
- 숙달 기준은 아동이 독립적으로 기술을 수행하는 수준을 나타낸다[예: "해리(Harry)는 식사의 80%를 혼자 힘으로 먹는다."].
- 표적 행동은 일반적으로 하나의 활동 안에서 여러 번 발생하는 동작이다. 예를 들면, 퍼즐 조각 끼우기, 선 긋기, 구슬 꿰

기, 노래 속 동작 모방하기, 책 속의 그림 포인팅하기이다.

반대로, 표적 행동이 흥미 있는 사건이나 눈 맞춤에 아동이 자발적으로 포인팅하는 것처럼 자발적인 행동인 경우, 또는 전형적으로 발달하는 아동에게서조차 낮은 빈도로 관찰되는 행동인 경우에는 백분율 표시가 곤란하거나 의미가 없을 수 있다. 표적 행동의 발생 횟수가 성인의 통제 범위에 있지 않기 때문이다. 예를 들어, 흥미 있는 사물에 대한 포인팅이 목표라고 해 보자. 만일 "80% 기회에서 관심 있는 사물/사건을 포인팅하면서 파트너 성인을 바라본다."라고 목표를 설정하면, 해당 기술의 숙달 여부를 평가하기 위해서는 관심 있는 사물/사건이 적어도 다섯 차례는 발생해야 한다. 하지만 이런 경우는 정기적으로 일어나는 일이 아니므로, 결국 이 행동은 비일관적인(예: 머리 위로 비행기가 날아갈 때마다 발생하는) 목표가 될 가능성이 높아진다.

이 문제를 극복할 수 있는 한 가지 방법은 각 아동의 표적 행동 발생을 도와줄 만한 문맥상 정보를 추가하는 것이다. 이러한 세부 사항이 목표에 명시적으로 기록된다면 자발적 행동도 보다 일관적이고 정확하게 평가할 수 있다. 개별 아동이 선호하는 사물이나 사람에 대한 세부 사항을 포함시키면 다음에 강조된 바와 같이 앞서 설명한 목표가 확장될 수 있다.

[선행사건] 해리가 어른과 놀다가 재미있는(동기가 매우 큰) 사물이나 사람[가족, 친구 샘(Sam), 장난감 기차, 태블릿 PC, 비행기, 트

럭 등)을 보았을 때 어른은 보지 못한 척을 함

[행동] 해리가 자발적으로 사물/사람을 가리키며 어른도 그것을 보고 있는지 돌아본 뒤 어른이 그 이름을 말해 주기를 기다림

[숙달 기준] 하루 세 차례

[일반화] 3일 연속, 3명 이상의 인물

숙달 기준을 '양적 표기'로 정의하는 것 역시 몇 가지 어려움을 야기한다. ESDM 커리큘럼 체크리스트를 보면 많은 기술에서 아동이 서로 다른 자료, 맥락, 사람에 걸쳐 특정 행동을 반복적으로 시연할 수 있어야 한다. 예를 들어, 체크리스트 항목에는 "(아동이) 10개 이상의 단순 장난감을 가지고 놂" 또는 "20개 이상의 사물 이름을 사용함"이라고 되어 있는데, 이 경우 지정된 시간 동안 표적 행동의 발생 빈도를 모니터링하여 숙달 수준을 평가한다. 예를 들어, 성인이 동일한 아동과 지속적으로 작업하는 1:1 시행 환경이라면 표적 행동과 숙달 기준에 대해 "(아동이) 60분 동안 20개 이상의 사물 이름을 사용함"이라고 기록할 수 있지만, ESDM에서는 성인이 하루 종일 서로 다른 시점에서 동시에 여러 명의 아동을 대하게 된다. 따라서 표적 행동의 발생은 보다 빈번하게 관찰할 수 있더라도 그 시간이 짧아지므로 숙달 기준은 다음과 같이 정의될 수 있다. "(아동이) 하루 3명 이상의 성인과 상호 작용할 때 15분 동안 5개 이상의 사물 이름을 사용함"

환경적 고려 사항: 모든 환경이 개별 목표를 달성할 수 있는 동일한 기회를 제공하지는 않는다

학습 목표를 개발할 때 직원들은 그룹 프로그램 활동을 통해 제공되는 기회(또는 기회의 부족)를 고려해야 한다. 예를 들어, 간단한 지시 따르기, 사물 요구하기, 또래 모방하기, 모양 분류 장난감 사용과 같은 표적 행동의 기회를 그룹 환경에서 설정하는 것은 어렵지 않다. 그러나 일부 고급 단계의 놀이, 인지, 자조 기술은 자원 문제로 인해 그룹 환경에서 기회를 설정하기가 어려울 수 있다. 이러한 기술의 발달 기회를 늘리려면 이러한 목표를 보다 쉽게 달성할 수 있는 임시 활동을 조직하는 것이 중요하다. 예를 들어, 두 가지 차원(즉, 크기와 모양, 색상과 크기)에 따라 매칭 또는 분류를 하거나 '최소' '최대' '조금' '많이'의 차이점을 배우는 것이 아동의 목표라면 교육 기회를 최적화하기 위해 여기에 특화된 자료에 접근할 수 있어야 한다. 자연스러운 조기 교육 환경에서는 아동이 수많은 자료에 자유롭게 접근할 수 있으므로 이러한 특정 목표를 대상으로 하는 자료에 즉시 접근하기란 어려울 수 있다. 이 문제를 해결하기 위해 팀은 해당 기술을 가르치는 데 쓰일 특화된 자원을 만들어야 한다. 예를 들어, '매칭'과 '분류'를 목표로 한 장난감이나 필요한 언어 개념(예: 신체적 관계, 호칭, 피동, 과거 및 미래 시제 등)을 가르치는 책 같은 것들이다. 이러한 자원들은 특정 개입 목표를 위해 별도로 설정된 시간에만 사용할 수 있도록 한다.

측정 항목의 개선: G-ESDM에서 데이터 수집

ESDM과 관련하여 G-ESDM에서는 각 아동별로 할당된 학습 목표에 대해 발전 상황을 매일 추적하는 것에 큰 중점을 두고 있다. 그룹 환경 내에서 각 개별 아동의 발전 상황을 기록하고 추적하는 것은 자원 배분 문제를 야기할 수 있으므로, 효율적인 데이터 수집 시스템을 구성하여 정보 교환, 수집 및 데이터 저장을 촉진하고 팀의 관리 부담을 최소화할 수 있어야 한다. 중요한 것은 스탭이 일상에서 쉽게 시스템을 사용할 수 있어야 교육 및 데이터 수집의 빈도와 정확성을 높일 수 있다는 점이다.

데이터 수집 시기

ESDM 매뉴얼(Rogers & Dawson, 2010a)에 설명된 절차와 마찬가지로, G-ESDM에서는 학습 기회에 대한 아동의 반응을 모든 시도 횟수마다 전부 기록하는 것이 아니라 시간 간격 기록 시스템에 따라 기록한다. 데이터를 수집하는 성인은 교육 기회와 강도에 따라 5~15분 간격으로 데이터를 수집한다. 여러 명의 아동이 참여하는 활동 중에는 5~10분마다 데이터를 수집하되 활동 시작 단계에는 여유를 갖고 개별 아동의 목표를 검토할 것을 권장한다. 1:1 상호 작용의 경우 약 15분 간격으로 데이터를 수집하면 충분하다. 적정한 시점에서 현재 진행 중인 활동에 대해 자연스럽게 결론이 내려지면 아동과의 상호 작용을 중단하고 데이터를 기록한다. 데이터를 기록하는 몇 분 동안은 아이들이 안전하게 다른 활동에 참여하고 있는지를 확인할 필요가 있다.

데이터 수집 방법

교육 프로그램에 대응하여 아동의 일상 학습을 기록하는 절차는 ESDM 매뉴얼(Rogers & Dawson, 2010a)에 상세히 기술된 절차를 기반으로 한다. 각 아동은 자신의 목표로부터 개발된 개별 데이터 시트를 가지고 있다. 각 목표에 대해 현재 목표로 삼고 있는 학습 단계가 강조 표시된다. 성인은 이를 기준으로 하여 아동이 학습 목표에 대비하여 현재 수행 수준을 기록한다. 매 데이터 기록 간격마다 모든 목표를 다 기록할 수는 없겠지만, 각 아동별로 적어도 2개 이상의 목표는 기록해야 한다. 아동의 발전 상황을 기록하는 데 사용되는 코딩 시스템은 팀 구성원이 동의하고 일관되게 사용하는 시스템이어야 한다. ESDM 매뉴얼(Rogers & Dawson, 2010a)에 설명된 코딩 시스템의 한 예는 다음과 같다.

수행 수준	코드
아동이 교육 기회 동안 일관되게 단계를 수행함	'+' 또는 '합격'(P)
아동이 교육 기회 동안 단계를 수행하지 못함	'−' 또는 '불합격'(F)
아동이 교육 기회 동안 부분적으로 또는 비일관되게 단계를 수행함	± 또는 P/F (합격/불합격)
목표가 아님	공백
아동이 활동 참여를 거부함	비순응(NC)

최종 데이터

팀은 하루 종일 수집한 데이터를 아동의 '데이터 요약 시트'에 일 단위로 요약한다. ESDM 매뉴얼(Rogers & Dawson, 2010a)에서 설명하였듯이 데이터 요약 시트는 여러 에피소드에 걸쳐 각 학습 목표에 대한 데이터를 요약함으로써 일상적인 교육 활동에 대한 아동의 반응을 효율적으로 시각화하여 보여 준다. 예를 들어, 네 명의 성인이 하루에 걸쳐 서로 각각 15분 간격으로 "2~3개의 효과음 모방" 행동을 목표했다면, 데이터 요약 시트는 해당 아동이 일관되게 성공시킨 수행을 요약하게 될 것이다. 이는 다시 서로 다른 코딩 시스템을 사용하여 표현할 수 있는데, 이때 이 시스템은 모든 팀 구성원에게 명확해야 한다. ESDM 매뉴얼(Rogers & Dawson, 2010a)에 아동의 수행도를 코딩하는 간단한 방법 중 하나가 나와 있는데, 획득한 기술에는 A(acquired, 일관되게 수행하는 행동, 80% 이상), 거부하거나 비협조적인 행동에는 R(refused/noncooperative, 0%)을 사용하고 그 사이에 있는 숙달 단계에는 다른 코드를 사용하는 것이다. 그런 다음 데이터 요약 시트를 팀 리더가 정기적으로 검토하고 아동의 발전 상황에 반영한 뒤 '다음 단계'에 대한 결정을 내린다. 예를 들어, 요약 시트가 '2~3개의 효과음 모방'의 교육 단계(3일에 걸쳐 연속적으로 'A' 3개)에서 표적 행동이 지속적으로 나타나고 있다면 팀 리더는 아동을 다음 교육 단계(예: "4~5개 효과음 모방")로 이동시킨다. 반대로, 데이터 요약 시트가 거의 진전을 보이지 않는 경우, 팀 리더는 동일한 단계를 계속 목표로 삼거나, 또는 장기간 진전이 없을 때 프로그램을 변경하기로 결정할 수 있다(이 의사결정 과정에 대한 구체적 절차는 제 8장에 자세히 설명되어 있다).

G-ESDM의 데이터 추적: 몇 가지 실용적인 고려 사항

그룹 환경 내에서 일하는 모든 스탭이 각 아동의 개별 목표와 현재 학습 단계에 즉시 접근할 수 있는 것은 매우 중요하다. 각 자폐 아동마다 G-ESDM에서 16개의 학습 목표를 가지고 있다는 점을 고려할 때, 어느 그룹 프로그램이든 각 아동마다 현재 진행 중인 교육 단계가 무엇인지 신속하게 상기시키고 효율적으로 데이터를 기록할 수 있는 프로토콜이 시행되어야 한다. 한 가지 일반적인 전략은 '목표 치트 시트(objective cheat sheets)', 즉 현재 교육 단계가 요약된 포스터나 종이를 교실 주변에 전략적으로 배치하는 것이다. 예를 들어, 운동장으로 나가는 문에 대근육 운동 치트 시트를 붙여 둘 수도 있고, 개별 활동 치트 시트(예: 점토를 이용한 운동 모방)를 활동 자료(예: 점토 상자)에 붙여 둘 수도 있다. 이렇게 함으로써 진행 중인 활동을 방해하지 않고도 벽이나 자기 앞에 놓인 시트를 참조하여 아동의 개별 목표를 빠르게 참조할 수 있게 된다.

이 틀 안에서 아동에게 가르칠 내용과 아동의 반응을 기록하도록 상기시키는 다양한 시스템을 사용할 수 있는데, 여기에는 종이와 연필을 이용한 수동 입력 시스템(자세한 설명은 Rogers & Dawson, 2010a 참조) 또는 전자 시스템(다음 장 참조) 등이 있다. 어떤 데이터 기록 시스템을 사용하든 팀에 과도한 관리 부담을 주지 않는 것이 중요한데, 이는 팀마다 각자의 환경 특성에 맞는 지속

가능하고 효과적인 데이터 수집 시스템을 확인하는 데 달려 있다. G-ESDM 프로그램에서 데이터 수집을 지원하기 위해 기술을 활용하는 사례를 다음에 개략적으로 설명하였다.

사례: IT 솔루션

데이터 수집 및 분석을 포함하여 G-ESDM 프로그램에서 관련 정보를 관리하면서 겪는 어려움은 IT 솔루션을 통해 해결할 수 있다. 빅토리아 ASELCC G-ESDM 환경에서 현재 운영 중인 한 시스템은 웹 기반의 데이터베이스와 이에 연동된 '앱'을 활용하여 프로그램에 있는 각 아동의 데이터베이스에 정보를 받거나 전송한다. 앱은 안드로이드와 iOS 기기 모두와 호환된다. 모든 성인이 휴대용 기기로 접근할 수 있으므로 아동의 학습 목표 검토, 발전 상황 기록, 메모 등에 큰 노력이 들지 않는다. 일과가 종료되면 이 정보들은 데이터베이스에 동기화되고, 팀 리더는 발전 상황을 검토하고 학습 단계에 따라 아동을 배치하며 필요시 목표를 수정하기도 한다. 일과 시작 시점에 업데이트된 프로그램은 다시 '앱'과 동기화되므로 직원들은 아동의 최신 프로그램에 접속하게 되어 현재 목표를 중심으로 발전 상황을 기록하게 된다.

이런 유형의 기술 솔루션의 장점 중 하나는 특정 기능이 자동화됨으로써 팀의 관리 부담을 줄일 수 있다는 점이다. 예를 들어, 이 시스템은 자동 알림 기능을 사용하여 아동이 연속 4일간 표적행동을 보일 때 팀에 통보함으로써 핵심인력이 다음 단계에 집중할 수 있도록 도와준다. 마찬가지로 아동의 발전 상황에 일관성이 없거나(예: 목표 재검토가 필요할 경우) 팀의 목표가 일관되지 않을 때(예: 데이터의 누락), 이를 알려 준다.

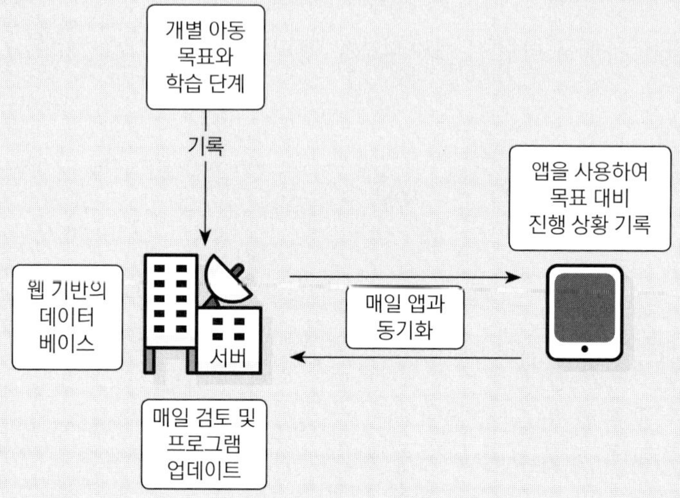

또 다른 실용적 고려 사항은 교육에 대한 아동의 모든 반응 정보는 그것이 긍정적이든 부정적이든 간에 G-ESDM에서 매우 중요하다는 점이다. 종종 성인들은 아동이 교육에 긍정적으로 반응할 때 더 많은 양의 데이터를 기록하면서 아동이 특정 표적 행동을 수행할 수 없거나 거부할 때는 잘 기록하지 않는 경향이 있다. 성공은 축하하고 실패는 반성함으로써 데이터 수집이 교육과 프로그램의 질을 최적화하는 도구로 높이 평가받고, 교육을 통해 아동의 요구에 부응할 수 있는 문화를 구축하는 일은 중요하다. 아동의 발전이 예상보다 느릴 경우 팀 리더는 학습 잠재력을 최적화하기 위한 대안을 모색해야 한다. 이는 정확한 데이터 기록과 반응을 통해서만 가능하다.

결론

G-ESDM 교육은 그룹 환경에서 이루어지지만 학습 목표는 개별화된다. ESDM의 핵심 특징 중 하나는 '매일의 교육 계획을 수립하기 위한 매우 구조적이고 실용적인 접근법'(Rogers & Dawson, 2010a, p. 94)이자 각 아동 프로그램의 검토와 의사결정을 위해 데이터에 초점을 둔다는 점이다. 이 장에서는 아동의 행동에 대한 체계적인 평가를 바탕으로 개별 학습 목표를 설정하는 절차를 설명하고 G-ESDM에서 데이터를 수집하는 어려움(그리고 그 해결책)을 논의하였다. 다음 장에서는 이러한 설정 목표를 위해 G-ESDM 프로그램에서 사용하는 교육 전략에 대해 논의할 것이다.

참고문헌

Rogers, S. J., & Dawson, G. (2010a). *Early start Denver model for young children with autism: Promoting language, learning, and engagement*. Guilford Press.

Rogers, S. J., & Dawson, G. (2010b). *Early start Denver Curriculum Checklist*. Guilford Press.

제4장

G-ESDM 팀 및 학습 환경 구축*

Giacomo Vivanti · Kristy Capes · Ed Duncan · Geraldine Dawson · Sally J. Rogers

지금까지 G-ESDM의 과학과 원리에 대해 중점적으로 살펴보았다. 이번 장부터는 어린이집, 유치원, 이와 유사한 유아 프로그램 등 일반적인 집단 환경의 맥락에서 G-ESDM을 성공적으로 구현하기 위한 전략과 절차를 상세히 설명하고자 한다. 이 장에서 우리는 나머지의 기초 역할을 하는 두 가지 주요 단계인 여러 분야를 아우르는 팀을 구성하고, 물리적 · 시간적 환경을 설정하는 것에 초점을 맞출 것이다.

* Giacomo Vivanti · Kristy Capes · Ed Duncan · Geraldine Dawson · Sally J. Rogers

G-ESDM 팀 설계

G-ESDM에서 팀 구성원들이 가진 전문적 배경의 조합은 자폐 학습자의 다양한 요구 영역에 따라 결정된다. G-ESDM 팀은 일반적으로 조기 교육, 심리학, 행동분석, 언어병리학 및 작업치료의 전문가를 포함한다. 일부 가족은 아동 정신건강의학과와 발달 및 행동 소아과의 지원도 필요로 할 수 있다.

유아 교육자는 각 아동의 목표에 맞는 그룹 커리큘럼을 개발하는 등 교육 프로그램 및 수업 일정에 대한 전문지식을 제공한다. 또한 환경 설정, 커리큘럼 전반에 걸친 스탭의 역할 및 책임 분배 등 자원 관리에도 전문지식을 제공한다. 유아 교육자는 특정 교실에서 '리더'의 역할을 맡는 경우가 많다. 이들은 교실 커리큘럼의 실행을 개발하고 감독하며 개별 아동에 대해 가족 및 전문가와 연락하고 다른 직원을 지원하고 감독할 책임이 있다.

심리학자는 다양한 발달 단계에서 예상되는 행동과 기술, 개별 아동의 학습 과정 및 프로파일, 개별 아동의 발달에 미치는 사회 환경적 영향, 가족 구조와 역학, 정서 조절, 애착 관계 및 학습 격차를 메우기 위해 목표로 삼아야 하는 발달 영역 및 과정에 대한 정보를 제공한다.

응용행동분석의 지식은 세 가지 영역, 즉 ① 효과적인 교수를 위한 경험적으로 도출된 전략의 실행, ② 아동의 진도 측정, ③ 문제행동을 관리하기 위한 기능평가 및 행동개입 계획의 사용에서 아주 중요하다.

언어 및 언어병리학은 언어적 · 비언어적 의사소통 발달의 순서, 의사소통의 다양한 기능, 보완대체의사소통(AAC) 접근법을 언제 어떻게 사용해야 하는지에 대한 중요한 정보를 제공한다.

작업치료는 운동 및 자기 관리 기술, 개인적 독립성, 주의집중과 참여를 촉진하기 위한 각성 최적화, 아동이 그들의 신체와 감각적 환경에 적응하도록 돕는 전략 등의 영역에서 목표와 절차를 알려 준다.

성공적인 개입 참여를 방해할 수 있는 개별 아동의 건강 및 행동 문제(예: 뇌전증, 위장 문제, 심각한 불안; Rogers & Dawson, 2010)를 해결하기 위해 발달 및 행동 소아과, 아동 정신건강의학과 전문가의 지원이 필요할 수 있다.

다학제적 팀 접근법

G-ESDM 팀은 다양한 배경을 가진 전문가들로 구성되어 있지만 팀 구성원들 사이에는 공통의 업무 영역이 많다. 각 개별 아동의 요구를 충족하는 개입이 이루어지도록 하기 위해 **학제 간 팀 접근방식**과 일치하는 협업 팀 문화는 팀 전체에 걸쳐 자원을 최적화하고 지식영역을 효율적으로 통합한다.

다학제적 접근방식은 아동과 가족을 위한 서비스를 계획하고 통합하기 위해 협업, 공감대 형성, 분야별 역할의 확대, 공유 및 공개하는 학제적 역할을 활용한다(Woodruff & McGonigel, 1988). 이것은 상당한 도전을 수반하지만, 이것의 이점에 대해서는 일반적인 합의가 있다. 특히 다학제적 팀 형태를 이용하면 다음과 같은 영역에서 이점을 얻을 수 있다(King et al., 2009; McWilliam, 2010).

- 서비스 단편화(분열) 제한
- 팀에 기여하는 구성원으로서 가족 중심성 강조
- 가족에 대한 요구 감소(즉, 주로 한 사람이 제공하는 지원)
- 서비스 효율성 향상
- 서비스 비용 효율성 향상
- 전문가 간의 전문성 개발 촉진

자폐 스펙트럼 장애에 특화된 서비스를 그룹에 제공하는 것은 1:1 프로그램을 제공하는 것보다 훨씬 더 많은 팀워크가 필요하다. 그룹 환경은 시시각각 변하는 역동적인 상황으로, 여러 명의 성인이 여러 명의 아동과 함께 미리 계획된 목표를 달성하기 위해 협력해야 한다. 매 순간 학습 환경의 성공을 결정짓는 것은 행동, 인지 및 정서를 조절하는 팀의 기술이다. 팀은 어떻게 이런 종류의 다학제적인 상황에서 역할 분담 문화와 기술을 발전시킬 수 있을까? 중요한 요인에는 개인과 팀 모두가 두 가지 사고방식, 즉 ① 팀의 일원으로서 협력적인 역할 분담을 하고, ② 가족과 팀 구성원에게 전문지식을 책임지는 전문가로서 일할 수 있도록 지원하는 임상 감독 및 업무 프로세스가 있다.

다학제적 실천 요강: '전문가 역할'을 넘어

G-ESDM 프로그램을 실행하는 대부분의 팀 구성원은 특정 교실(그룹)에 배정되어 해당 환경 내에서 아동에게 최적의 교육을 제공하기 위한 유아 교육자(또는 이와 유사한 사람)이다. 때로 교육 전문가가 팀 리더 또는 핵심인력의 역할을 하는데(Boyer & Thompson, 2014), 이 역할은 특정 아동 프로그램에 대한 관리 및 책임을 수반한다. 또한 팀 리더는 아동의 가족과 아동 프로그램에 참여하는 전문가 모두의 주요 연락 담당자이며 팀 구성원 간의 적극적인 협업을 촉진한다.

전문 치료사(예: 심리학자, 언어치료사, 작업치료사)의 역할은 G-ESDM에서 보다 유동적일 수 있지만(즉, 특정 교실이나 특정 아동에게만 배정되지 않음) 그룹 내에서 개입을 제공할 때는 특정 전문 분야에 따른 목표와 관련해 별도로 일하지 않는다. 팀의 모든 구성원은 모든 활동에서 다양한 범위의 ESDM 목표를 따라야 한다. 따라서 G-ESDM 내의 개별 팀 구성원은 전문 분야의 경계를 넘어 역할을 확장하고 분담하여 다양한 분야의 새로운 기술을 (교육과 지원을 통해) 습득해야 한다. 팀 구성원들의 전문성을 공유하고 통합하는 것이 바로 다학제적 팀의 큰 특징이다. 또한 전문 치료사는 팀 리더나 핵심인력의 역할도 할 수 있다.

그럼에도 불구하고, 특정 치료문제가 발생하면 각 스탭의 고유한 기술이 필요하다. 예를 들어, 배변 훈련이나 독립적으로 먹기에 대한 결정은 주로 팀 내 작업치료사가 담당하고, 도전적인 행동 관리는 행동분석가의 전문지식에 의존할 것이다. 따라서 각 스탭은 팀과 각 아동에게 분야별 및 초학문적 지원을 모두 제공하고 있다.

단순히 '전문가의 역할' 이상을 맡고 전통적인 전문가 교육의 경계를 넘어서는 것은 어떤 사람에게는 불안감을 유발하고, 또 다른 사람에게는 좌절감을 주며, 대다수는 처음엔 당황스러울 수 있다. 그러나 경험에 비추어 볼 때, 다학제적 팀 접근방식은 팀 구성원들이 응집력 있고 협력적인 방식으로 함께 일할 수 있는 능력을 길러 주며, 업무 만족도와 동기 부여에 긍정적인 영향을 미친다(Duncan & Vivanti, 2013). 강력한 학제 간 G-ESDM 팀을 구성하는 핵심 요소는 팀 커뮤니케이션 및 계획을 지원하는 절차 및 방법을 수립하는 것이다. 우리가 사용한 방법은 제9장에 설명되어 있다. 그러나 프로그램마다 다양한 학문의 구성원을 활용하는 방법은 크게 다르며, G-ESDM을 사용하는 각 그룹 프로그램이 팀 인력과 조직을 어떻게 구성할지 결정할 것이다.

G-ESDM 교실 설계

자폐 아동을 위한 교실 환경에서 자주 사용하는 자연주의적 G-ESDM과 구조화된 자폐 교수법 사이의 가장 분명한 차이점은 물리적 환경의 배치일 것이다. 자폐 스펙트럼 장애에 특화된 교육 환경에서는 시각적 지원을 많이 사용하고 환경의 감각적 입력을 줄이는 것으로 교실 환경을 수정하는 경우가 많다. 학생들에게

'다음에 무슨 일이 일어날지' 또는 '독립적으로 과제를 수행하는 방법'을 알려 주기 위한 시각적 스케줄, 교실의 한쪽 편에 멀리 떨어져 있는 높은 선반, 소음을 차단해 주는 헤드폰, 칸막이, 책상과 의자 등의 물리적 장벽, 그리고 아동을 산만함으로부터 보호하여 과제에 집중할 수 있도록 하는 상대적으로 단순한 공간 등을 자주 볼 수 있을 것이다. 또한 일반적으로 아동들이 학습 환경의 사회적 · 감각적 요구와 관련된 스트레스를 피할 수 있도록 '진정 공간' 또는 '감각 친화적' 공간을 갖추고 있다. 역설적이게도 '감각적 입력'을 제공하기 위해 짐볼 놀이, 담요나 카펫에 아이들을 굴리기, 심부 압박과 칫솔질 등 일반적인 유치원 환경에서 찾아볼 수 없는 풍부한 감각적 경험을 사용하는 프로그램도 적지 않게 볼 수 있다. 이러한 적응은 유치원 환경에서 일반적으로 나타나는 언어적 · 감각적 · 사회적 요구를 줄이고 시각 · 사물 · 일상 중심이자 감각 조절이 가능한 '자폐 친화적 경험'으로 대체하기 위해 이루어진다.

자폐 아동이 때로 비사회적 · 감각적 자극 및 비언어적 매개활동을 통해 동기 부여된다는 것을 알고 있지만, G-ESDM의 접근 방식은 아동에게 의미 있고 보람 있는 **사회적 학습** 환경을 제공하여 사회적 학습에 대한 보상과 기술을 증가시키는 것, 다시 말해 동기를 높이는 것이다. 교실의 물리적 배치는 이러한 철학을 반영하며, 모든 발달 영역과 하루의 모든 활동에서 또래와 성인을 통해 사회적 기술을 배울 수 있도록 설계되었다.

G-ESDM 플레이룸에 들어서면 잘 정돈된 일반적인 유아 교육

환경이라는 첫인상을 받는다. 물리적 공간의 요건은 유아 교육 모범 사례에 포함된 요구 사항이며, 플레이룸에 있는 장난감과 자료는 일반적인 유치원에서 볼 수 있는 것과 동일하다.

자료와 공간 정리는 매우 중요하며, '자연주의'라는 것은 '무질서'를 의미하지 않는다. 혼란스러운 환경은 아동의 학습과 사회화에 해로울 수 있다. 또한 자폐 아동의 특정한 특성으로 인해 환경의 두 가지 측면, 즉 ① 특정 영역에서 '무슨 일이 일어날지'에 대해 아동에게 힌트를 주는 학습 영역과, ② 자료를 준비하고 각 영역에 존재하는 '경쟁 자극'의 양과 질을 관리하는 것에 세심한 주의를 기울여야 한다. 이 두 가지 측면은 다음에서 설명하고 있다([그림 4-1] 참조).

[그림 4-1] G-ESDM 교실의 물리적 구성

명확한 목적과 동기를 중심으로 물리적 공간 구성하기

쇼플러와 동료들(Schopler et al., 1995)이 소개한 교육학적 원칙에 따라, G-ESDM 학습 환경에서는 영역마다 각기 다른 목적을 가지고 있으며, 각 영역의 물리적 배치와 자료는 아동에게 의도적이고 목표 지향적인 행동을 촉진하기 위해 그 목적이 무엇인지 알 수 있도록 신호를 보내야 한다. 예를 들어, 오븐 위의 냄비와 프라이팬, 테이블이나 선반 위의 접시, 컵, 숟가락, 또는 찬장이나 냉장고의 음식과 음료 등 저녁 요리라는 주제를 강조하는 장난감을 배치하는 '상징적 놀이 코너'를 구성할 수 있다. 또래 상호 작용을 쉽게 하도록 특정 아이템(예: 접시, 숟가락 및 컵)이 여러 개 제공된다. 마찬가지로 블록, 자동차, 사람과 같은 아이템만으로 한정된 '블록 코너'는 조용한 놀이를 권장하는 책 코너에서 멀리 떨어진 공간에 만들 수 있다. 아이들이 가지고 놀고 난 후에는 쉽게 정리할 수 있도록 모든 물건이 잘 정돈된 상태여야 한다(예: 통에 정리하기).

플레이룸의 다양한 영역과 그 영역에 관련된 자료는 명확한 목적을 가지고 있지만, 각 영역에서 수행할 구체적인 활동이 완전히 미리 정해져 있는 것은 아니다. 따라서 각 장난감으로 무엇을 해야 하는지 알려 주는 '과제 스케줄'이 없다. 오히려 몬테소리(Montessori, 1948)가 처음 확립한 원칙에 따라 각 영역에서 아동은 이용할 수 있는 다양한 자료와 활동을 선택할 수 있어야 하며, 이것은 활동의 주제, 그 영역의 목적 및 이 활동에서 다루어져야 할 개별화된 목표와 일치해야 한다. 이 접근법은 아동의 동기를 이용하여 아동의 자발적인 관심을 의도적인 놀이 활동의 틀에 포함시키는 것이다.

- 듀플로(Duplos)[1]는 최근 잭(Jack)의 반 아이들 사이에서 인기 있는 장난감이다. 잭은 소근육 기술에 어려움이 있어 듀플로와 같은 조립 장난감을 가지고 노는 것을 피한다. 잭의 어머니는 잭이 최근 농장에 다녀온 이후로 수탉에 관심을 가졌다고 말해 주었다. 잭이 친구들과 함께 듀플로 조립 활동에 참여하도록 동기를 부여하기 위해 교사는 듀플로 조립 활동 테이블에 듀플로 수탉과 다른 듀플로 농장 동물을 놓아 두었다. 잭은 듀플로 테이블로 와서 몇 개의 블록을 조립하여 수탉을 위한 '먹이'를 만들었다.
- 교사인 클레어(Clare)는 플레이룸에서 찰흙 놀이 활동을 하고 있다. 그 반에서 휴고(Hugo), 베스(Beth), 라클란(Lachlan) 세 명의 아이가 찰흙 놀이 활동을 선택했다. 클레어는 휴고가 흉내 내기 놀이를 좋아한다는 것과 또래 흉내 내기가 놀이 기술의 학습 목표인 것을 알고 있다. 클레어는 휴고가 찰흙을 공 모양으로 굴리는 것을 보고 자신의 찰흙을 공 모양으로 만들어서 롤링 핀 위에 놓더니 아이스크림처럼 핥는 시늉을 한다. 휴고는 웃으며 클레어를 모방하여 자신만의 '아이스크림'을 만든다. 클레어는 지난주가 베스의 생일이었던 것을 기억하고 막대기 몇 개를 꺼내서 찰흙에 막대기를 꽂을 수 있는 방법을 베스에게 보여 준다. 그러고 나서 휴고에게도 함께 놀

1 역자 주: 만 18개월 이상의 유아가 좋아하는 밝은 색상과 작은 손으로도 잡기 쉬운 크기의 조립 블록을 뜻한다.

자고 권유한다. 그런 다음 〈생일 축하합니다〉 노래를 부르고 베스와 휴고는 번갈아 가며 촛불을 끈다. 라클란은 '간지럼'과 같은 감각적인 사회적 놀이를 즐긴다. 클레어는 라클란이 말아 놓은 길고 얇은 찰흙 조각을 집어 '간지럼 뱀'을 만들고 손으로 집어서 라클란과 자신을 간지럽힌다. 그런 다음 뱀을 이용해 휴고의 '아이스크림'을 먹기 시작한다. 클레어는 뱀을 라클란에게 건네 주고 라클란도 휴고의 '아이스크림'을 뱀이 먹도록 한다.

중요한 것은, 이러한 예시에서는 아동의 참여를 촉진하기 위해 물리적 공간을 구성하는 데 초점을 맞추고 있지만, 각 활동과 상호 작용의 궁극적인 목표는 각 아동의 학습 목표를 체계적으로 달성하도록 하는 것이다. 교수 전략을 구현하는 절차는 다음 장에 자세히 설명되어 있다. 그러나 학습 환경의 물리적 배치가 ESDM의 자연주의적 원칙(활동이 계획되고 잘 조직되어 있지만 아동의 행동이 완전히 미리 결정된 것은 아닌)에 따라 구성되지 않은 경우에는 효과적이지 않을 수 있다. 앞서 언급했듯이 학습 요구를 해결하기 위해 계획된 의미 있고 보람찬 활동에 아동이 참여하는 것은 성공적인 학습의 핵심이다.

주의집중의 경쟁 줄이기

자폐 아동은 종종 주의가 매우 산만하다(Murphy et al., 2014). 제1장에서 언급했듯이 이들은 한 가지 일에 계속 집중하는 것과 불

필요한 정보를 차단하는 데 어려움을 겪을 수 있다. 따라서 G-ESDM 학습 환경의 '만트라(mantras)[2]' 중 하나는 학습을 방해하는 자극을 제한하여 '주의집중 경쟁을 줄이는 것'이다. 이는 현재 활동과 가장 관련이 높은 자극과 자료가 아동에게 강조되도록 플레이룸을 구성함으로써 이루어진다.

각 학습 공간은 자료를 보관하는 수납 공간과 가까워야 하며, 스탭이 쉽게 접근할 수 있지만 아동을 산만하게 해서는 안 된다. 현재 활동과 관련이 없는 모든 자료는 문서함과 서랍에 넣고 닫아 두거나 커튼이나 담요로 가려서 아동의 시야 밖에 두어야 한다. 아동의 시야에 존재해야 하는 요소는 놀이 파트너와 활동에 관련된 자료들이다. 관련 없는 자료가 시야에서 '사라지지' 않으면 놀이 활동을 방해하고 학습 기회를 방해할 수 있다.

마찬가지로 아동(및 스탭)은 각 활동을 완료한 후 다른 활동으로 넘어가기 전에 자료를 치우도록 하여 서로 관련이 없는 두 세트의 자료가 같은 공간에 동시에 존재하지 않도록 한다. 이렇게 하면 아동들은 경쟁하는 여러 자극을 처리할 필요가 없으며 학습 활동의 중심이 되는 한 가지 자극에 모든 주의집중 자원을 사용할 수 있다.

2 역자 주: 명상, 기도 또는 긍정의 형태로 반복되는 단어, 소리 또는 구, 여기서는 반복되는 핵심 문구이다.

G-ESDM 플레이룸의 다양한 학습 영역

G-ESDM은 제너럴리스트(Generalist) 모델[3]을 기반으로 개입을 제공하는데, 이는 서비스를 하는 모든 전문가가 하나의 포괄적인 치료 계획을 제공하며, 특정 분야에서 다루는 목표와 더불어 모든 발달 영역과 기술 영역에 걸친 목표를 포괄한다는 것을 의미한다. 예를 들어, 의사소통과 소근육 영역의 목표는 언어치료사와 작업치료사가 별도의 회기에서 개별적으로 다루는 것이 아니라 다학제 팀이 실행하는 종합적인 계획에 포함된다.

이러한 접근방식은 G-ESDM 학습 환경의 물리적 배치에 반영된다. 교실 학습 환경은 특정 치료를 위한 별도의 공간(예: 작업치료실, 언어치료실)을 중심으로 배치되는 것이 아니라 일반적인 놀이와 자기 관리 활동을 중심으로 구성된다. G-ESDM의 모든 교육 목표는 이러한 활동 내에서 다루어진다. 이 목표를 달성하기 위해 학습 환경의 물리적 구성은 다음에 설명된 여러 가지 영역의 배치를 포함한다.

---

3 역자 주: 아동의 다양한 발달적 요구 사항을 충족시키기 위해 여러 전문가가 협력하여 아동과 가족에게 맞춤형 개입을 제공하는 모델이다.

놀이 활동 센터

놀이 활동 센터는 아동의 동기, 공통 관심사, 치료 계획에 따라 학습 기회를 만들고 협동 놀이에 참여하도록 장려하기 위해 자연주의적이고 연령에 적합한 다양한 놀이 자료가 있는 지정된 바닥 공간 또는 테이블 공간으로 구성된다. 이러한 영역은 시각적으로 구분되어 있지만 반드시 물리적 장벽으로 둘러싸여 있는 것은 아니며, 아동들은 각 센터에 배치된 놀이 자료 세트에 자유롭게 접근할 수 있다. 각 영역의 공간 배치는 3~4명의 아동이 함께 놀 수 있고 서로 마주 볼 수 있도록 해야 한다.

각 센터에는 특정 주제가 있으며, 이 주제는 해당 영역에 배치된 일련의 자료로 명확하게 제시된다. 일반적인 유치원과 마찬가지로 그룹 교실에는 퍼즐 테이블, 책 코너, 조작하여 작동하는 장난감 테이블, 만들기 및 블록 영역, 장난감 주방/쇼핑 또는 기타 상징적인 놀이 공간, 그리기/색칠하기 센터 등 여러 센터가 있다. 각 구역은 해당 센터의 주제와 관련된 자료들을 이용할 수 있는 정해진 요일과 시간이 있다. 활동 센터마다 세 가지 원칙에 따라 특정 놀이 교구를 선정한다. 첫째, 일반적인 유치원 환경에서 볼 수 있는 장난감과 물건 등 전형적인 유아 교구여야 한다. 둘째, 목표 지향적이고 사회적인 놀이에 도움이 되는 것이어야 한다. 따라서 의미 있는 행동과 협동 놀이를 유도하는 장난감(예: 블록, 자동차)은 감각 자극을 많이 제공하지만 목표 지향적인 행동과 공동 참여를 이끌어 내지 못하는 장난감(예: 태블릿 PC)보다 더 낫다. 마

[그림 4-2] 놀이 활동 센터의 예 1

[그림 4-3] 놀이 활동 센터의 예 2

지막으로, 주제마다 놀이의 복잡성과 정교함의 수준이 다르지만, 각 센터에는 개별 아동의 치료 목표에 적합한 놀이 자료가 있어야 모든 아동이 자신의 놀이 수준에 적절하고 의미 있으며 학습 목표를 이룰 수 있는 장난감을 가지고 놀 수 있다. 중요한 것은 물건에 대해 반복적이고 고정된 루틴이 생기지 않도록 자료와 주제는 보통 일 년 내내 3~4주마다 자주 변경하는 것이다([그림 4-2], [그림 4-3] 참조).

소그룹 및 대그룹 영역

G-ESDM의 많은 학습 목표는 한 명의 치료사가 3~4명의 아동 그룹을 이끄는 책 기반 또는 노래 기반 루틴과 같은 소그룹 활동에서 이루어진다. 리드(lead) 치료사는 보통 아동 뒤에 앉아 활동을 원활하게 진행하기 위해 필요한 때에 개입하는 성인, 즉 '보이지 않는 지원'의 도움을 받는다(스탭 역할 및 책임에 대한 자세한 내용은 제5장 참조). 이러한 유형의 일상적인 플레이룸 일과 활동은 표현 및 수용 언어, 몸짓 및 음성 모방, 번갈아 하기, 공동 주의, 인지 목표(예: 짝 맞추기, 수 세기), 사회성(예: 장난감 주고받기와 공유하기), 놀이 기술을 목표로 하는 이상적인 틀을 제공한다.

소그룹을 운영하는 데 필요한 물리적 설정에는 시각적으로 '자연스러운' 경계(예: 이동식 가구, 통로, 벽, 문)로 나뉘어 명확하게 구분된 공간이 포함된다. 그 공간 안에서 치료사가 아동들과 가까이 마주 보고 앉아 자리에서 움직이지 않고 바로 활동에 필요한 장난감이나 재료에 쉽게 접근할 수 있도록 의자와 놀이 도구가 배치된다(단, 아동들이 접근할 수 없는 곳에 있어야 함). 소그룹을 구성할 때 가장 중요한 목표는 성인이 아동의 주의를 집중시켜 아동이 성인의 행동과 의사소통을 통해 전달되는 풍부한 정보를 받아들이고 이해하며 배울 수 있도록 하는 것이다.

주의를 산만하게 하는 자극의 경쟁을 없애기 위해, 리드 뒤에 '아무것도 없도록' 그룹을 배치하여 아동들의 관심을 모을 수 있다. 이것은 플레이룸의 벽이나 모서리 또는 '자연적인' 장벽이 있는 공간을 마주 보는 방향으로 그룹을 배치하여 달성할 수 있다. 여러 그룹이 동시에 진행되는 경우 가능한 한 최대한 서로 떨어져 있어야 한다. 일반적으로 소규모 그룹은 약 10~15분 동안 활동한 다음, 다른 활동과 학습을 위해 그룹을 해산한다(예: 식사와 활동 센터). 소그룹 활동의 물리적 배치의 예가 그림으로 나와 있다([그림 4-4] 참조).

대그룹 활동(즉, 교실에 있는 모든 아동 또는 대부분의 아동이 참여하는 활동)은 아동이 개별 학습 기회와 소그룹 활동에서 습득한 기술을 일반화할 수 있는 기회를 제공한다. 대그룹 활동은 일생 동안 교육 환경, 특히 학교 환경에서 일반적으로 일어나기 때문에 중요하다. 대그룹 활동 중에 소그룹에서와 같이 아동이 의자에 앉도록 하는 것은 환경적인 단서 역할을 하며, 활동 중에는 신체적 지원을 제공하여 활동에 집중하고 참여할 수 있는 능력을 기른다. 아동의 연령에 따라 의자에 앉는 것부터 큰 블록, 매트를 거쳐

바닥에 앉는 것까지 단계적으로 진행하여 아동이 바닥에 앉는 법을 배우도록 한다. 소그룹 활동과 마찬가지로 대그룹 활동도 한 명의 리드 치료사와 '보이지 않는 지원' 역할을 하는 여러 명의 치료사로 구성된다(제5장 참조). 리드 치료사는 추가 지원이 필요한 특정 아동을 확인하고, 필요에 따라 적절한 촉구를 제공할 수 있도록 가까운 곳에 '보이지 않는 지원'을 배치할 수 있다.

이러한 절차는 다음 사례에 설명되어 있다.

[그림 4-4] 소그룹 활동의 예

교사 존(John)은 동요 〈Everybody Shaking〉을 바탕으로 전체 그룹 '음악과 움직임' 루틴을 이끌고 있다. 존은 일반적으로 대그룹 음악 및 동작 활동을 하는 교실의 넓고 확 트인 공간에서 활동을 이끌 계획이다. 활동이 시작되기 전에 존은 모든 의자를 둥글게 배열하고 근처에 있는 모든 장난감을 덮거나 치워 산만해질 수 있는 방해 요소를 줄인다. 존과 아동 및 다른 교사들은 모두 의자에 원을 그리며 앉아 있고, 교사 한 명은 베키(Becky) 뒤에, 다른 교사는 케인(Kane) 옆에 앉아 활동 내내 필요에 따라 두 학생에게 추가 지원을 한다.

대그룹에서 각 아동의 관심과 기술을 신중하게 고려하여 그룹에 속한 모든 아동이 어떤 식으로든 적극적으로 참여할 수 있도록 활동을 고안한다. 그룹의 모든 아동은 필요에 따라 각기 활동시간과 대기시간이 조정된다. 사례의 후반부에 강조된 것처럼 집중시간이 짧은 아동보다 더 오랜 시간 동안 참여할 수 있는 아동이 더 오래 활동에 남아 있을 수 있다.

존은 보조교사인 리즈(Liz)의 도움으로 종을 나눠 주며 활동을 시작한다(존은 아동들이 기다리는 시간을 줄이기 위해 종을 빨리 나눠 줘야 한다는 것을 의식하고 있다). 존과 리즈는 종을 나눠 주면서 아동들의 개별적인 의사소통 목표를 정한다. 예를 들어, 존은 두 개의 종을 들고 색상을 말해 주고 조지(George)가 하나를 요구하여 가리킬 때까지 기다린다. 존은 또 켈리(Kelly)와 홀든(Holden)에게 옆에 앉아 있는 친구들에게 종을 전달하게 함으로써 또래 상호 작용을 촉진하여 언어 목표와 사회적 상호 작용 목표를 해결한다. 모두에게 종이가 전달되자 존은 원 안에 앉아 경쾌한 느낌과 박자로 〈Everybody Shaking〉을 부르면서 종을 흔드는 동작을 보여 준다. 아이들은 존의 장난기 어린 표정, 노래 중간에 추가하는 잠깐 멈추는 순간, 친숙한 노래이기 때문에

> 다음에 나올 내용에 대한 기대감, 존이 종으로 하는 명확한 동작으로 인해 존에게 집중하려는 동기를 갖게 된다. 곧 많은 아동이 참여하고(즉, 노래를 부르거나 종을 흔들며), 다른 교사들은 필요에 따라 아동들이 참여하도록 도와준다(예: 종으로 존의 행동을 모방하도록). 존은 아동의 흥미를 유지하기 위해 활동 전반에 걸쳐 노래에 새로운 동작을 추가하고, 아동이 특별히 관심을 갖는 것이 무엇인지 또는 아동이 언제 의욕을 잃기 시작하는지 지켜본다. 존은 또한 아동의 행동과 선택을 노래 루틴에 적극적으로 반영한다. 예를 들어, 존은 케일이 발을 구르는 것을 보고 케일을 가리키며 "봐, 케일이 발을 구르고 있어. 케일처럼 발을 동동 구르자…… 모두 다 같이 발을 구르기……."라고 노래한다. 노래의 한 구절이 끝나갈 무렵, 존은 칼리에게 발 구르는 방법을 선택하게 하면서 "빨리 구를까? 천천히 구를까?"라고 물으며 참여하도록 한다. 칼리가 "빨리 빨리!"라고 대답한다. 그때 존은 베키가 더 이상 노래를 따라하지 않고 노래에 대한 흥미를 잃은 것을 보고 '보이지 않는 지원'을 담당하는 교사에게 신호를 보내 베키가 다음 활동으로 전환할 수 있도록 하고 존과 다른 아동들은 계속 노래를 부른다.

이 사례는 학습 목표를 이룰 수 있도록 사회적 참여 활동을 '설계'하는 데 있어 물리적 설정(이 사례에서는 의자 배치)이 얼마나 중요한지를 보여 준다.

다른 영역들

많은 유치원 환경에는 등반 장비, 트램펄린, 모래밭, 탑승형 장난감 및 기타 놀이터 시설이 포함된 야외 공간이 있다. 야외 공간은 대그룹 활동에서 운동 및 인지적 목표를 달성하기 위한 이상적인 환경이며, G-ESDM에서 이를 성공적으로 사용하기 위해 특정한 물리적 재배치가 필요하지 않다. 예를 들어, 장애물 코스 활동을 야외 공간에 설치하여 다양한 영역의 학습 기회를 제공할 수 있다. 대근육 운동 목표를 달성하기 위해 훌라후프(점프/넘기), 축구공/골대(차서 넣기), 등반 장비, 공/콩주머니(던지기)와 같은 장비를 포함할 수 있다. 개별적인 인지 목표를 다루기 위해 아동들은 물건의 수를 세고(예: 농구대의 수), 동일한 물건을 매칭하고(예: 공을 올바른 상자에 넣기), 색 변별(예: 도구의 색깔)을 할 수 있다. 아동들이 장애물 코스를 통과하고 번갈아 가며 장비를 사용하면서 서로를 모방할 수 있는 기회를 제공함으로써 사회성 목표를 다룰 수 있다.

- 예시 1: 클레어(Clare)가 담임인 학급의 아동들은 야외 장애물 코스에 대한 관심을 보이고 있다. 클레어는 이 활동을 통해 각 아동의 개별 학습 목표를 어떻게 반영할지 고민한다. 몇몇 아이는 점프와 뛰뛰기가 학습 목표라서 클레어는 아이들이 점프하고 그 사이를 뛰어넘을 수 있도록 고리를 몇 개 내놓고 색깔을 인지하도록 하기 위해 서로 다른 색깔로 준비한다. 공 차기를 가

르치기 위해 클레어는 축구 골대를 설치한다. 또 세발자전거 타기를 목표로 삼고 또래 모방(세발자전거를 타고 서로 따라다니기)의 기회를 제공하기 위해 세발자전거 타기를 포함시킨다.

일부 영역은 물리적 수정까지는 필요하진 않지만 사회적 학습 기회를 최적화하기 위해 여러 가지 조치를 취하기도 한다. 예를 들어, 식사 시간에는 일반적인 환경에서와 마찬가지로 그릇과 식기를 테이블 위에 놓는다. 아동은 최대 6명의 또래 친구, 그리고 활동 중 의사소통 및 또래 상호 작용을 촉진하는 1명 이상의 성인과 앉도록 한다.

- 교사인 클레어가 있는 플레이룸에서 점심시간이 되었다. 클레어와 데이비드(David), 톰(Tom), 닉(Nick), 소피(Sophie) 4명의 아동이 같은 식탁에 앉았다. 클레어는 모든 그릇과 숟가락이 톰 앞에 놓이도록 준비했다. 클레어는 아동들에게 "앉으렴."이라고 지시하고 모두 식탁에 앉을 수 있도록 도와준다. 아동들이 자리에 앉으면 각자 톰에게 그릇과 숟가락을 달라고 말하도록 돕는다. 클레어는 아동들이 자신에게 파스타와 소스를 요청하도록 한다. 아동들이 요청할 때마다 클레어는 소량의 음식을 제공하여 아동들이 클레어와 의사소통할 수 있는 기회를 여러 번 갖도록 한다. 어떤 때는 아동들이 "싫어요."라고 말하도록 유도하기 위해 아동들이 원하지 않는 음식이나 물건을 의도적으로 제공한다. 닉이 음식에 치즈를 뿌리

기 시작하자 클레어가 닉의 그릇을 가리키며, "봐, 닉이 파스타에 치즈를 뿌리고 있어."라고 말한다. 데이비드는 클레어의 포인팅을 따라 닉의 그릇을 바라본 다음 치즈를 향해 손을 뻗는다. 클레어는 데이비드가 치즈를 가리키며 닉에게 달라고 말하도록 도와준다. 데이비드는 닉처럼 파스타에 치즈를 뿌리고 먹기 시작한다. 클레어가 파스타 한 접시를 먹고 "파스타가 좋아."라고 말하자 소피도 "파스타가 좋아."라고 따라 말한다. 데이비드는 "치즈가 좋아!"라고 말한다. 클레어는 닉을 가리키며, "닉도 치즈를 좋아해!"라고 말한다. 톰은 파스타를 손으로 먹기 시작하고, 클레어는 뒤에서 숟가락을 사용하도록 지도한다. 클레어는 닉이 음료수 병을 여는 데 어려움이 있다는 것을 알아차리고 닉을 보면서 기다린다. 몇 초 후, 손을 내밀며 클레어에게 도와달라고 말하라고 재촉한다. 식사가 끝나면 데이비드, 톰, 닉, 소피는 남은 음식을 쓰레기통에 넣고 더러운 그릇과 숟가락은 각각 다른 통에 넣도록 한다. 이 예시에서 수용적 의사소통(앉으라는 지시에 따르기), 표현적 의사소통(파스타 또는 치즈 요청하기, "파스타가 좋아."라고 말하기), 사회적 기술('도와주세요' 요청하기), 또래와의 사회성 기술(친구에게 그릇 또는 숟가락 요청하기, 또래 모방하기), 공동주의(손가락 포인팅 따라가기), 인지(숟가락과 그릇 분류하기) 및 개인적 독립성(숟가락 사용) 등 다양한 영역에서 학습 기회가 제공된다.

영역 간 전환

다양한 활동을 위한 여러 영역 사이에 명확한 동선을 설정하는 것이 중요하며, 플레이룸의 물리적 배치는 원활하고 독립적인 전환을 촉진하는 열쇠이다. 예를 들어, 소그룹 활동을 하는 공간은 다음에 진행할 놀이 활동 공간과 상당히 가까워야 하며, 간식 테이블은 식후 그릇을 놓는 곳과 가깝게 배치하는 것이 좋다. 이렇게 하면 아동들은 명확하고 접근하기 쉬운 동선 내에서 독립적이고 목적을 가지고 한 활동에서 다음 활동으로 넘어갈 수 있다.

물리적 공간을 구성하는 데 도움이 되는 질문

다음은 학습 환경의 물리적 설정을 계획하고 평가하는 데 도움이 될 수 있는 질문이다.

- 학습 환경의 물리적 배치에 안전 문제가 있는가? 일반적으로 유치원 환경에서는 안전 요건이 엄격하게 규정되어 있지만, 자폐 학생의 안전을 보장하기 위해 추가적인 조정이 필요할 수 있다(예: 전등 스위치 또는 문고리가 아동의 손에 닿지 않는 곳에 위치).
- 물리적 공간이 대그룹 활동, 소그룹 활동, 놀이 활동 센터를 적절하게 지원하고 있는가?

- 학습 환경의 자료는 일반적인 유아기 환경과 연령에 적합하며 목표 지향적인 놀이를 지원하고 사회적 학습을 지원하는가?
- 각 영역이 명확한 목적/주제를 중심으로 구성되어 있는가?
- 자료와 영역이 '주의집중 경쟁'을 줄일 수 있도록 구성되어 있는가?
- 환경의 물리적 설정이 독립적인 전환을 용이하게 하는가?

결론

교실 학습 환경은 물리적 · 시간적 · 사회적 구조에 달려 있다. 이 장에서는 자폐 스펙트럼 장애를 가진 어린 아동과 일반 유아 모두의 주의를 끌어 모으고 관심 및 학습 기회 제공을 지원하는 물리적 구조에 대해 설명했다. G-ESDM 실행은 교육이 실제 일상의 맥락에 녹아들 때 교육이 더 강력해진다는 생각에 기반한다. 이러한 맥락에서 보면 일상생활의 필요를 관리하는 도구는 사회적 의사소통 · 인지 · 운동 · 언어 능력이라 할 수 있다. 따라서 G-ESDM은 '실제 생활', 일반적인 사물, 장난감 및 놀이 공간 등 전형적인 발달을 하는 아동을 위한 플레이룸에서 일반적으로 사용되는 영역을 구성하는 데 중점을 둔다. 이런 틀 안에서 영역은 관련 활동에 집중할 수 있도록 배치되어 산만한 자극과의 경쟁을 줄이고 사회적 주의력과 사회적 학습을 돕는다.

사회적 환경은 방에 있는 성인들과 그들의 상호 작용, 아동들과의 상호 작용, 그리고 아동들끼리 상호 작용할 수 있도록 촉진하는 성인들의 능력에 의해 조정된다. 프로그램에 참여하는 성인들은 자폐 스펙트럼 장애를 가진 어린 아동의 복합적인 요구를 해결하는 데 필요한 다양한 전문지식을 자유롭게 사용할 수 있어야 한다. 이러한 요구를 해결하기 위해 모인 팀은 양육자를 팀 구성원으로 포함하고 명확하게 정의된 역할과 책임을 가진 다학제적 협업 팀이라는 특징한 방식으로 함께 일한다. 팀은 팀 리더 또는 핵심인력이 각 아동을 위해 함께 모여 조직되며, 보육교사 및 다른 팀 구성원과 협력하여 업무 환경에서 개별화된 교육 목표를 개발하고 실행한다.

참고문헌

Boyer, V. & Thompson, S. D. (2014). Transdisciplinary model and early intervention: Building collaborative relationships. *Young Exceptional Children, 17*(3), 19–32.

King, G., Strachan, D., Tucker, M., Duwyn, B., Desserud, S., & Shillington, M. (2009). The Application of a transdisciplinary model for early intervention services. *Infants and Young Children, 22*(3), 211–223.

McWilliam, R. (2010). *Routines-based early intervention: supporting young children and their families*. Baltimore: Brookes Publishing.

Montessori, M. (1948/2004). *The discovery of the child.* Aakar Books.

Murphy, J. W., Foxe, J. J., Peters, J. B., & Molholm, S. (2014).

Susceptibility to distraction in autism spectrum disorder: Probing the integrity of oscillatory alpha-band suppression mechanisms. *Autism Research.*

Rogers, S. J., & Dawson, G. (2010). *Early Start Denver Model for young children with autism: Promoting language, learning, and engagement*. Guilford Press.

Schopler, E., Mesibov, G. B., & Hearsey, K. (1995). Structured teaching in the TEACCH system. In E. Schopler & G. B. Mesibov (Eds.), *Learning and cognition in autism* (pp. 243-268). Springer.

Woodruff, G., & McGonigel, M. J. (1988). *Early intervention team approaches: The transdisciplinary model*. Council for Exceptional Children.

제5장

G-ESDM 교실 커리큘럼 개발*

이제 우리는 G-ESDM 학습 환경 설정 및 학습 목표 개발을 위한 토대를 마련했으므로 교실 커리큘럼의 주제에 집중할 수 있게 되었다. 우선, 우리는 교육이 포함된 유치원 일일 활동 루틴과 G-ESDM 프로그램 내에서 다학제적 팀이 커리큘럼 활동을 계획하고 전달하는 방법에 대해 논의할 것이다. 이 장과 이 책 전반에 걸쳐 자세히 설명하는 것처럼, 일상적인 교실 활동의 계획은 두 가지 주요 주제를 중심으로 구성된다. 즉, ① 커리큘럼 활동은 그룹 루틴에 개별 아동의 목표를 포함시키고, ② 일상의 플레이룸 루틴에 응용행동분석에 기초한 교수 전략을 적용한다. 이 장의

* Giacomo Vivanti · Kristy Capes · Ed Duncan · Geraldine Dawson · Sally J. Rogers

마지막 부분에서 논의하겠지만, 이러한 목표를 달성하기 위해서는 스탭의 역할과 책임에 대한 세심한 정의가 필요하다.

G-ESDM의 커리큘럼 활동: 그룹 루틴 내에 개별 아동의 목표 통합하기

우리 모두가 잘 알고 있듯이 자폐 아동을 활동과 상호 작용이 풍부한 일반적인 유아 및 유치원 프로그램에 배치한다고 해서 그들이 가진 인지적 · 사회적 · 적응적 · 놀이 · 의사소통의 어려움이 마술처럼 해결되는 것은 아니다. 이러한 종류의 성장에는 개별화된 치료 목표와 전략이 필요하다. 제3장에서 개별화된 치료 계획을 작성하기 위해 G-ESDM에서 사용되는 절차를 자세히 설명하였다. 이 개별화된 계획을 G-ESDM 그룹 치료 환경에 적용하려면 각 아동의 학습 목표에 따라 사용되는 자료와 관련된 행동, 언어, 놀이의 복잡성 등 그룹 활동의 내용을 구성하기 위한 아이디어를 제공해야 한다. 팀 리더와 조기교육자(early educator)의 주요 임무 중 하나는 그룹에 속한 각 아동의 개별 목표를 다루는 그룹 활동을 개발하는 것이다. 다양한 기술과 요구의 범위를 고려하지 않고 활동을 계획하는 경우, 교실에 있는 아동 한 명 한 명은 활동을 즐기겠지만 그 활동으로부터 혜택을 받지 못하는 아동이 필연적으로 있을 것이다. 즐거움은 확실히 학습에 동기를 부여할 수 있으나 학습은 아니다!

다음의 사례에서는 개별 목표를 어떻게 그룹 활동에 포함하는지를 보여 준다.

한 교사가 샘(Sam), 레시(Lessie), 루스(Ruth), 릭(Rick)과 함께 전기 주스기를 사용하여 오렌지주스를 만드는 소그룹 요리 활동을 계획하고 있다. 활동 내내 '보이지 않는 지원' 역할을 하는 성인이 교사로부터 주의를 분산시키지 않으면서 아동들의 참여와 교사에 대한 반응을 촉진하도록 한다('보이지 않는 지원' 역할에 대한 자세한 설명은 이 장의 뒷부분에서 제공된다).

활동을 계획하는 동안 교사는 그룹의 각 아동에 대한 목표를 검토하여 ① 어떤 목표가 활동에 의미 있게 통합될 수 있는지, ② 이러한 목표를 목표로 삼는 데 필요한 자원이 무엇인지, ③ 이 활동을 위해 환경이 어떻게 구성되어야 하는지를 파악한다.

교사는 활동에 통합할 다음 목표를 선정한다.

샘은 발성과 몸짓을 같이 하며 '예' 또는 '아니요'를 표현하고, 2단계 지시를 따르고, 다른 사람들과 관심사를 공유한다.

릭은 두 가지 중 하나를 선택해서 가리키기가 거의 근접한 형태로 나오고, 발성 또는 몸짓을 사용하여 도움을 요청하고, 손을 씻고 집게를 사용한다.

레시는 대명사 '나' '내' '너'를 사용하여 지시에 따라 물건을 친구에게 건네 주고, 방 안의 물건을 가져온다.

루스는 눈 맞춤과 함께 말이나 발성을 하며, '보여 줘'라는 지시에 반응하고, 얼굴을 혼자 닦고, '줘' '가리켜' '보여 줘'라는 지시에 반응한다.

요리 활동은 긴 의자, 싱크대 및 쓰레기통과 가까운 직사각형 테이블에 준비한다. 교사는 컵과 빨대를 벤치에 있는 쟁반에 놓아 아동들의 손이 닿을 수 있게 하고, 나머지 재료는 의자 앞 테이블에 놓는다.

교사, 샘, 릭은 함께 손을 씻고 가장 먼저 앉는다. '보이지 않는 지원' 역할을 하는 성인은 루스와 레시가 손을 씻고 활동에 참여하도록 돕는다. 교사는 모두에게 오렌지를 전기 주스기에 넣는 방법을 보여 주고 "봐! 우리는 오렌지주스를 만들었어."라고 주스기 안의 주스를 가리킨다. 교사는 레시에게 "누구 차례야?"라고 묻는다. 레시가 "제 차례예요."라고 대답하면 교사는 오렌지를 건네 주고 주스기를 레시에게 더 가까이 옮겨 놓는다. 레시의 차례 동안 교사는 오렌지를 들고 다른 아동들에게 "이건 바나나야?"라고 묻는다. 그런 다음 장난기 가득한 모습으로 "아니요."라고 모델링한다. 또한 교사는 샘을 보며 샘의 머리에 오렌지를 씌우고 "이게 모자야?"라고 묻는다. 샘이 "아니요."라고 대답하면 교사가 장난스럽게 고개를 젓기 시작하고, 샘도 "아니에요!"라고 말하며 고개를 젓는다. 교사는 레시에게 주스기를 릭에게 주라고 한 다음 두 개의 오렌지를 들고 릭에게 "큰 것 줄까, 작은 것 줄까?"라고 묻는다. 릭은 큰 오렌지를 가리킨다. '보이지 않는 지원' 역할을 하는 성인은 릭이 주스기를 사용하도록 도와준다. 교사는 레시가 방금 즙을 내고 남은 오렌지를 들고 "오렌지가 모두 없어졌니?"라고 묻자 샘은 "네."라고 하여 고개를 끄덕인다. 릭은 주스기의 감촉에 주저하는 듯이 오렌지를 든 채 주스기에서 손을 뗀다. 교사는 "기계가 돌아가네."라고 말하고 기다렸다가 릭에게 손을 내밀고, 잠시 멈추었다가 "도와줄까?"라고 물어본다. 릭이 교사에게 오렌지를 건네 주고, 교사는 주스기를 돌리는 동안 흥겨운 목소리로 "짜." 라고 말한다. 교사는 아동들을 한 명 한 명 바라보며 자신을 도와달라고 한다. 샘과 루스는 한 손을 교사의 손 위에 올리고 주스기를 누르면서 "짜."라고 말하고 교사는 손을 조금 들어 올린 뒤 잠시 멈춘다. 루스는 교사를 쳐다보며 "짜." 하고 말하고 교사가 다시 오렌지를 짜는 동안 모두는 "짜."라고 말한다.

레시도 교사가 오렌지 위에 얹힌 자신의 손을 누르라는 제스처를 할 때마다 같이 참여한다. 릭도 '보이지 않는 지원' 역할을 하는 성인의 도움을 받아 교사의 손 위에 자신의 손을 올려놓는다. 교사는 남은 오렌지를 들어올리고 "루스, 이제 다 됐니?"라고 물으면 루스는 "네."라고 대답한다. 그런 다음 교사가 샘을 쳐다보며 "오렌지는 어디로 가야 할까?"라고 물으면 샘은 "쓰레기통에요."라고 대답한다. 교사는 오렌지를 테이블 위에 올려놓은 뒤 "샘, 오렌지를 가져다가 쓰레기통에 버려!"라고 한다. 처음엔 샘이 쓰레기통 쪽으로 움직이지 않아 '보이지 않는 지원' 역할을 하는 성인이 샘이 오렌지를 들고 쓰레기통에 버리도록 도와준다. 교사는 루스에게 "오렌지 작은 것 하나 줘."라고 하면 루스가 교사에게 작은 오렌지를 건네 준다. 교사는 샘에게 "네가 해 볼래?"라고 묻고 샘이 고개를 끄덕이며 "네."라고 대답한다. 이 활동은 각 아동이 번갈아 주스기를 사용하면서 오렌지를 짜며 서로를 도와주는 방식으로 계속된다.

이 사례에서 강조했듯이 개별 아동에게 어떤 목표를 설정할지 계획할 때 고려해야 할 몇 가지 요소가 있다. 한 가지 요소는 자료 선택에 관한 것으로, 자료가 동기를 부여하고 각 아동의 놀이 수준에 적합하며 모든 아동이 그룹 활동에 참여할 수 있도록 해야 한다. 예를 들어, 3명의 아동과 함께 집짓기 활동을 하는데, 그중 한 명의 아동이 자동차에 특히 관심이 있는 경우, 활동 내내 아동의 동기를 유지하기 위해 자료 세트에 자동차를 추가하는 것이 도움이 될 수 있다.

두 번째 구성 요소는 각 아동의 개별 목표가 어떻게 활동의 과정에 들어가는지에 대한 것이다. 예를 들어, 블록을 사용하는 활동 중에 한 아동은 색 매칭, 다른 아동은 수량 매칭, 또 다른 아동은 10까지 세는 과제를 할 수 있으며, 동일한 자료 세트를 사용하여 세 가지를 목표를 달성하기 위해 활동을 달리 할 수 있다. 자폐성 장애가 있는 유아 및 학령전기 아동을 포함한 모든 아동(및 성인도!)은 너무 어렵거나 너무 쉬운 과제를 수행하도록 했을 때 지루해하거나 낙담하거나 좌절할 수 있으므로, 각 아동의 관심사와 기술 및 목표에 맞는 자료를 사용하여 아동이 학습을 진전시키는 방식으로 활동에 참여할 수 있도록 하고 있다.

고려해야 할 다른 요소로는 활동 중 스탭의 역할과 아동의 위치가 있다. 제6장에서 자세히 설명할 텐데, 성인을 '활용하는 방법'과 아동을 어디에 배치할지에 대한 결정은 그룹의 필요와 각 아동의 개별 목표에 따라 영향을 받는다(예: '친구에게 물건을 전달하기' 목표를 가진 두 아동은 서로 가까이 앉아 있어야 한다).

자폐 아동을 위한 직접 교수를 일상생활에 포함하기

과거의 사회적 학습 부족으로 인해 누적된 학습 결함을 '채우기' 위해서는 각 활동을 주도하는 성인이 해당 활동에 대한 학습 목표를 적극적으로 설정하고 아동의 빠른 학습을 촉진할 수 있도록 충분한 반복을 제공해야 한다. 얼마나 반복할지는 그 순간의 아동 진도에 따라 달라진다. 2~4명으로 이루어진 소그룹 활동에서는 각 아동에게 분당 1회 이상의 학습 기회를 제공하여 활기찬 속도를 유지하고 아동들이 지속적으로 참여하고 빈번한 상호 작용을 기대할 수 있도록 계획해야 한다.

유치원 환경은 매일, 매주 다양한 경험을 제공하여 모든 발달 영역에 걸쳐 적극적으로 가르치고 지역사회 문화를 아동들의 일상생활로 가져올 수 있도록 한다. 어떤 그룹 활동은 다른 그룹 활동보다 특정 목표를 달성하는 데 더 도움이 되지만(예: 장애물 코스나 트램펄린과 같은 놀이터 활동은 자기 관리 기술보다 대근육 운동 기술을 목표로 하는 데 더 적합함), G-ESDM에서는 각 활동에서 다양한 영역의 여러 목표를 다루려고 노력한다. 이렇게 하면 각 아동이 가질 수 있는 학습 기회의 수가 늘어나고 일상생활 전반에 걸쳐 기술의 일반화를 촉진할 수 있다. 따라서 조직화된 그룹 활동, 놀이 루틴 및 일상적인 돌봄 루틴(예: 식사 시간, 위생, 옷 입기/옷 벗기)에서 각 상호 작용과 매 순간마다 모방, 공동 주의, 의사소통, 언어적·사회적 놀이를 촉진하는 사회적 학습 기회가 풍부해진다. 예를 들어, 소유 대명사('내'와 '네')를 구별하는 의사소통 목표는 플레이룸에서 물건을 찾을 때("내 물병은 어디 있지?" "네 물병은 어디 있지?" "내 모자 가져와." "네 모자 가져와."), 장난감 놀이 중에 ("네 차는 어디 있어?" "내 차 가져와." "내 탑을 봐.")와 같이 일상적인 보육 루틴에서 쉽게 가르칠 수 있다. 마찬가지로 얼굴 표정 모방은 책 읽기 루틴(예: 교사와 아동이 책 속 인물의 표정을 모방할 때), 공동 활동 루틴(예: 비눗방울 놀이 때 더 많이 불어 달라고 하기 위해 '부는' 동작을 모방할 때), 식사 루틴(예: 교사가 밥을 먹으면서 '냠냠' '웩' 하는 과장된 표정을 짓는 것을 모방할 때)등에 적용될 수 있다.

G-ESDM 교사는 유치원 교사와 마찬가지로 하루를 채우는 일일 및 주간 활동 일정을 개발한다. 또한 커리큘럼 활동에 자폐 스펙트럼 장애 아동을 위한 직접 교수가 포함되도록 하기 위해 모든 아동의 목표를 매일 그리고 일주일 전체에 걸쳐 여러 활동에 어떻게 포함시킬지 계획해야 한다. 다음은 각 아동에 대한 치료 목표가 개발되는 발달 영역을 강조하는 교실 일일 스케줄의 예이다.

시간	활동	목표로 삼을 수 있는 학습 목표
9:00~9:30	아동 도착: 플레이룸으로 이동 및 자유놀이	자조 기술(예: 가방 걸기, 외투 벗기, 외투 걸기), 사회성 기술(인사하기)
9:30~10:30	놀이 센터(특정 목표를 달성하지 못한 아동을 위한 1:1 교육을 포함할 수 있다; 제8장 참조)	놀이, 운동 능력, 인지 능력, 수용적·표현적 의사소통, 모방, 사회성 기술

10:30~11:00	집중 교육 및 학습 세션 1	
	• 그룹 시간: 〈안녕〉 노래와 노래 부르기 및 독서 시간	표현적 · 수용적 의사소통, 모방, 공동 주의, 사회성 기술
	• 소그룹 활동	표현적 의사소통, 놀이, 운동, 모방, 인지, 자조 기술, 사회성 기술
11:00~11:15	바깥 놀이	대근육, 사회성 기술(예: 친구를 놀이에 초대하기, 성인과 함께 감각 사회적 놀이), 수용적 · 표현적 의사소통
	점심시간으로 전환	자조 기술(예: 손 씻기)
11:15~11:45	점심시간	자조 기술(예: 식사 도구 사용, 얼굴 닦기)
		사회성 기술(예: 성인을 불러 요구하기), 표현적 · 수용적 의사소통, 공동 주의, 모방
11:45~12:15	휴식시간	자조, 놀이(예: 독립적으로 놀이)
12:15~1:00	활동 센터 미술, 상징적·기능적 놀이, 건물 짓기 놀이	공동 주의, 소근육, 표현적 · 수용적 의사소통
		인지, 놀이, 사회성 기술(물건을 친구에게 건네 주기)
1:00~1:30	간식 시간	자조, 사회성 기술, 표현적 · 수용적 의사소통, 공동 주의, 모방
1:30~2:00	바깥 놀이	대근육, 사회성 기술, 표현적 · 수용적 의사소통
	집중 교육 및 학습 세션 2	
	• 그룹 시간: 책 읽기	표현적 · 수용적 의사소통, 모방, 공동 주의, 사회성 기술
2:00~2:30	• 그룹 전체 활동: 오후 특별 활동	대근육(예: 장애물 코스), 사회성 기술

리더는 "이 활동에서 어떤 목표를 가르치고 있는가?" "아동들에게 목표 행동을 배울 수 있는 기회를 얼마나 주고 있는가?" "각 사례는 아동들의 자발적인 관심에 따라 가르치고 있는가?" "자료가 각 아동들의 목표를 겨냥하는 데 적합한가?" "이 활동에 관련된 모든 성인의 역할과 책임은 무엇인가?" "자료가 아동들에게 동기를 부여하고 있는가?" "어떻게 하면 하루와 일주일에 걸쳐 이 목표를 다룰 수 있는가?" "커리큘럼의 일부로 이용할 수 있는 다양한 경험과 활동이 있는가?" "활동에 아동들의 현재 관심사가 반영되어 있는가?" "계획하는 과정의 일부로서 커리큘럼이 그룹 내 각 아동의 학습 요구와 관심에 맞게 조정되고 있는가?" 등 각 활동 내에서 교육 요소를 구성하는 데 도움이 되는 여러 가지 질문을 스스로에게 던져 볼 수 있다.

이를 실현하는 방법: 팀 협력 및 매일의 '합동연주회'

G-ESDM 커리큘럼의 성공적인 실행은 효과적인 팀워크에 크게 좌우된다. 여기에는 팀 구성원들 간의 높은 수준의 협력, 계획 및 의사소통이 포함된다. 각 커리큘럼 활동 중 팀 구성원들은 늘 자신이 어디에 있어야 하고 무엇을 해야 하는지 알아야 한다. 이는 교실에 있는 성인들이 그날의 활동들에서 각자 어떤 역할과 책임을 해야 하는지 명확하게 정의해 줌으로써 달성된다. 교실 팀

을 오케스트라라고 생각하면, 각각의 전문가가 전체적인 연주에 기여하는 고유한 역할을 가지고 있으며, 한 사람은 각 오케스트라 단원의 기여도를 조정하는 '오케스트라 감독' 역할을 해야 한다. 이 역할은 보통 담임교사가 담당하며, 담임교사는 팀의 일일 '합동연주회' 일정을 잡고 계획한다. 여기에는 각 커리큘럼 활동 중에 누가 무엇을, 언제, 어디서 무엇을 할 것인지와 아동을 다른 활동으로 전환시키는 역할을 정하는 일이 포함된다. 교실에서의 역할과 책임 일정은 학급의 개별적인 필요에 따라 15분 혹은 30분 간격 또는 그 이상으로 구성할 수 있다.

모든 일과마다 역할과 책임에 대해 자세히 명시해야 한다. 다음의 예를 보면 아침 도착 루틴에서 각 성인의 역할이 사전에 명확하게 계획되고 문서화되었다. 한 명의 성인이 아동과 가족을 맞아 인사하고 플레이룸으로의 이동을 지원하고(예: 아동을 맞이하고 가방을 걸도록 도움) 놀이 활동을 선택할 수 있도록 도와주는 역할을 맡는다. 방의 다른 성인은 지정된 영역(예: 블록 코너, 외부 영역)에 전략적으로 배치되어 아이들이 놀이에 참여하도록 하고 학습 목표를 이룰 수 있도록 돕는다.

다음은 플레이룸에서의 역할과 책임에 대한 예시이다.

시간	주임교사 1	보조교사 1	보조교사 2	주임교사 2
9:00 ~ 9:15	부모와 아동을 맞이하고, 아동을 플레이룸으로 안내함	플레이룸 준비	놀이 활동 감독	자유놀이 동안 가르침
9:15 ~ 10:10	플레이룸 전체를 모니터링하는 동시에 그룹 사이를 왔다 갔다하며 아동들이 활동에 참여할 수 있도록 지원하고 필요시 다시 지시함	자유놀이 동안 가르침	놀이 활동 감독	자유놀이 동안 가르침
		필요시 화장실 지도	필요시 화장실 지도	
10:10~ 10:30	아동을 바깥으로 이동시킴	야외에서 아동들을 감독함	야외에서 아동들을 감독함	아동을 바깥으로 이동시킴
10:15~ 10:25	필요시 화장실 지도	대근육 운동	필요시 화장실 지도	야외 활동 동안 가르침
10:25~ 10:30	소그룹 활동 준비	대근육 운동	야외에서 아동들을 감독함	소그룹 활동 준비
10:30~ 11:00	마지막 아동까지 이동이 끝나면 소그룹 활동 실시. 자료 수집	소그룹 활동 지원. 활동 종료 시 야외에 있는 아동을 이동시키기 시작. 이동. 야외놀이 감독	소그룹 활동 지원. 활동 종료 시 야외에 있는 아동을 이동시키기 시작. 이동. 야외놀이 감독	마지막 아동까지 이동이 끝나면 소그룹 활동 실시. 자료 수집

전환 지원

'매일의 합동연주회' 구현을 원활하게 촉진하기 위한 대부분의 전략은 최상의 교육 실제에 기초하고 있지만, 그룹 환경에서 자주 발생하는 활동 간의 전환을 촉진하기 위해 G-ESDM에서는 몇 가지 특정 절차가 필요하다. 이 과정은 '이끌기-연결하기-마무리' 전환 절차(Rogers & Dawson, 2010 참조)로서, 여기에는 활동을 시작하고(예: 자료 꺼내기) 아동의 관심을 새로운 활동으로 이끄는 '이끌기(lead)'(예: "봐, 여기 찰흙이 있네."), 이전 활동에서 새로운 활동으로 이동하도록 하는 '연결하기(Bridge)', 이전 활동에서 자료를 정리하고 마지막 아동이 다음 활동으로 전환할 수 있도록 돕는 '마무리(close)'로 이루어진다. 점심시간을 예를 들면, '이끌기'는 처음 1~2명의 아이가 손을 씻고, 독립적으로 점심 식사 테이블로 가서 앉도록 함으로써 점심 활동을 '시작'한다. '연결하기'는 남은 아이들이 손을 씻고 스스로 식사 테이블로 이동하도록 감독한다. 그리고 '마무리'는 이전 활동을 마치고 남은 아이들이 손을 씻고 테이블에 앉을 수 있도록 도와준다.

G-ESDM에서의 역할과 책임

리드

G-ESDM 활동에서 가장 중요한 역할 중 하나는 '리드'의 역할

이다. 리드는 소그룹 및 전체 그룹 활동을 포함한 커리큘럼 활동을 이끄는 책임을 지고 있는 성인이다. 이 성인은 커리큘럼 활동 전반에 걸쳐 아동들의 참여를 유도하고 유지하며, 아동들의 신호에 반응하고, 활동 전반에 걸쳐 개별 목표를 설정할 책임이 있다. 또한 리드는 활동 중 그리고 전환 중에 보조 스탭의 역할을 조정할 책임이 있다(예: '보이지 않는 지원' 및 '플로트'; 다음 설명 참조). 커리큘럼 활동은 일반적으로 교사 또는 교육자가 계획하지만, 리더의 역할은 ESDM 교육을 받은 전문가라면 누구나 수행할 수 있다는 점을 기억해야 한다.

보이지 않는 지원

'보이지 않는 지원'은 G-ESDM 교실의 핵심 역할로, 아동이 한 성인('리드')에게 집중하고 수업을 받아야 하는 활동 중에 사용된다. 보이지 않는 지원의 목적은 아동들이 리드로부터 주의를 분산시키지 않고, 리드에 대한 반응과 참여를 촉진하는 데 있다. 제1장에서 언급하였듯이 자폐 아동들은 여러 출처로부터 얻은 정보를 처리하는 데 어려움을 겪기 때문에 두 사람이 동시에 말을 하거나 동시에 상호 작용을 하면 대부분의 정보를 손실한다. 따라서 아동들이 하나의 정보 소스, 즉 리드에 집중하는 것이 중요하다. 소그룹 활동에서 '리드'는 모든 아동을 마주 보며 중심이 되어 그들의 주의를 집중시킨다. '보이지 않는 지원'은 아동 뒤에 배치되어 ① 리드와 아동과의 상호 작용 시 필요하면 아동의 뒤에서 조용히 촉진하고, ② 도전적인 행동을 관리하며, ③ 리드가 명확하게 지시하면 아동을 활동으로 안내하는 등 여러 가지 방법으로 도움을 줄 준비가 되어 있어야 한다. 이 역할은 스탭 중 누구나 할 수 있다.

플로트

커리큘럼 활동을 운영함에 있어 또 다른 중요한 역할은 '플로트(float)'이다. 놀이 활동(예: 미술 및 공예 활동, 블록, 상징 놀이) 동안, '플로트'의 역할은 전체 플레이룸을 모니터링하고, 한 그룹에서 다른 그룹으로 '돌아다니며' 활동에 지속적으로 참여하도록 지원하도록 돕고, 필요에 따라 활동 센터로 아동들을 유도하는 것이다(예: 목표로 삼은 놀이에 참여하지 않는 경우). 이렇게 함으로써 활동 '리드'가 중단 없이 아이들을 놀이 및 학습 체험에 참여시키는 것이 쉬워진다. '플로트'는 여러 가지 면에서 리드와의 연락을 유지하며, 그중 일부는 ① 특정 자료의 제공, ② 놀이 센터에서 아동 재배치, ③ 각 놀이 센터의 아동 수가 적절한지 확인, ④ 놀이 센터 안팎으로 전환하기, ⑤ 욕구가 높거나 방해 행동이 있는 아동은 같은 그룹에 있지 않고 다른 그룹에 참여하도록 권장, ⑥ 놀이 센터에서 리드가 다른 아동들을 받기 전에 데이터를 수집하거나 목표를 검토하기 위한 시간을 확보하는 것 등이 포함될 수 있다.

이러한 역할은 다음 사례에 설명되어 있다.

> '홈 코너' '미술 영역' '쌓기/짓기 영역' 등 3개의 놀이 활동 영역이 설정되어 있다. 홈 코너에서는 '리드' 역할을 맡은 성인이 '아기 씻기

기' 활동에서 학습 목표를 다루고 있고, 미술 영역과 쌓기/짓기 영역의 리드가 각각 그리기와 블록 활동에서 교육 목표를 다루고 있다. '플로트' 역할로 배정된 칼리(Carly)는 대부분의 아동들이 활동을 하는 반면, 카일(Kyle)은 장난감을 바닥에 줄 세우고 있는 것을 지켜보고 있다. 칼리는 홈 코너에는 이미 네 명의 아동이 있지만, 쌓기/짓기 영역과 미술 영역에는 두 명의 아동만 있다는 것을 깨닫고, 카일이 그들의 그룹에 합류할 수 있는지 그리기와 건축 활동을 관리하는 '리드'들에게 확인하기로 한다. 두 '리드'가 모두 카일을 그룹에 포함시킬 여력이 있다고 하자 칼리는 카일에게 각각의 활동을 가리키며 "그림 그릴래, 블록 놀이 할래?"라고 묻는다. 카일은 일어서서 그림 테이블 쪽으로 걸어가고, 칼리는 그와 함께 걸으며 리드가 다른 아동들과 활동을 마치는 동안 카일에게 마커와 종이를 주면서 그 활동에 잘 적응할 수 있도록 지원한다. 칼리는 '리드'에게 이 새로운 전환 아동의 주요 학습 목표가 '한 단계 지시 따르기'와 '또래와 물건 공유하기'를 포함한 활동을 통해 달성할 수 있음을 상기시킨다. 이 그룹에서 앤서니(Anthony)는 '보이지 않는 지원' 역할을 하는 성인이다. 그는 카일이 친구에게 마커를 건네라는 지시에 두 번 다 반응하지 않으면 뒤에서 카일을 촉진한다. 칼리는 카일을 포함한 세 명의 아동이 모두 이 활동에 참여하는 것을 확인한 후 다른 그룹/아동들을 돕기 위해 그림 그리기 테이블을 떠난다.

개입은 계획한 대로 진행되고 있는가: G-ESDM 내의 충실도 측정

우리는 팀이 G-ESDM을 실행하도록 돕고, 무엇을 해야 하는지 알려 주며, 그것을 적절히 수행하도록 지침을 제공하기 위해 여러 가지 충실도 측정 방법을 개발했다. '충실도'란 개입의 미리 계획된 요소가 실제로 전달되는 정도를 의미한다. G-ESDM을 제공하는 성인들은 원칙적으로 모델의 각 교육 전략에 동의하지만, 역동적인 그룹 설정에서 유아 및 취학 전 아동에게 발생하는 모든 복잡성은 최상의 계획을 망칠 수 있다. 연구에 따르면, 커뮤니티 그룹 설정에서의 많은 의무, 과제 및 제약 조건이 있는 교육 전략은 프로그램이 제공하는 '유효 성분'을 희석시킬 수 있으며, 이는 결과에 부정적인 영향을 미칠 수 있다(Magiati, Charman, & Howlin, 2007; Reichow & Barton, 2014). 충실도 평가 도구는 프로그램의 핵심 요소가 실제로 일관되게 구현되고 있는지 여부를 평가하는 데 도움이 될 수 있다. 또한 충실도를 자주 측정하면 담당자가 시간의 경과에 따라 프로그램의 품질과 엄격성을 보장하고 치료의 '표류'(즉, 개입 방법의 점진적 변화)를 피할 수 있도록 돕는다. 다음에 개략적으로 설명된 세 가지 충실도 측정은 높은 수준의 G-ESDM 프로그램을 수립하고 유지하기 위해 매우 중요하다.

G-ESDM 교실 구현 충실도 평가 도구

G-ESDM 교실 구현 충실도 평가 도구는 리드 교육자/치료사가

G-ESDM 절차 및 커리큘럼 표준(교실 및 직원의 역할과 책임의 물리적 배치 포함) 준수를 평가할 수 있도록 고안되었다. 이 도구의 사본은 부록에서 확인할 수 있다. G-ESDM 교실 구현 충실도 평가 도구는 G-ESDM 커리큘럼의 수업 설정 및 전달 측면을 측정하는 것을 목적으로 하는 3점 리커트(Likert) 척도 평가 시스템을 사용한다. 이것은 팀이 교실의 G-ESDM 원칙 준수를 평가할 수 있도록 설계되었으며, 일반적으로 훈련된 관찰자가 45분~1시간의 관찰시간 내에 완료한다. '충실도'는 다음에 설명된 프로그램의 모든 핵심 구성 요소가 ESDM 원칙과 표준에 따라 높은 정확도로 구현될 때 달성된다(80% 이상; 채점 절차와 충실도 기준에 대한 자세한 내용은 부록 참조). 구체적인 교실 구현 측면에는 교실 설정, 아동 참여 기회 제공, 일상 활동 전반에 걸친 학습 및 또래 상호작용, 전환 관리, 그룹 활동 관리(그룹 활동 내 교육의 개별화 포함), 데이터 수집, 스탭 역할/책임과 팀워크, 교실의 정서적 분위기, 개별화된 프로그램 등을 포함한다. 이 도구는 각 G-ESDM 교실 내에서 분기마다 사용해야 한다.

G-ESDM 소그룹 활동 충실도 평가 도구

G-ESDM 소그룹 활동 충실도 평가 도구는 성인 한 명이 2~4명의 아동과 함께 활동할 때 G-ESDM 치료 전략을 준수하는지 평가하도록 설계되었다. 이 도구는 다음 절에 간략하게 설명되어 있으며, 이 도구의 사본은 부록에서 확인할 수 있다. 이 도구는 5점 리커트 척도 평가 시스템을 사용하여 아동 관리를 포함한 열

세 가지 주요 개입 절차를 검토한다. 여기에는 주의력, 행동적 교수의 질(즉, 명확한 선행사건-행동-결과 순서를 놀이 루틴에 녹여서 교육 에피소드를 구성하는 능력), 용암법, 행동 형성 및 촉진과 같은 교수 기술의 정확한 사용, 아동의 감정과 각성을 조절하는 능력, 긍정적인 접근법을 사용한 바람직하지 않은 행동의 관리, 또래 상호 작용을 촉진하는 전략의 사용, 주고받기의 사용, 활동 참여를 위한 아동 동기 최적화, 긍정적인 정서, 아동 의사소통에 대한 민감성 및 반응성, 여러 가지 다양한 의사소통 기능(예: 요청, 언급, 주장, 명명, 인사), 아동의 언어 수준에 맞춘 성인 언어의 적절성, 공동 활동 루틴의 사용(설정 단계를 중심으로 계산, 주제 설정, 주제에 대한 변형 및 명확한 종결), 아동의 관심과 참여를 극대화하는 활동 간의 원활한 전환 등이 포함된다. 일반적으로 중재 충실도는 소그룹 활동을 하는 동안 실시간으로 관찰하면서 완성하게 된다. '충실도'는 다음에 설명된 프로그램의 모든 핵심 구성 요소가 ESDM 원칙 및 표준에 따라 높은 수준(80% 이상)의 정확도로 구현될 때 달성된다. 이 도구는 적어도 매 분기마다 모든 G-ESDM 스탭과 함께 사용해야 한다.

G-ESDM 관리 및 팀 접근 충실도 평가 도구

G-ESDM 관리 및 팀 접근 충실도 평가 도구는 관리자와 그 팀이 작업현장의 G-ESDM실행을 설계하고 반영하는 데 도움이 되도록 고안되어 있다. 3점 리커트 척도 평가 시스템을 사용하며, 일반적으로 상급 스탭(관리자 포함)이 2년에 한 번 실시한다. 이

도구가 평가하는 특정 영역에는 다학제간 팀 접근방식의 품질, 팀 리더의 관리 능력, ESDM 커리큘럼 평가의 구현 및 개별화된 목표 개발, 데이터 수집, 제휴 보건 전문가의 관리, 팀 구성원 간의 커뮤니케이션, 경영진과 팀 간의 의사소통, 팀 문화, 조직문화 등이 포함된다. '충실도'는 이러한 모든 핵심 요소가 ESDM 원칙과 표준에 따라 높은 수준(80% 이상)의 정확도로 구현될 때 달성된다. 도구 사본은 부록을 참조하면 된다.

결론

이 장에서는 G-ESDM 교실의 '일상의 연출'에 초점을 맞췄다. 앞의 장에서 기술한 원칙과 일관되게, G-ESDM 프로그램에서의 교육은 일상에 내재되어 있으며 자연주의적 형식을 취하고 있다. 교실 활동은 전형적인 학습 환경 내에서 이루어져야 하며 자연스러운 학습 기회를 제공해야 한다. 즉, 전형적인 학습 환경에서 일반적으로 존재할 수 있는 '실제' 상황과 자료를 기반으로 하며 활동은 참여한 각 아동에게 의미 있고 보람 있는 요소를 포함하고 있어야 한다.

자연주의 활동 스케줄의 목적은 일상 환경에서 일반적으로 접하는 일상과 소재로 연령에 맞는 경험에 아동들을 참여시키는 것이다. 관련된 커리큘럼 활동과 자료가 인위적이고 독특할수록 아동은 ① 그러한 장난감과 활동에 익숙한 또래를 찾거나, ② 교육 환경 밖에서 학습한 루틴과 기술을 사용할 기회가 적어진다. 활동이 얼마나 자연스러운지를 평가하기 위해 교사가 할 수 있는 몇 가지 질문은 다음과 같다. 일반적으로 발달하는 아동이라면 이런 걸 좋아하는가? 일반적인 유치원 프로그램에서 이런 활동을 볼 수 있는 가능성은 얼마나 되는가? 아동이 활동에 사용되는 루틴과 물건에 익숙한 사람을 만날 가능성은 얼마나 되는가? 이러한 자료는 나이에 적합하고 일반적인가? 빈번한 교육 에피소드(아동 당 1분 이상)가 발생하며, 그룹 루틴에 개별 아동의 목표를 통합하고 팀 구성원들을 조정하여 협력적으로 수행한다. 일일 커리큘럼을 성공적으로 구현하기 위해서는 역할과 책임의 명확한 설명과 충실도 평가 도구의 사용이 중요하다. 자연주의 활동의 틀 안에서 발달 원리와 응용행동분석의 과학에 근거한 많은 치료 전략이 제공되어 지속적인 학습 기회를 촉진한다. 이러한 전략은 다음 장의 중요한 내용이다.

참고문헌

Magiati, I., Charman, T., & Howlin, P. (2007). A two-year prospective follow-up study of community-based early intensive behavioral intervention and specialist nursery provision for children with autism spectrum disorders. *Journal of Child Psychology and Psychiatry, 48*(8), 803-812.

Reichow, B., & Barton, E. E. (2014). Evidence-based psychosocial interventions for individuals with autism spectrum disorders. In F. R. Volkmar, S. J. Rogers, R. Paul, & K. A. Pelphrey (Eds.), *Handbook of autism and pervasive developmental disorders: Assessment, interventions, and policy* (4th ed., pp. 969–992). John Wiley & Sons, Inc.. https://doi.org/10.1002/9781118911389.hautc42

Rogers, S. J., & Dawson, G. (2010). *Early Start Denver Model for young children with autism: Promoting language, learning, and engagement*. Guilford Press.

제6장

G-ESDM 치료 전략*

제3장에서 우리는 개입의 구성 요소 중 '**무엇을** 치료할 것인가'에 해당하는 G-ESDM의 개입 목표 개발에 대해 살펴보았다. 이 장은 그러한 목표들을 달성하기 위한 '방법'에 관한 것이다. 이전 장에서 자세히 논의한 것처럼, G-ESDM 개입의 기본 구성 원칙은 그룹 활동 내에서 개별 목표들이 대상이 되어야 한다는 것이다. 이를 달성하기 위해서는 기존 덴버 모델과 ESDM에서 개발되었던 교수 전략들을 그룹 상황에 맞게 조정해야 한다.

이 장은 자폐가 있는 어린 아동들을 그룹 세팅에서 가르치기 위해 노력한 결과, 그 효과가 성공적으로 입증된 열세 가지 주요 개

* Giacomo Vivanti · Jess Feary · Ed Duncan · Cynthia Zierhut · Geraldine Dawson · Sally J. Rogers

입 절차에 초점을 두고 있다. 중요한 것은 이 열세 가지 절차들이 G-ESDM 그룹 활동 충실도 평가 도구로 측정하게 되는 핵심 절차 요소들을 구성한다는 것이다. 충실도 평가 도구는 프로그램이 다음에 설명된 G-ESDM 실행 표준에 따라 제공되고 있는지 여부를 결정하는 데 사용되는 평가 체계(부록 참조)이다.

개입의 맥락

제4장과 제5장에서 자세히 살펴봤듯이 G-ESDM 개입은 자연스럽고, 의미 있고, 보상이 주어지며, 상호적인 일상적 그룹 루틴의 맥락 내에서 제공된다. "우선 학습 목표에 대해 작업한 다음 놀이를 한다." 또는 "우선 식사를 한 다음 학습 목표에 대해 작업 한다."라는 것이 아니라 아동의 목표가 모든 일상적인 일과 및 관련된 놀이 활동에 포함되어 다루어진다.

성인의 역할은 대상 기술을 지원하기 위한 재료들을 신중하게 선택하여 구성한 학습 환경을 제공하는 것이다. 성인은 아동의 자발적인 놀이에 놀이 파트너로서 참여한다. 이 역할에서 성인은 아동의 필요에 따라 지도 유형을 개별화하여 사용하지만, 아동의 주도와 적절한 시기에 따라 직접 지시보다는 촉진과 지지를 사용하여 아동이 재료를 사용하거나 다른 아동과 상호 작용하도록 한다. 일상적인 놀이 루틴은 사회적 학습과 인지 · 의사소통 발달의 기초가 되는 표현 및 수용 의사소통, 번갈아 하기, 모방, 감정 공유, 공동 주의, 기능 및 상징 놀이, 운동 기술 등을 연습할 수 있는 이상적인 장을 제공한다. 이를 위해서는 치료를 제공하는 성인이 적용해야 하는 여러 가지 핵심 요소가 있다. 이는 G-ESDM 소그룹 활동 충실도 평가 도구(부록)에 명시되어 있다.

G-ESDM에서 사용되는 개입 전략

이 장의 나머지 부분에서는 G-ESDM을 성공적으로 실행하기 위한 각 요소에 대해 살펴볼 것이다. 그 요소들은 G-ESDM 소그룹 활동 충실도 평가 도구(채점 절차 및 충실도 기준에 대한 자세한 내용은 부록 참조)에 정의되어 있다. G-ESDM 소그룹 활동 충실도 평가 도구의 요소 대부분은 기존 ESDM 충실도 기준(Rogers & Dawson, 2010 참조)을 반영하지만, 그룹 맥락에서 이를 실행하기 위해서는 특정 절차들이 마련되어야 하므로, 그것들에 대해서 자세히 살펴볼 예정이다.

아이들의 주의 관리

학습이 이루어지도록 하기 위해서는 아동이 학습과 관련한 자극에 주의를 기울이고 있는지 확인해야 한다. 그룹 환경에서 아이들의 주의를 관리한다는 것은 어른이 '중심 무대'를 확보하여 아이들이 갖는 관심의 주요 초점이 되고, 또래 또는 관련된 다른 학습 재료로 아이들의 주의를 향하게 할 수 있는 능력을 의미한다. 이전 장에서 논의하였듯이 이것은 매우 어려울 수 있다. 자폐 아동들은 반드시 사람에게 특별한 관심을 보인다거나 하지 않고, 그렇다 하더라도 매우 쉽게 주의가 산만해지기 때문이다. 주의 공유 기술은 상호 작용 및 의사소통을 가능하게 하는 방식으로, 사람과 사물 모두에 주의를 기울이는 과정을 필요로 한다. 소그룹 활동의 맥락에서 이 과정을 용이하게 하는 여러 가지 전략을 실행할 수 있다.

첫째, 제4장에 자세히 설명했듯이 물리적인 준비를 미리 구성해 두어야 한다. 성인은 항상 아동과 마주보고 있어야 하고, 자리를 떠나지 않은 채 활동에 필요한 재료에 쉽게 접근할 수 있어야 한다. 성인뿐 아니라 또래에게 주의를 기울일 수 있도록 아동을 전략적으로 위치시켜야 한다. 둘째, 성인은 자신들의 동작 및 의사소통의 '선명도'를 증가시킴으로써 아동의 관심을 극대화해야 한다. 이를 위해서는 행동과 의사소통을 더욱 강렬하고 '극적'으로 만들 수 있는 장난스럽고 과장된 동작 및 얼굴 표정 등을 사용할 수 있다. 그러나 아동의 주의를 지속시키기 위해서는 그 정도를 상황에 따라 조절해야 한다. 예를 들어, 아동의 주의가 흐트러지면 '정도'를 높이고, 아동이 과도하게 자극받고 있는 것으로 보이면 '정도'를 낮춘다.

주의 공유를 촉진하기 위해서는 성인 자신뿐 아니라 다른 아동들 및 가르치고 있는 활동에도 아이가 관심을 기울이도록 하는 것이 중요하다. 이를 위해서는 제스처(예: 가리키기), 말(예: '봐! 카를로스가 상자를 열고 있네!') 및 얼굴 표정(예: 놀란 얼굴, 상황에 놓인 아이들과 사물들 사이를 번갈아서 쳐다보기)을 사용하여 다른 아이가 무엇을 하는지 알아차리도록 격려할 수 있다.

행동 교육의 질

아이들의 주의를 끌었을 때, 실질적인 교육이 이루어진다. 학습 과학(응용행동분석)은 '선행사건-행동-결과'의 순서가 구성될 때 학습이 이루어진다고 설명한다. 이 개념은 보편적인 학습 과정을 의미하는데, 선행사건(A)은 일반적으로 아동의 반응에 선행하고, 학습 이후에는 반응을 유발하는 환경 내 자극들로 특정된다(예: 어른이 책의 그림을 가리키며, "와! 이거 봐!"라고 말함). 행동(B)은 관찰 가능한 학습된 행동(예: 어른이 가리킨 책의 대상을 봄)이고, 결과(C)는 행동 직후 일어난 사건이다(예: 어른이 "그래, 곰이야!"라고 말하고, 곰 흉내를 내며 장난스럽게 간지럼을 태움). 분명한 선행사건, 잘 정의된 행동, 그리고 아동이 긍정적으로 경험한 결과 등은 교수 활동 중에 그 행동을 다시 하도록 동기를 부여하고, 목표 기술을 습득할 수 있도록 한다.

A-B-C 구성의 학습 기회를 제공할 때 발생할 수 있는 일반적인 오류는 다음과 같다.

① 목표 행동에 대한 분명한 단서를 제공하지 않는 선행사건(예: 어른이 가리킨 곰을 보는 것이 목표인지 분명히 하지 않은 채, 아이들이 목표 대상을 볼 때까지 책을 펴놓고 기다림)

② 명확하게 정의되어 있지 않은 행동(예: 어른이 가리킨 책의 대

상을 보는 것이 목표 반응인지, 또는 '와!'라는 말을 따라하는 것이 목표 반응인지 분명하지 않음. 따라서 어떠한 행동이 보상을 받을 수 있는지 모름)

③ 목표 행동에 대해 분명한 긍정적 결과로 보상을 제공하지 않거나(예: 어른이 가리킨 목표 대상을 아이가 본 후, 바로 다음 페이지로 넘어감), 제공된 결과가 아이에게 긍정적으로 경험되지 않는다(예: 간지럼을 싫어하는 아이에게 간지럼을 태움, 이 경우 결과가 보상보다는 처벌로 인식될 수 있고, 목표 행동을 촉진하는 대신 저해하게 됨). 또는 목표 행동이 발생한 직후 결과가 유관하게 즉각 제공되지 않는다(A와 B 간에 관계가 성립하기 위해서는 보상 시점이 매우 중요한 요소임).

④ 빈번히 발생하는 또 다른 문제는 각 아동에게 분 단위로 정해진 시도를 제공하지 않는 것이다. 이는 그룹 활동이 원활하게 진행되고 아동들도 즐거워하지만, 어떤 행동도 요구하지 않을 때 발생한다(예: 아동들은 성인이 책 읽는 소리를 조용히 듣고 있음). 이런 상황에서 조용히 함께 참여하는 순간을 즐기고 싶은 유혹이 있을 수 있지만, 바로 이때가 교육적인 경험을 제공하기에 알맞은 시기이다. 단지 학습 기회를 제공하는 것뿐만 아니라 매우 빈번하게, 그리고 그룹 내의 각 아동들이 모두 한 번 이상의 학습 기회를 매 분마다 갖도록 하는 것이 중요하다. 활동이 이루어지는 대부분의 시간 동안 각 아동이 적극적으로 참여할 수 있도록 최적의 속도를 유지해야 한다.

마지막으로, 교수 시도를 반복하는 횟수는 그룹에 맞도록 해야 한다. 즉, 새로운 기술(습득)에 대해서는 더 많은 반복을 제공하고, 이미 습득한 기술(유지)에 대해서는 더 적은 횟수를 제공해야 한다.

교수가 A-B-C 형식에 따라 잘 구성되어 있는지 확인하는 간단한 방법 중 하나는 관찰자에게 교사가 유도하려는 행동과 제공하고 있는 보상이 무엇인지 물어보는 것이다.

교수 기법 적용

이 요소는 학습을 용이하게 하는 행동형성, 용암법, 촉구, 행동연쇄 및 오류 수정 절차 등과 같은 근거 기반 교육 기법들의 사용에 관한 것이다. 선행자극이 제공되고, 아동이 목표 행동으로 반응하지 않으면 치료 목표를 다루기 위해 추가적인 개입 기법을 사용해야 한다.

촉구(prompt)는 'A'(선행사건) 다음, 'B'(행동) 이전에 제공되는 성인의 행동으로, 아동이 목표 행동을 수행하여 그 행동이 강화될 수 있도록 돕는다. 선행사건이 아동에게 행동을 수행하도록 지시하는 것이라면(예: "어느 상자를 열어야 할까? 흰색 아니면 분홍색?"라고 하는 성인의 질문), 촉구는 아동이 그 행동을 수행하도록 하기 위한 도움을 제공하는 것이다(Wolery, Ault, & Doyle, 1992). 다양한 수준의 도움이 제공될 수 있다. 아동에게 상자 중 하나를 가리키라고 언어적으로 말하기, 가리키는 동작의 모델 보여 주기, 또는 가리키는 동작을 수행하도록 아동의 손 움직이기 등이 그 예시이다.

특정 행동을 습득하도록 하기 위해 촉구를 사용할 때, 촉구-의존(예: 아동이 hand-on-hand 지도를 받는 것에 익숙해지고, 목표 행동을 독립적으로 수행하는 것이 학습되지 않음)이 발생하지 않도록 지원을 점진적으로 철회(**용암법**, fading)해야 한다.

ESDM에서 이러한 기법은 일반적으로 '최소-최대 촉구' 전략[1]을 사용하여 시행한다. 즉, A라는 도움을 제공하고, 추가적인 교수 기법을 더하기 전에 아동의 반응 수준을 보고 기다린다. 예를 들어, '어떤 상자를 열어야 할까?'라고 묻고 아동의 반응을 기다린 다음, 반응이 없으면 언어적 촉구를 주고(아이에게 가리키기를 상기시킴), 그 다음 부분적인 신체적 촉구(가리키는 동작을 수행하도록 아동의 팔 위에 손을 얹음)를 준다. 그럼에도 반응이 없으면, 완전한 신체적 촉구(예: hand on hand 지도)를 사용한다.

신체적 촉구는 그룹 개입 환경에서 사용하기에는 어려울 수 있다. 그룹을 이끄는 사람이 촉구를 쉽게 제공할 수 없는 경우에는 '보이지 않는 지원'이 촉구 전략의 중요한 역할을 할 수 있다. 제4장과 제5장에 자세히 살펴보았듯이 '보이지 않는 지원'은 그룹 활동 동안 아동 뒤에 앉아서 그룹을 이끄는 사람이 신호를 주었을 때 필요에 따라 촉구를 제공한다. 일반적인 상황에서, 예를 들면 '성인 리더'가 박수치기와 같은 동작을 보여 준다. 아동이 반응하지 않으면 리더는 목표 반응을 하도록 언어 촉구를 사용한다(예: "네

---

1 이것이 주로 '최대-최소 촉구' 위계를 기반으로 하는 다른 행동적 프로그램과 ESDM의 다른 부분이다.

차례야!"). 이 촉구가 소용이 없으면 리더는 '보이지 않는 지원'에게 고개를 끄덕여 신호하고, 아동 뒤에 앉은 '보이지 않는 지원'은 부분적인 신체 촉구를 제공하여 아동이 목표 행동(이 예에서는 박수 치기)을 수행하도록 돕는다. 지도 기법을 수정하기 전에 아동이 2회 이상의 오류를 수행하도록 해서는 안 된다.

행동연쇄(chaining)는 여러 단계로 구성된 기술을 가르치는 것인데, 일련의 동작을 시간 순서대로 가르치고 조합한다. 예를 들어, 손 씻기와 같은 다단계 행동은 여러 개의 작은 단계로 나눌 수 있다. 즉, 수도꼭지 틀기, 물에 손 담그기, 손에 비누칠하기, 손 비비기, 수도꼭지 잠그기, 종이타월로 손을 닦은 다음 휴지통에 버리기이다. 이 과제에 대해서 순행 연쇄 또는 역행 연쇄를 선택할 수 있다(Miltenberger, 1997). 역행 연쇄를 사용한다면 독립적으로 수행하도록 유도할 마지막 단계를 제외한 손 씻기의 각 단계에서 촉구를 제공한다. 예를 들어, 아동은 종이타월을 휴지통에 버리기만 하면 되는 단계부터 시작할 수 있다. 아동이 마지막 단계를 수행할 수 있게 되면, 종이타월을 휴지통에 넣기 전에 손을 닦는 것과 같은 마지막에서 두 번째 단계를 완료해야 한다. 이러한 과정은 아동이 모든 단계를 독립적으로 수행할 수 있을 때까지 지속된다.

그룹 활동의 맥락에서는 각 아동에게 적합한 난이도의 목표 행동을 선택하고, 적합한 수준의 지도를 필요한 때에 제공하여 그룹 내의 모든 아동이 그 기술을 수행할 수 있도록 하는 것이 중요하다.

아동의 정서 및 각성 관리하기

'각성'의 개념은 환경 자극을 인지하고 반응하기 위한 생리학적 준비를 의미한다. 각성 수준은 아동의 행동에 반영된다. 이로 인해 각성 수준이 낮은 아동은 느리고 수동적이며 심지어 자극에 반응하지 않는 경향이 있는 반면, 각성 수준이 높은 아동은 과잉 행동하는 경향이 있고, 활동 중 쉽게 안정되지 않을 수 있다. 어른과 마찬가지로 아이들도 최적의 각성 상태, 즉 너무 수동적이지도 너무 활동적이지도 않을 때 학습할 가능성이 크다. 자폐 증상이 있는 아동은 전형적으로 발달하는 또래에 비해 환경 자극 입력에 적게 반응(저각성)하거나 지나치게 반응(과각성)하는 것으로 자주 보고된다. 예를 들어, 소음, 냄새, 빛, 질감, 교실 내의 움직임 수준 등을 포함한 일반적인 유치원 그룹 세팅에서의 감각 자극 입력들에 대해 '과민'할 수 있다(Lane et al., 2014; Uljarevic et al., 2016). 그러나 낮은 반응성, 즉 감각 자극에 대한 일반적인 반응보다 적게 반응하는 경우가 더 빈번하다(Baranek, Little, Diane Parham, Ausderau, & Sabatos-DeVito, 2014). 두 경우 모두 감각 자극에 대한 반응의 이례적인 각성 상태는 학습 활동에 최적의 상태로 참여하는 것을 방해할 수 있다(Baron, Groden, Groden, & Lipsitt, 2006).

G-ESDM에서는 아이들의 각성을 조절하는 성인의 능력을 강조한다. 아이들이 흥미 없어하고, 무덤덤해하거나 낮은 반응성을 보일 때는 각성 수준을 높이고, 지나치게 활동적이거나 회피적일 때, 또는 '지나치게' 흥분했을 때는 각성 수준을 낮춰야 한다. 이를 위해서 아이들의 각성 상태에 따라 목소리 톤과 동작의 속도

등의 행동을 조정할 수 있다.

또한 교육 내용과 행동 목표뿐 아니라 참여하는 각 아동들의 각성 수준에 미치는 영향을 고려하여 활동을 선택해야 한다. 예를 들어, 물이나 모래를 사용하는 게임은 어떤 아동에게는 너무 자극적이어서 의미 있는 학습이 전혀 이루어지지 않을 만큼 아동의 행동이 산만해질 수 있다. 반대로 매우 수동적인 아동은 조용히 책을 읽는 활동 중에는 반응이 없지만 물과 모래를 사용한 게임 중에는 더 깨어 있고 활기를 띨 수 있다.

따라서 소그룹을 운영할 때에는 그룹의 일반적인 각성 수준에 맞춰 반응해야 하고(각성 수준은 전염성이 있어 같은 그룹 내 아동들의 활동 수준은 비슷한 편임), 그룹의 각 아동이 최적의 각성 수준에 이르도록 도와야 한다(예: 더 수동적인 아동을 다룰 때는 더 자극적인 움직임과 목소리 톤을 사용하고, 과각성된 아동에게는 부드럽게 접근함). 그룹의 전반적인 느낌은 즐겁고 유쾌해야 한다. 따라서 학습에 도움이 되는 최적의 각성 수준을 선제적으로 관리하기 위해서는 아이들의 활동 수준에 대한 지속적인 모니터링을 토대로 차분하거나 자극적인 활동을 선택한다(자폐 스펙트럼 장애의 감각 과민성 및 각성에 대한 자세한 내용은 제9장 참조).

도전행동 관리

제8장에서 논의하게 될 도전행동 관리는 G-ESDM의 핵심적인 요소이다. 한 아동의 부적응 행동(예: 공격, 자해, 물건 파괴, 심각한 분노폭발 등)이 그룹의 활동을 방해할 수 있는 그룹 환경에서는 특

히 더 중요하다. 중요한 것은 부적응 행동의 발생을 방지하기 위해 모든 활동이 각 아동에게 의미 있고 보상이 되는 요소를 포함해야 한다는 것이다. 어떤 아동도 이해하지 못하고, 즐기지도 못하는 활동에 수동적으로 앉아만 있게 해서는 안 된다. 이를 위해서는 활동의 일부에서만이라도 각 아동이 기꺼이 독립적이고 능동적인 참여자가 되거나, 될 수 있도록 활동을 조정해야 한다.

잘 계획된 학습 환경은 도전행동을 예방할 수 있지만, 그럼에도 불구하고 문제가 발생한 경우에는 잘 숙련된 행동 관리 기술이 필요하다. 여기에는 도전행동의 기능을 결정하기 위한 기능평가와 목표 행동을 보다 적절한 행동으로 대체하기 위한 긍정적 행동 지원 계획의 개발 등이 포함된다. 경우에 따라 기능행동평가를 수행하기 위해서 행동분석에 대한 높은 수준의 교육을 받은 사람이 필요할 수도 있지만, 팀 내의 모든 성인은 행동 문제의 시작, 유지 및 관리의 기본 요소에 대해 잘 알고 있어야 하고, 대응 방식을 이해해야 하며, 도전행동을 줄이고 예방하기 위해 환경을 구조화할 수 있어야 한다. 이는 치료 세팅에 있는 성인이 의도치 않게 부적응 행동을 유발하거나 행동 발생에 일조하지 않도록 하는 데 중요하다(예: 현재 기능 수준에 맞게 조정되지 않은 과제 제시로 아동을 좌절시키거나, 부적응 행동에 대해 무심코 사회적 관심을 주어 강화함; 행동 관리 기법에 대한 자세한 설명은 Powers, Palmieri, D'Eramo, & Powers, 2011, Doehring, Reichow, Palka, Phillips, & Hagopian, 2014 참조).

그룹 맥락에서는 공격적인 상황에서 다른 아이들을 보호하는 것 또한 중요하다. 그리고 아이들의 도전행동을 확실히 다루고, 그룹 활동을 방해하지 않은 채 최대한 빨리 다시 학습 상황에 참여할 수 있도록 조정해야 한다.

또래 상호 작용

이 요소는 아이들 간의 의사소통과 사회적 상호 작용을 촉진하는 능력을 의미한다. 제4장과 제5장에서 자세히 살펴보았듯이 G-ESDM은 아이들이 같은 공간에 있도록 하고, 아이들끼리 사회적 교류를 하도록 하는 활동을 통해 또래 인식과 적극적인 상호 작용을 촉진하는 물리적 환경을 구성하는 것을 포함한다. 책상에서 하는 미술 활동과 물, 모래, 면도 크림 등을 이용한 '감각' 놀이, 그룹 음악 활동, 그리고 '둥글게 둥글게'나 파라슈트 놀이 등이 아이들을 같은 물리적 공간 내에 있도록 촉진하는 활동들의 예시이다.

각 아동을 위한 개입 프로그램에는 또래와의 사회적 상호 작용에 대한 몇 가지 목표가 포함된다. 이러한 개별 목표들은 또래 상호 작용의 맥락 안에서 어떤 유형의 행동을 자극하거나 촉진해야 하는지를 알려 준다. 또한 활동 재료들을 관리하는 방식이 또래 상호 작용을 용이하게 할 수도 있다. 재료를 공유하고 건네 주거나 서로 도와야 하는 상황, 그리고 동일한 재료를 사용하여 마주보며 서로를 모방할 수 있는 상황들이 모두 활동 재료 및 아이들의 배치를 통해 또래 상호 작용을 적극적으로 촉진하도록 하는 맥락이다.

사회적 교류가 일어나는 동안 아이들에게 항상 지시를 내리기보다는 ① 또래 간의 의사소통, 놀이, 상호적인 모방 및 정서 공유를 지원해 주어야 하고, ② 필요할 때 갈등 해결을 도와주어야 한다. 그리고 ③ 아동의 관심 및 동기를 바탕으로 이루어진 또래와의 자발적인 상호 작용이 일어나는 동안 도움을 제공해야 한다. 그러기 위해서는 또래와의 상호 작용 중 발생하는 사회적 상호 교환 및 의사소통의 양을 적극적으로 모니터링하기, 아동이 활동에 참여하도록 하기, 의사소통 시도가 자발적으로 나타나지 않을 때 이를 촉진하기, 사회적 행동 촉진하기(앞에서 다뤘던 최소-최대 촉구 위계에 따라), 그리고 필요시 잘못된 의사소통 수정해 주기 등을 실행할 수 있으며, 이에 대해서는 제8장에서 자세히 다룰 것이다.

아동의 동기 최적화하기

이 항목은 개입의 기본 요소이다. 각 아동이 학습 활동에 **참여할 수 있어야** 할 뿐만 아니라 그렇게 하도록 **동기화되어야** 한다. 아동의 동기를 향상시키기 위한 전략 중 한 가지는 슈라이브만(Schreibman)과 쾨겔(Koegel)이 중심축반응훈련(Pivotal Response Teaching: PRT)에 대한 중요한 연구 결과(Koegel et al., 1989, 2016; Koegel, Koegel, & Schreibman, 1991)에서 처음 설명했던 것으로, 새로운 기술 습득과 이미 숙달된 기술의 연습 간의 균형을 이루는 것이다.

자폐 스펙트럼 장애가 없는 아동 및 성인의 경우와 마찬가지로, 친숙한 활동 중 새로운 학습 목표에 도전하도록 한다면 동기, 성공, 이전에 습득한 기술의 유지를 촉진하게 되고, 새로운 기술을 이용하여 활동에 적극적으로 참여하도록 할 것이다. 예를 들어, 새로운 그룹 기반 노래 부르기 활동을 할 수 있게 되면, 그룹 내의 아동들은 이미 알고 있는 노래도 뒤이어 할 수 있고, 그렇게 하도록 동기화될 수 있다. 더 어렵고 동기가 낮은 활동과 더 쉽고 동기화된 활동 간의 균형을 조정하는 한 가지 방법은 '프리맥의 원리(Premack principle)'를 이용하는 것이다. '할머니 법칙'이라고도 불리는 이 원리는 선호하는 행동을 할 기회가 비선호 활동을 강화할 것이라는 주장이다. 예를 들어, 아이가 모래밭에서 노는 것을 좋아하고(선호 활동), 소그룹 활동에 참여하는 것을 피한다면(비선호 활동), 아이가 소그룹 활동에 참여한 후에 모래밭에서 놀도록 허락할 수 있다.

동기를 최적화하기 위해 사회적 활동 내에서 강화제(목표 행동 뒤에 오는 긍정적 결과)의 빈도 및 강도를 신중하게 관리하는 것 역시 중요하다. 여기에는 활동 자체가 그룹 내의 각 아동에게 강화로 작용하는지 확인하는 것, 그리고 그렇지 않다면 추가적이고 더 강력한 강화제를 포함해야 하는 것 등이 해당된다. 또한 그룹 내의 각 아동이 목표 행동을 시도하거나 유사하게 수행했을 때 보상해 주는 것도 매우 중요하다. G-ESDM에서는 내적 보상, 즉 활동 안에서 자연스럽게 제공되는 긍정적인 결과들을 중시한다. 예를 들어, '링 어라운드 로지[2]' 놀이를 하면서 아이들은 의사소통

2 역자 주: 링 어라운드 로지(Ring Around the Rosie)는 다 함께 손을 잡고 빙글빙글 돌다가 '모두 넘어지자'라는 구절에서 주저앉거나 쓰러지는 놀

및 모방 기술을 연습하고, 율동 노래를 따라한 것에 대해 태블릿 PC 보기나 토큰과 같은 외적 보상을 받는 것이 아니라 마지막 '모두 넘어지자'라는 구절에서 모두 넘어지는 동작을 함으로써 보상을 받는다. 이러한 자연스러운 접근방식을 사용하기 위해서는 각 아이들이 보상으로 경험하고, 긍정적인 정서, 따뜻함, 함께하는 즐거움 등을 느낄 수 있는 활동이나 활동 내 요소들을 창의적으로 만들어 내야 한다.

아동의 동기를 최대한 높이기 위한 또 다른 방법은 교수 활동에 아동의 선택을 포함시키는 것인데, 소위 '아동의 주도 따르기' 전략이다. 이 전략은 아동이 원하는 것을 무엇이든 할 수 있다는 의미가 아니라 각 활동에 그들의 자발적인 주도, 선택, 동기 등을 포함시키는 것을 의미한다.

그룹 맥락 내에서는, 제4장의 '놀이 활동 센터' 부분(예: 물놀이나 조립 놀이 중 아동이 선택하게 하기)에서 설명하였듯이 아동이 활동을 선택하게 하거나, 활동 내에서 선택하게 할 수 있다(예: 공놀이를 하는 동안 "공을 하늘로 던질까, 물속으로 던질까?"라고 물어보기). 활동이 그룹 내 아동 모두에게 참여 동기를 부여하고, 보상으로 작용하기 위해서는 각 아동의 흥미가 모두 고려되어야 한다. 예를 들어, 〈휠 온 더 버스(Wheels on the Bus)〉[3]라는 노래 활동은 교통수단에 대한 동기가 있는 아동(노래 가사 속 '버스'를 다른 유형의

이이다.

3 역자 주: 미국의 동요이다.

교통수단으로도 바꿔 부를 수 있음), 노래 부르기를 좋아하는 아동, 악기나 무언가를 흔드는 것을 좋아하는 아동(예: '버스의 와이퍼가 휙 휙 휙' 구절에 셰이커를 흔들 수 있음), 그리고 신체접촉을 좋아하는 아동('버스의 경적이 빵 빵 빵' 구절에서 아동의 배 또는 손을 톡톡 두드려 주거나 또래가 그렇게 하도록 촉진할 수 있음) 등이 함께하는 그룹에서 선택하기 좋다.

이 맥락에서 중요한 점은 상황에 대한 통제권을 아동과 어른이 공유해야 하는 것이다. 즉, 모두가 주도하고, 모두가 따른다. 예를 들어, 아동이 자발적인 주도성을 보이지 않거나 심지어 활동에 대해 약간의 거부감을 보일 때 어른은 아동에게 친숙하고 동기를 높여 줄 만한 요소를 포함시킨 새로운 활동을 제시하고 참여하도록 촉진해야 한다. 아동이 힘들어하거나 흥미를 보이지 못할 때 하나의 특정한 활동만 지속한다면 자발적인 학습은 일어나지 않을 것이다. 그러면 학습 목표들은 다른 활동 맥락 내에서 다루어져야 한다. 마찬가지로, 아동이 주도적으로 참여했던 활동이라고 하더라도 점차 흥미를 잃어 간다면 빠르게 끝내야 하고, 새로운 활동들을 선택할 수 있도록 해야 한다. 한 가지 활동 내에서 여러 가지 목표를 결합하고 놀이 주제를 정교화하는 작업을 통해 새롭고 흥미로운 학습 경험을 제공하는 것이 아동의 동기를 높이고 참여를 촉진하는 열쇠이다. 동기를 극대화하는 이러한 전략들을 체계적으로 사용한다면 따뜻하고 긍정적인 분위기 안에서 통제권을 공유하고, 활기가 넘치는, 그래서 아동과 어른이 모두 즐거운 학습 활동들이 이루어질 것이다.

긍정적인 정서 이용하기

ESDM 철학의 또 다른 축은 교사와 학습자 간에 따뜻하고 긍정적인 상호 작용 안에서 학습이 이루어져야 한다는 것이다. 이것은 단지 즐거운 학습 환경을 만들기 위해 권고하는 것만은 아니다. 제1장에서 언급하였듯이 아이들은 '중립적인' 정서를 보이는 사람보다 즐겁고 긍정적인 정서를 보이는 사람을 통해 더 쉽게 학습에 참여할 가능성이 높다. 따라서 각 활동이 이루어지는 동안 어른은 아이들의 참여를 지지하는 얼굴 표정, 목소리, 상호 작용 방식 등으로 따뜻하고 긍정적인 정서 톤을 보여 주어야 한다. 긍정적인 정서를 보여 주는 정도는 활동의 전반적인 분위기 및 그룹 내의 아동들과 잘 맞아야 하고, 진심이어야 한다. 강요된 감정, 부자연스러운 수준의 의욕이나 애정 또는 활기에 대해 이야기하는 것이 아니다. 어른은 아이들과 함께 긍정적인 경험을 하는 것이 분명하고, 그러한 경험이 비언어적 의사소통을 통해 아이들에게 전달되는 것에 대한 이야기이다.

민감성 및 반응성

ESDM에서 어른은 아이에게 행동을 가르칠 뿐 아니라 지속적으로 아이들과 함께 학습 경험을 쌓아 나가기도 한다. 이를 위해서는 아동의 의사소통, 정서적 상태 및 느낌에 대해 지속적으로 조율하고 반응해야 한다. 아동의 행동은 그것이 분명한 의사소통의 형태를 띠고 있지 않을 때에도 경우에 맞게 읽어 주어야 한다. 예를 들어, 아동은 미묘한 몸짓 언어 또는 불분명한 소리(예: 풍선을 향해 다가가고 미소 짓거나 눈을 가린 채 풍선에서 멀리 떨어짐) 등으로 특정 장난감(예: 풍선)에 대한 거부나 즐거움 또는 흥미를 표현할 수 있다. 이때, 어른의 역할은 상황에 맞게 의도적인 의사소통 및 행동으로 그러한 단서를 확인하고 읽어 주는 것이다. 예를 들자면, 그룹 내 간식 시간 동안 소극적이고 언어 사용이 거의 없는 아동들을 그저 앉아서 먹게 하는 것은 매우 쉬울 수 있다. 이 상황에서 아이들의 미묘한 의사소통 시도를 강화하거나 추가적인 학습 기회를 제공하기 위해서는 모든 아이의 단서를 읽는 것이 중요하다. 어떤 아동이 다른 아동의 먹는 모습을 지켜보고 있다면 이러한 상황은 음식에 대해 언급하고 그 음식을 요구하도록 촉진해 줄 수 있는 좋은 기회가 된다. 또 어떤 아동은 물병을 열지 못해서 교사에게 도움을 청하기 위해 물병을 잠깐 내밀 수도 있다. 아동의 목표를 이루어 줌으로써 이러한 행동을 알아차리고, 수용해 주고, 강화해 주는 것이 중요하다.

또 다른 예로, 노래(예: 〈휠 온 더 버스〉)를 부르는 동안 한 아동이 특정 동작이나 노래의 구절에 흥미를 보이는 것을 알아챘다면(예: 경적 울리는 시늉하기) 이 구절을 반복하며 다른 학습 기회(예: '빵빵' 소리 내도록 촉구하기)를 제공해 줄 수 있다. 그런 뒤, 다른 아동이 불편함을 나타내면(예: '버스 안의 아기가 앙 앙 앙'이라는 구절에서 귀 막기) '쉿' 하며 불편감을 보인 아동이 따라하도록 하고, 그룹을 조용히 시켜 더 이상 소리가 불편하지 않도록 한다. 즉, 각 아동의 단서를 파악하고, 지체 없이 반응하는 능력은 학습을 쉽게 하고, 도전행동을 예방하며 아이들의 자발적인 주도성을 키워 주는 데 매우 중요하다.

복합적이고 다양한 의사소통 기회

G-ESDM을 실행하는 교사와 치료사의 가장 중요한 역할은 지속적으로 경험의 기회를 제공하고 의사소통 기술을 사용하도록 연습시키는 것이다. 의사소통을 효과적으로 하기 위해서는 단어를 명확하게 표현하는 능력(음운), 문법적으로 올바른 구를 만드는 능력(구문), 의미를 표현하는 능력(의미), 사회적 맥락에서 의미를 공유하고 상호 작용을 형성하기 위한 언어를 사용하는 능력(화용) 등을 습득해야 한다. 이러한 요소들은 사회적 목적을 위한 의사소통 기술의 사용이 사회적 의사소통 발달의 강력한 예측인자라는 연구에 기반하여, ESDM에서 특히 강조되는 것들이다(Akhtar & Tomasello, 2000). 전형적인 발달을 하는 아동들은 사회적 교류를 하는 동안 다양한 이유로 인해 언어적 · 비언어적 의사소통을 사용한다(예: 인사, 언급, 질문, 감정 공유). 그리고 상호 작용 과정 및 사회적 상대자와 주고받는 과정에서 그들의 의사소통은 수정된다. 많은 자폐 아동은 주로 요구 및 저항의 목적으로 언어를 사용하고, 사회적 맥락에 맞게 그들의 의사소통을 수정하는 데 특히 어려움을 겪고 있다(Rapin & Dunn, 2003). 따라서 의사소통이 단지 특정 대상을 요구하거나 거부하는 도구가 아니라 사회적 동기를 제공할 수 있도록 하기 위해 각 활동 내에서 다양한 목표 기능을 찾아내야 한다.

따라서 일상적 활동 및 놀이 활동 중 요구하기, 거부하기, 언급하기, 명명하기, 도움 청하기, 인사하기, 어른의 소리 모방하기, 비언어적 의사소통 등 복합적인 의사소통 기능들을 다루어야 한다.

그룹에서는 빈번한 의사소통이 이루어져야 하는 활동들 내에서 이러한 목표를 달성할 수 있다. 아동의 의사소통 시도를 증가시키기 위해서는 각 아동에게 맞는 의사소통 목표를 설정하고, 다양한 기능에 따른 자발적인 언어 및 몸짓을 확장할 수 있는 의사소통 시도를 촉진하고 만들어 나가야 한다. 각 활동 내에서 아동당 최소 한 가지의 의사소통 목표가 있어야 한다. 예를 들어, 미술 활동 중 요구하기 및 거절하기 외에도 다양한 의사소통 기능이 결합되어 사용될 수 있다. 투명하고 잠금장치가 있는 통 안에 마커를 넣어 두면 아이들은 그것을 꺼내기 위해 도움 청하기를 시도할 수 있다. 마커를 사용할 때 마커의 색깔을 명명해 줄 수 있고, 아동이 뚜껑을 열 때 효과음('뽕!')을 들려 줄 수도 있다. 아동이 그림을 그릴 때 "와, 동그라미 그렸네!"라고 언급하기의 모델을 보여 주기도 한다. 풀을 한 개만 제공해서 한 명씩 쓸 수 있게 한다면 다른 아이들은 서로 풀을 달라고 요청할 수 있다. 가위를 사용하는 동안 사용 동작을 명명해 주어('싹둑 싹둑 싹둑') 아이들이 모방할 기회를 제공할 수 있다. 활동이 끝났을 때, 아이들이 '끝'이라고 표현할 수 있도록 촉구한다. 다른 아이들에게 자신의 그림을 보여 주도록 하거나 재료를 공유하도록 하고, 다른 친구를 도와주도록 촉구할 수도 있다. 아이들이 자신의 작품을 자랑스러워하거나, 통이 열리지 않아 짜증을 낼 때, 또는 다른 아이가 가위를 가져가 버려 화가 났을 때 등의 상황에서 정서적인 말을 알려 줄 수 있다. 팀 내의 언어병리학자는 풍부한 '의사소통 유혹들'(즉, 아이들이 의사소통하도록 동기화하는 상황들)을 계획하는 데 도움을 줄 수 있고, 아동의 의사소통을 증가시키기 위한 추가적인 기회를 확인하기 위해 시시때때로 활동을 관찰하기도 해야 한다.

어른의 언어

G-ESDM에서 어른은 언급, 지시 또는 강조 등을 사용하여 진행 중인 활동의 주제 및 상호 작용을 서술하고 지원하는 동안 적절한 언어적 의사소통의 모델을 보여 주기 위해 자연스러운 언어를 사용한다. 언어의 복잡한 정도는 각 아동의 현재 언어 수준 및 목표에 맞춰야 한다. 이를 위해서는 '하나씩 쌓아 가기 규칙(one-up-rule)'(Rogers & Dawson, 2010 참조)을 사용한다. 이 규칙에 따르면, 아동이 일상적으로 사용하는 어구보다 약 한 단어를 더 확장한 어구를 사용해야 한다. 그룹 활동에서는 수용언어 및 표현언어의 수준이 다양한 아이가 함께할 가능성이 높다. 따라서 서로 다른 언어 기술 수준을 가진 아이들이 참여하는 그룹 활동을 할 때에는 각 아동의 개별적인 필요에 맞춰 어른이 자신의 언어를 조정하여 사용해야 한다.

일반적인 규칙에 따르면, 그룹 내의 모든 아동에게 전체 지시를 할 때, 활동 초기에는 가장 언어 기술이 적은 아동에게 맞춰서 이야기한다. 그러나 활동이 진행되는 동안에는 언어를 다이내믹하게 수정하고, 그룹 내의 다른 아동들에게도 맞게 사용한다. 예를 들어, 비눗방울 놀이를 소개할 때는 '비눗방울' 또는 '비눗방울 놀이'라고 말하지만 활동이 진행되는 동안에는 세 어절로 말하는 아이에게는 '에드(Ed)가 비눗방울 불어 봐.'라고 말해 주고, 다음 차례의 다른 아이들에게는 '[아동 이름], 비눗방울.'이라고 말해 줄 수 있다. 유사하게, 무발화 아동과 이야기할 때는 한 단어를 사용하고(예: '자동차' '첨벙!' '끝' '굴려!' '눌러!'), 한 단어만 사용하는 아동에게 의사소통 시도를 할 때는 두 어절로 말한다(예: '빨간 차' '찰흙 굴려' '뜨거운 물'). 그리고 4~5개 단어로 문장을 말하는 아동에게는 약 6개 단어를 사용한 문장으로 이야기한다[예: '마르쿠스(Marcus)야, 네 의자 찾고 가서 앉아.' '아기가 지금 배가 너무 고파서 운대.' '가서 책 들고 이리 가지고 와.']. 중요한 것은 어른의 말은 항상 구문적으로, 의미적으로, 화용적으로 적절해야 한다는 것이다. 목표는 언어가 자연스럽고, 의미 있게 사용되면서, 보상이 될 수 있는 그룹 활동 내에서 아동의 자발적인 의사소통을 확장해 나가는 것이다. 따라서 아동이 해야 할 말을 해 주거나(예: "'개'라고 해 봐.") '부자연스러운' 칭찬(예: '말 잘했어.')을 해서는 안 된다. 대신 어른의 언어는 말과 행동 그리고 정서 등이 일치하는지 확인하고 식별할 수 있게 지속적인 기회를 제공하는 각 상호 작용을 수반해야 한다.

공동 활동 구조 및 정교화

ESDM에서 공동 활동 루틴은 교수를 할 수 있는 조직화된 틀을 제공한다. 이 루틴에서 아동과 어른은 활동들을 함께 만들어 나가고, 그 활동들을 통해 함께 무언가를 하고, 그러한 경험으로부터 학습할 수 있는 기회를 얻는다(Ratner & Bruner, 1978). 공동 활동 루틴은 네 단계로 이루어진다. 먼저, 준비 단계에서는 아동이 활동을 선택하고, 어른은 이를 방해하지 않으며 아동의 주도를 따라간다(예: 아동이 자발적으로 책을 꺼내고 어른은 아동을 따라가 그 앞에 앉는다). 두 번째 단계는 주제 설정이다. 아동과 어른은 아동이 선택한 활동에 동등하게 참여하고, 주제를 만든다(예: 책장을 천천히 넘기며 각 장의 동물 이름을 말하는 주제). 그리고 주제가 확실하고 분명하며 예측 가능해지고, 즐거운 루틴으로 자리 잡을 때까지 몇 분간 반복한다. 그 다음은 정교화 단계이다. 이 단계에서 어른은 주제를 다양화하거나 정교화해 준다. 예를 들어, 독수리의 이름을 말한 뒤, 즐겁고 흥미로운 방식으로 독수리가 날아가는 동작을 보여 준다. 정교화 또는 새로운 주제는 각 장에 등장하는 동물들의 동작과 소리를 흉내 내는 것이 된다. 마지막으로, 마무리 단계는 자연스럽게 발생하는 환경에 따라(예: 책을 다 봤거나 게임이 반복적일 때, 아동이 흥미를 잃었을 때) 현재의 활동을 서서히 마친다. 이때, 아동을 마무리에 참여시키고(예: 책 정리하기), 다음 활동의 개시 단계로 전환시킨다(예: 아동에게 다음 활동을 선택하도록 촉구함).

공동 활동 루틴은 자폐 스펙트럼 장애의 특성인 사회적 문제(공동 참여 요소를 통해)와 유연성 문제(주제 변화의 체계적인 소개를 통해)를 모두 다룬다. 그리고 여러 발달 영역의 다양한 목표를 다룰 수 있는 기회를 제공한다. 활동은 각 아동의 적절한 수준에 맞춰 개별화된다. 예를 들어, 앞서 언급한 책 읽기 활동에서 소근육(책장 넘기기), 동작 모방(독수리 동작 모방), 음성 모방(동물 소리 모방), 그리고 언어적 의사소통(동물 이름 말하기) 등이 목표가 될 수 있다.

그룹 활동에서 자발적인 공동 활동은 아동 한 명의 주도로 시작될 수도 있다. 예를 들어, 어떤 아이가 활동 재료를 가지고 놀고 있을 때 어른이 다가가 같은 재료를 이용해 놀이를 시작할 수 있다. 이것이 시작 단계이다. 어른이 스카프를 천천히 흔들고 아이가 따라하면 함께 그것을 흔들며 노래를 부른다(예: '흔들어, 흔들어, 흔들어, 그리고 멈춰'). 이것이 주제이다. 다른 아이들이 그것을 보고, 다른 어른의 도움을 받아 참여하기 시작한다. 한 아동이 스카프를 흔들며 뛰기 시작하면, 어른은 그 아이가 뛰고 있다고 말해 주며 같이 뛴다. 약간의 촉구로 다른 아이들도 함께 뛴다. 다른 아이가 스카프 아래로 들어갔을 때, 어른이 셋을 센 뒤, 스카프를 들추며 '까꿍'이라고 한다. 이렇게 정교화가 이루어진다. '까꿍' 놀이를 몇 분간 반복한 뒤, 몇몇 아이가 흥미를 잃는 것처럼 보이면 아이들에게 '까꿍' 놀이를 계속할지, 아니면 찰흙 놀이로 전환할지 선택권을 준다. 아이들 대부분이 찰흙 놀이를 선택하면 팀 리더는 아이들이 스카프 등을 정리하게 하고, 다른 어른은 아이들을 미술용 책상으로 이동시킨다. 이것이 바로 마무리 및 다음 활동으로의 전환이다.

활동 간 전환

이 요소는 공동 활동 구조에 이미 포함되어 있지만, G-ESDM 에서는 특히 중요하다. 능숙한 전환은 아이들의 유연성, 시간적 순서, 그리고 현재, 미래, 과거에 대한 감각의 발달 등을 이끌어 준다. 전환을 잘못 다루는 경우에는 문제행동이 나타날 수 있고, 활동 도피 시도가 나타나며, 아이들이 새로운 활동에 참여하지 못하게 될 수도 있다. 그리고 잘못된 전환 과정을 회복시키기 위해 많은 시간이 소요될 수 있다.

여기서의 목표는 활동 간 또는 장소 간의 전환을 원활하게 하도록 하는 것이고, 이로 인해 아이들은 루틴들이 분명한 시간적 · 물리적 경계가 있다는 것을 경험하고(이 활동이 끝나고 다른 활동을 할 것임), 다음 활동으로 스스로 이동할 동기가 높아진다. 어른의 역할은 마무리되는 활동에서 새로운 활동으로 그룹의 흥미를 원활하게 전환시키는 것이고, 이로 인해 그룹 내 아이들의 주의 초점과 동기는 적절한 시점에 한 가지에서 다른 것으로 옮겨 가게 된다.

제4장에서 설명하였듯이 전환 과정에서 아이들이 독립적으로 움직일 수 있도록 하기 위해서는 공간의 물리적인 구성이 중요하다. 물리적 구분은 아이들이 방해받지 않고 한 장소에서 다른 장소로 이동할 수 있도록 돕는다. 목표는 성인이 관심 없는 아이의 손을 잡고 데려가는 것이 아니라, 다음 활동을 하기 위한 목적으로 아이들이 독립적으로 그리고 의도적으로 활동 간 이동을 하게 하는 것이다. 그룹 상황에서는 분명한 역할을 갖고 있는 성인이

하루 중 발생하는 각각의 전환을 미리 잘 계획해야 한다. 이에 대해서는 제5장에서 자세히 다루었다.

결론

이 장에서는 G-ESDM의 주요 개입 절차를 반영하여 구성한 G-ESDM 실행 충실도 평가 도구에 강조된 여러 요소의 범위를 살펴보았다. 이 요소들은 성인 및 또래들과 사회적 상호 작용을 하는 동안 학습할 수 있는 아동의 능력과 동기를 지원하기 위한 행동 기술들과 발달적 기본 전략들을 아우른다. 이 요소들의 공통점은 사회적 상호 작용이 '강요'될 수도 없고, 자발적으로 발생하기를 기대되지도 않는다는 점이다. 오히려 무언가를 함께할 기회들은 아이들이 자연스럽게 함께 모일 수 있도록 성인이 준비한 즐거운 루틴 및 놀이 활동의 맥락 안에서 각 아동의 자발적인 행동 및 관심을 기반으로 쌓여 간다. 아이들이 초기에는 활동이나 활동 재료에 의해서만 동기화된다고 할지라도, 어른의 지도하에 또래들과 가까이 머물며 의미 있고, 보상이 되는 활동에 반복적으로 참여하면 사회적 의사소통 및 상호 작용을 인식하고 연습할 수 있는 이상적인 상황들이 만들어질 수 있다. 이러한 맥락에서 근거 기반 행동전략을 기초로 개별화된 학습 목표들을 적극적으로 설정해야 한다.

이 장에서 설명한 치료 시행의 열세 가지 측면을 모두 습득하는 것은 치료팀 구성원들에게 어려운 일일 수 있다. 특히 다양한 행동을 동시에 염두에 두고, 현재의 체계와 실행 과정에 녹여 내는 것은 쉽지 않다. G-ESDM 실행 충실도 평가 도구를 사용하면 학습 기술들에 대한 초기 지침을 따르게 될 수 있을 뿐 아니라, 절차의 숙달 수준에 대한 결정을 지속적으로 모니터링함으로써 이러한 과정을 용이하게 할 수 있다. 부록에 이러한 전략들이 '충실도에 적합한 수준으로' 실행되었는지 결정할 수 있는 기준을 설명해 두었다. 중요한 것은 치료의 시행이 충실도 기준에 도달하고 그것을 유지하기 위해서는 구성원 훈련을 위한 상당한 투자와 치료 시행에 대한 지속적인 지원 및 모니터링이 이루어져야 한다는 것이다. 이런 어려움에도 불구하고 지역사회 내의 치료사들이 높은 수준의 치료 충실도를 달성할 수 있다는 증거가 있다. 이것은 효과적인 치료 프로그램들을 성공적으로 제공하기 위한 최적의 기반이 된다(Stahmer et al., 2015; Symes, Remington, Brown, & Hastings, 2006).

참고문헌

Akhtar, N., & Tomasello, M. (2000). The social nature of words and word learning. In R. M. Golinkoff & K. Hirsh-Pasek (Eds.), *Becoming a word learner: A debate on lexical acquisition* (pp. 115–135). Oxford University Press.

Baranek, G. T., Little, L. M., Diane Parham, L., Ausderau, K. K.,

& Sabatos-DeVito, M. G. (2014). *Sensory features in autism spectrum disorders* (4th ed.). Handbook of autism and pervasive developmental disorders.

Baron, M. G., Groden, J., Groden, G., & Lipsitt, L. P. (2006). *Stress and coping in autism*. Oxford University Press.

Doehring, P., Reichow, B., Palka, T., Phillips, C., & Hagopian, L. (2014). Behavioral approaches to managing severe problem behaviors in children with autism spectrum and related developmental disorders: a descriptive analysis. *Child and Adolescent Psychiatric Clinics of North America, 23*(1), 25-40.

Miltenberger, R. (1997). *Behavior modification: Principles and procedures*. Brooks/Cole.

Koegel, R. L., Koegel, L. K., & Schreibman, L. (1991). Assessing and training parents in teaching pivotal behaviors. In R. J. Prinz (Ed.), *Advances in behavioral assessment of children and families* (Vol. 5, pp. 65-82). Jessica Kingsley.

Koegel, R. L., Schreibman, L., Good, A. B., Cerniglia, L., Murphy, C., & Koegel, L. K. (1989). *How to teach pivotal behaviors to autistic children*. University of California.

Koegel, L. K., Ashbaugh, K., & Koegel, R. L. (2016). Pivotal response treatment. In *Early intervention for young children with autism spectrum disorder* (pp. 85-112). Springer International Publishing.

Lane, A. E., Molloy, C. A., & Bishop, S. L. (2014). Classification of children with autism spectrum disorder by sensory subtype: A case for sensory-based phenotypes. *Autism Research*, *7*(3), 322-333.

Powers, M. D., Palmieri, M. J., D'Eramo, K. S., & Powers, K. M.

(2011). Evidence-based treatment of behavioral excesses and deficits for individuals with autism spectrum disorders. In *Evidence-based practices and treatments for children with autism* (pp. 55-92). Springer US.

Rapin, I., & Dunn, M. (2003). Update on the language disorders of individuals on the autistic spectrum. *Brain and Development, 25*(3), 166-172.

Ratner, N., & Bruner, J. (1978). Games, social exchange and the acquisition of language. *Journal of Child Language, 5*(03), 391-401.

Rogers, S. J., & Dawson, G. (2010). *Early Start Denver Model for young children with autism: Promoting language, learning, and engagement*. Guilford Press.

Symes, M. D., Remington, B., Brown, T., & Hastings, R. P. (2006). Early intensive behavioral intervention for children with autism: Therapists' perspectives on achieving procedural fidelity. *Research in Developmental Disabilities, 27*(1), 30-42.

Stahmer, A. C., Rieth, S., Lee, E., Reisinger, E. M., Mandell, D. S., & Connell, J. E. (2015). Training teachers to use evidence-based practice for autism: examining procedural implemen-tation procedures. *Psychology in the Schools, 52*(2), 181-195.

Uljarević, M., Lane, A., Kelly, A., & Leekam, S. (2016). Sensory subtypes and anxiety in older children and adolescents with autism spectrum disorder. *Autism Research*.

Wolery, M., Ault, M. J., & Doyle, P. M. (1992). *Teaching students with moderate to severe disabilities: Use of response prompting strategies*. Longman Publishing Group.

제7장

또래 상호 작용 및 사회적 참여를 통해 학습 촉진하기*

이 장에서는 G-ESDM에서의 또래 역할에 대해 논의할 것이다. 전형적 발달을 하는 아동들과의 상호 작용을 통해 제공되는 교육 기회 및 사회적 참여를 돕기 위해 G-ESDM에서 사용하는 원리, 전략, 절차 등에 대해 중점적으로 살펴볼 것이다.

조기 학습에서의 또래 역할

가정 기반이자 개별화된 프로그램과 달리, G-ESDM은 플레이룸에 있는 접근 가능한 또래라는 특별히 강력한 자원을 갖고 있

---

* Giacomo Vivanti, Ed Duncan, Geraldine Dawson and Sally J. Rogers

다. 놀이 활동 및 함께하는 일과 동안의 또래 상호 작용은 사회적 기술, 의사소통 기술 및 인지 기술 등을 연습할 수 있는 이상적인 상황을 제공한다. 일반적으로 교사가 지시하는 활동 형식과 비교하여 또래 상호 작용은 다양한 방식으로 학습을 더 쉽게(때로는 더 즐겁게) 만든다.

먼저, 학습 환경에서 또래의 존재는 의사소통, 다른 아동의 행동 및 의사소통 관찰, 주도, 모방, 공유, 협동 및 문제해결 등과 관련된 기회를 더 많이 제공함으로써 사회적 학습 장면을 더 다양하게 하고, 오래 지속시킬 수 있다. 그리고 또래 상호 작용을 통해 아이들은 그들의 행동이 적절한지 또는 효과적인지에 대한 피드백을 받을 기회가 많아진다. 예를 들어, 자폐 스펙트럼 장애가 있는 아이들이 요구 행동을 할 때, 어른들은 의사소통이 분명하지 않더라도(예: 어떤 아동이 특정한 『토마스와 친구들』 책을 '토마스'라고 요구함) 그에 반응해 준다. 또래들은 의사소통이 분명하지 않을 때 친구가 무엇을 요구하는지 잘 이해하지 못하기 때문에 자폐 스펙트럼 장애가 있는 아이들은 원하는 것을 얻기 위해 더 많은 노력을 해야 할 수 있다.

상호 작용을 할 기회가 많다는 것은 혼자 있을 기회가 적다는 의미이기도 하다. 자폐 스펙트럼 장애가 있는 아동에게 반드시 혼자인 시간이 있어야 하는 것은 아니다(Rogers & Dawson, 2010). 특히 교사와 학생 비율이 1:1이 아닐 때에는, 또래가 있음으로써 적극적으로 참여하는 시간이 늘어나고, 혼자 있는 시간이 줄어들 수 있다.

그리고 또래와 함께하는 자연스러운 공동 활동을 통해 학습한 기술 및 행동들은 개입 상황 이외에 또래들이 있는 지역사회 환경(놀이터, 수영장, 친구의 생일 파티 등)으로 일반화될 수 있다.

최근 연구 결과는 자폐 스펙트럼 장애가 있는 아이들이 또래로부터 다양한 기술을 성공적으로 배울 수 있다는 것을 보여 주고 있다(Bene, Banda, & Brown, 2014). 이러한 과정을 원활하게 하는 시작점은 통합 환경을 준비하는 것이다.

통합 환경에서 사회적 참여 구상하기

또래 상호 작용 및 학습을 지원하기 위한 이상적인 환경은 전형적인 발달을 하는 아이들을 포함시킨 환경이다. G-ESDM 접근 방식은 여러 가지 이유로 완전 통합 프로그램에서 실행하기에 자연스럽게 맞아떨어진다. 먼저, G-ESDM 방식은 국제 교육 지침과 일치하는데, 장애가 있는 아이들은 최소한으로 제한된 환경에서 필요에 맞는 서비스를 받아야 하고, 전형적인 발달을 하는 또래들과 상호 작용할 수 있는 일관된 기회를 얻어야 한다(National Research Council, 2001; United Nations, 2006). 이러한 개념은 매우 중요한 윤리적 가치를 지닌다. 또래와 접촉이 부족한 경우 사회적 고립 및 배제, 부정적인 사회적 인식 등이 야기될 수 있기 때문이다(Marini & Stebnicki, 2012). 또한 통합 환경에 있는 자폐 스펙트럼 장애가 없는 또래들은 어릴 때부터 사람들 간의 차이에 대해 배울 수 있고, 다양성을 더 잘 받아들일 수 있게 된다.

사회적 통합은 강력한 교육적 가치 또한 지니는데, 사회적 통합 프로그램이 잘 구성되었을 때, 전형적인 발달을 하는 또래들은 학습을 용이하게 하는 데 매우 중요한 자원이 될 수 있다. G-ESDM이 실행되고 자폐 스펙트럼 장애가 있는 아이들과 또래들이 상호 작용하도록 돕는 학습 환경 내에 전형적인 발달을 하는 아이들이 있을 때, 앞에서 나열된 이점들(학습 기회 증가, 사회적 참여 증가, 혼자 있는 시간 및 일반화에 소요되는 시간 감소)은 강화될 수 있다.

연구 결과, 통합 환경은 전형적 발달을 하는 아이들뿐 아니라 특수 교육이 필요한 아이들의 교육적 요구를 다루는 데도 효과적이라는 확실한 근거가 제시되었다(Bene et al., 2014; Odom & Schwartz, 2001; Rogers, 2000). 그러나 동일한 물리적 공간의 공유가 실제 적극적인 사회적 참여 및 학습으로 전환되기 위해서는 여러 단계를 거쳐야 한다. 자폐가 있는 아동을 위한 성공적인 통합 프로그램의 중요한 요소들은 ① 다양성을 중시하고 인정하는 철학적 강조, ② 지속적인 성인 협력에 대한 지원, ③ 목적 및 목표의 개별화, ④ 협력적인 학습을 포함하는 교육 전략(Stainback & Stainback, 1990; Winton, 2016)이다. 이러한 틀을 토대로 G-ESDM은 각각의 사항을 다루는 절차를 포함한다.

올바른 분위기 조성: 통합을 위한 철학적 준수 및 실질적인 지원

통합 프로그램에 맞는 올바른 분위기를 조성하기 위해서는 앞서 제시한 처음 두 가지 사항을 다루어야 한다. 다음에서 논의하는 바와 같이, 프로그램에 참여하는 모든 성인(양육자 포함!)은 자폐증이 있는 아이들의 통합이 지니는 가치에 대해 공감해야 하고, 적절한 자원들이 통합 프로그램을 지원하기 위해 배치되어야 한다.

모두가 공감하고 있는가

전형적으로 발달하는 아이들은 어른, 특히 교사나 교육자의 태도 및 행동을 따라하는 경향이 있다. 따라서 통합 프로그램을 성공적으로 실행하기 위해서는 그것에 긍정적인 교육자들이 있어야 한다. 이를 위한 첫 번째 단계는 비공식적 또는 공식적인 설문지를 통해 사회적 통합에 대한 그들의 견해, 신념 및 태도 등을 평가하는 것이다. 만약 부정적인 태도가 있다면 이를 즉시 다루어야 한다. 어떤 경우, 이러한 부정적인 견해는 자폐 스펙트럼 장애가 있는 아이들을 가르치기 위한 교육 전략은 전형적인 발달을 하는 아이들에게 사용되는 것과 달라야 한다는 믿음에서 비롯된다. 이러한 추론을 뒷받침하는 일반적인 예는 시각장애가 있는 아이들이 또래와 함께 색칠을 하거나 책을 읽는 것과 같은 '전형적인' 학습 경험으로는 실질적인 이득을 얻지 못한다는 것이다. 이와 유사하게 자폐 스펙트럼 장애가 있는 아이들은 사회적 의사소통 및 사회적 상호 작용 측면에 있어서 '맹인'으로 간주될 수 있고, 전형적인 학습 환경이 이들에게 유익하지 않을 수 있다는 주장으로 이어진다.

그러나 자폐 스펙트럼 장애가 있는 아이들이 적절한 사회적 의사소통 기술을 배울 수 있다는 점을 근거로, G-ESDM 원칙은 이러한 견해에 동의하지 않는다. 그러나 그렇게 하기 위해서는 전형적인 발달을 하는 아이들과 같이 '능숙한' 놀이 파트너와 함께 하는 개입을 통해 사회 기술 및 의사소통 기술을 연습해야 한다. 요약하자면, 사회 기술 및 의사소통 기술을 가르치기 위해서는 자폐 스펙트럼 장애의 일반적인 특성들을 다루기 위해 특별히 개발된 전략들이 필요하고, 이러한 기술을 실행, 개선, 일반화하기 위해서는 자연스러운 사회적 맥락(전형적인 발달을 하는 아이들 및 전형적 활동들이 있는)이 필요하다.

전문가들이 사회적 통합을 우려하는 또 다른 이유는 통합 환경에서 자폐 스펙트럼 장애가 있는 아이들이 또래로부터 거부당할 수 있다는 믿음이다. 그러나 G-ESDM의 관점에서는 분리된 환경이 차별의 위험을 줄이기보다 더 증가시키는 것으로 본다. 전형적인 발달을 하는 아이들과 의사소통하거나 모방하거나 배울 기회를 상실함으로써 자폐가 있는 아이들은 특이하고 비정형적인 행동을 더 하게 될 가능성이 높아진다. 이로 인해 또래에게 거부당할 위험은 증가할 것이다. 또한 G-ESDM은 자폐 스펙트럼 장애가 있는 아이들을 현실의 어려움에서 보호받아야만 하는 장애아동이라기보다 지역사회에 적극적으로 참여하는 대상으로 간주

한다. 그리고 지역사회로의 사회적 참여는 최대한 이른 시기부터 이루어져야 한다. 자폐 스펙트럼 장애가 있는 아이들과 상호 작용하고 우정을 만들어 나갈 기회를 제공해 준다면, 이른 시기에 통합을 경험함으로써 전형적인 발달을 하는 아이들이 신경 다양성을 더 잘 수용하고 인정하게 되어 삶의 가치가 높아질 것이라고 믿는다.

중요한 것은, 서로 다른 영역의 전문가들(예: '통합' 교사들과 '특수 교육' 교사들) 간의 '충돌' 위험을 피하기 위해 예방적인 전략들을 수립해야 하는 것이다. 구성원들 간의 긴장을 유발하는 요인에는 자폐 스펙트럼 장애가 있는 아이들 및 전형적인 발달을 하는 아이들의 학습 요구에 맞춰 학교의 정규 일과를 수정하는 데 필요한 실질적인 문제들뿐 아니라 원활한 통합에 필요한 추가적인 훈련 및 자원에 대한 요구들도 포함될 것이다. 다학제적 팀워크를 강조하고, 개별적인 차이에 중점을 두는 G-ESDM은 통합 환경에 참여하는 모든 전문가의 우선순위 및 전문성을 인식하고 통합하기 위한 '공통 용어' 또는 틀을 제공할 수 있다. 이러한 맥락에서, 모든 성인(그리고 아동!)이 사회적으로 통합된 환경에서 성공을 경험하기 위해서는 팀의 노력이 검증되고, 우선순위 선정과 관련된 이슈를 다루고 논의할 기회가 자주 있으며, 지속적인 기술적 지원이 제공되는 것이 매우 중요하다(자세한 내용은 제9장 참조). 어른들이 팀의 지식과 지원으로 힘을 받고, 통합 환경에서 성공을 경험할 기회를 얻었을 때, 사회적 통합에 대해 긍정적인 태도를 취하게 될 가능성이 높아진다.

양육자 참여시키기

올바른 분위기를 조성하는 데 중요한 또 다른 요소는 양육자와 의사소통하는 것이다. 자폐 스펙트럼 장애가 있는 아이들의 양육자들은 종종 통합 환경에 대한 우려를 표한다(Lindsay, Ricketts, Peacey, Dockrell, & Charman, 2016; Whitaker, 2007). 자녀가 자폐 스펙트럼 장애에 적합한 개입을 받지 못하게 될 가능성, 또는 인지, 인어 및 사회적 기술이 더 앞서 있는 전형적인 발달을 하는 아이들에 맞춰 구성된 일상 활동에서 자녀가 뒤처질 가능성 등에 관한 것이다. 또한 자폐 스펙트럼 장애가 있는 아이들이 통합 환경에 있는 또래들로부터 거부당하고, 사회적 어려움이 더 악화될 가능성에 대한 우려가 제기되기도 한다. G-ESDM 구성원은 양육자들이 우려하는 바를 표현하도록 해야 한다. 그래야 그러한 이슈들을 공개적으로 논의하고 다룰 수 있다. 특히 아동의 개별적인 요구에 맞는 학습 목표를 설정하기 위해서 또래의 존재가 장애가 되는 것이 아니라 자원이 된다는 사실을 분명히 해야 한다. 또한 양육자에게 통합 프로그램에 대한 연구 증거와 관련된 정보를 제공하는 것도 중요하다. 그러한 정보들은, 이 장에서 설명하고 있듯이, 또래 중재 전략이 자폐 스펙트럼 장애가 있는 아이들의 학습 및 사회화를 촉진한다는 점을 말해 준다(Odom & Schwartz, 2001). 우리가 진행한 연구(Vivanti, Hudry, Duncan, Dissanayake, & the ASELCC Team, 발표 예정) 또한 자폐 스펙트럼 장애가 있는 아이들이 통합 환경의 G-ESDM 서비스를 받는 것이 여러 영역에서 이득이 된다는 것을 밝혔다. 경험에 따르면, 통합 환경에 대해 공개적으로 우려를 표하고, 가능한 근거들에 대해 알게 된 양육자들은 여러 선택사항의 장단점을 평가할 수 있게 된다.

전형적인 발달을 하는 아이들의 양육자들도 통합 환경에 대해 걱정할 수 있다. 교사진이 자폐 스펙트럼 장애가 있는 아이들에게만 지나치게 관심을 두고, 다른 아이들에게는 신경 쓰지 않을 가능성뿐 아니라 자녀의 안전에 대해서도 우려할 수 있다(예: 자폐 스펙트럼 장애가 있는 아이에게 맞거나 물릴 위험). 다시 말하지만, 양육자들이 자신의 걱정에 대해 목소리를 내서 그 문제가 다뤄질 수 있도록 해야 한다. G-ESDM 스탭은 통합 환경이 전형적인 발달을 하는 아이들의 학습 및 사회화 경험에 해가 되지 않고, 자폐 스펙트럼 장애가 있는 아이들의 부적절한 행동을 다룰 수 있는 성공적인 전략이 있고, 그러한 전략들이 사용될 것이라는 점, 그리고 통합 환경을 통해 장애가 없는 아동들이 어릴 때부터 사람들의 다름에 대해 배우고, 다양성을 더 잘 수용하게 될 기회를 얻을 수 있다는 점에 대한 과학적인 근거를 강조해야 한다.

통합을 위한 자원이 있는가

또 다른 경우, 사회적 통합에 대한 회의적인 태도는 특수 교육이 필요한 아이들을 통합시키는 가치 자체를 부정하는 것이기보다 모든 아이의 필요를 충족시킬 수 있는 충분한 지원, 자원 및 훈련 등이 부족한 점에 대한 걱정이 반영된 것이다. 이러한 우려를 다룰 수 있는 가장 좋은 방법은 '사회적 통합 환경을 만드는 것에 대해 긍정적으로 느끼기 위해서 필요한 지식과 자원이 무엇인지'

질문하는 것이다. 이 질문에 대한 답은 각 성인 구성원의 배경 및 역할, 그리고 프로그램이 시행되는 세팅에 달려 있을 것이다. 그러나 프로그램에 포함된 각 전문가들은 다음과 같은 기본적인 정보(그리고 전문성 향상의 기회)를 제공받아야 한다. ① 자폐 스펙트럼 장애가 있는 아이들이 전형적인 발달을 하는 아이들과 상호 작용하는 것이 왜 이득일 수 있는가? ② 전형적인 발달을 하는 아이들은 자폐 스펙트럼 장애가 있는 아이들과 상호 작용하는 것이 왜 이득일 수 있는가? ③ 팀의 지원을 받는 각 성인 구성원들은 어떻게 이러한 과정을 원활하게 할 것인가? ESDM 전략들에 대해 훈련을 받고 프로그램에 참여하게 되는 모든 성인에게 제공되는 훈련 '패키지' 안에 통합 환경에서의 또래 상호 작용을 촉진하는 방법에 대한 구체적인 지침이 포함되어야 한다.

우리의 연구 경험상, 양육자가 프로그램의 목적 및 근거 기반에 대해 알게 되고, G-ESDM이 실행되는 것을 관찰할 수 있게 되면 통합 환경에 대한 우려들은 사라진다. 팀의 모든 스탭이 (자폐증이 있는 또는 없는) 아이들을 다루는 데 고도로 훈련되었기 때문에 프로그램에 참여한 부모들은 모든 아이를 위한 통합적인 G-ESDM 환경에서 관찰된 높은 교육의 질에 대해 언급했다. 그러나 통합 환경에 대한 우리의 경험은 다음을 고려하여 구성된다는 점을 기억해야 한다(그리고 이를 염두에 두고 조언을 받아들여야 한다).

- 우리가 시행한 G-ESDM은 스탭과 아동의 비율이 1:4였다. 이보다 낮은 비율은 추천하지 않는다.

- G-ESDM 팀은 그룹 환경에서 발생할 수 있는 도전행동들, 특히 아이들과 스탭들이 위험해질 수 있는 (그리고 학습을 방해하는) 행동들을 사전에 관리할 수 있는 행동 전문가와 즉시 접촉할 수 있어야 한다.

통합 환경에서의 개별화된 목표

ESDM 원칙에 따라, 사회적 참여를 촉진하는 데 사용되는 전략들은 자연스럽게 발생하는 기회 안에서 '함께하고자 하는' 자발적인 동기를 강조하는 자연주의적 틀을 기반으로 한다. 그러나 이러한 동기가 단순히 같은 물리적 공간에 함께 있는 것만으로는 생겨나지 않는다. 그룹 내에서 또래와의 사회적 참여가 이루어지기 위해서는 자폐 스펙트럼 장애가 있는 아동 및 없는 아동 모두에게 의미 있고 보상이 될 요소가 포함된 활동을 성인이 계획하고, 전형적인 발달을 하는 아이들에게 지침을 제공해야 한다.

이것은 어떻게 달성할 수 있을까? 시작점은 각 아이들의 학습 요구, 학습 목표, 선호하는 활동 및 재료에 대해 파악하는 것이다. 다른 환경과 마찬가지로 통합 환경에서 개별적인 요구에 맞춰지지 않은 교육 활동은 아동(자폐 유무에 관계없이)을 좌절시키거나 혼란하게 할 수 있고, 이는 다시 사회적 참여와 통합을 방해할 수 있다. 아동이 이해하지 못하거나(예: 활동이 무의미할 때) 재밌지 않은(예: 보상이 없는 활동을 할 때; Ferraioli & Harris, 2011) 과제에 직면했을 때 회피와 도피뿐 아니라 분노폭발 또는 공격행동을 하게 될 수도 있다.

또한 개별 아동의 사회적 참여를 방해할 수 있는 특정 문제들에 대한 정보를 얻는 것도 중요하다. 각각의 아동은 서로 다른 '장애물'로 인해 전형적인 발달을 하는 또래들과 상호 작용하고 그들로부터 학습하는 능력이나 성향이 손상될 수 있다. 이러한 장애물은 학습 목표로 전환되어야 한다. 예를 들어, 자폐 스펙트럼 장애가 있는 어떤 아동은 사회적 접촉 개시하기, 사회적 제안에 반응하기, 적절한 시간 동안 사회적 상호 작용을 유지하기 등과 같은 기술이 부족할 수 있다. 이 경우, 이러한 기술을 명시적으로 정의하고 목표를 설정하여 가르쳐야 하고, 또래와 함께 연습하도록 해야 한다. 또 다른 아동은 또래들과 의사소통을 시작하지만, 또래가 적절하고 신속하게 또는 본인이 원하는 방식으로 반응하지 않을 때 좌절할 수 있으며, 이러한 상황에 대해 잘못된 의사소통을 수정하는 대신 분노폭발을 보이거나 쉽게 포기하는 등의 반응을 보일 수도 있다. 이런 경우, 성인이 상호 작용 대상인 또래를 지원하고, 자폐 스펙트럼 장애가 있는 아이에게 다시 소통을 이어 갈 수 있는 전략들을 가르침으로써 중단된 소통을 복구할 수 있는 능력을 가르쳐야 한다. 이렇게 하면, 아이가 좌절을 경험할 위험성이 줄어들고, 이후 성공적으로 자발적인 상호 작용을 개시할 기회가 증가할 것이다. 자폐 스펙트럼 장애가 있는 많은 아동은 주로 성인에게는 상호 작용을 시작하지만 또래들에게는 그렇지 않는 경향이 있고(Thiemann-Bourque, 2013), 개시한다고 하더라도 그

방식이 특이하여 전형적인 또래들이 반응하기 어렵게 만든다. 아이들은 너무 멀리 떨어져 있거나, 시선을 마주치지 않거나, 너무 조용히 말하거나, 먼저 어떻게 다른 사람의 주의를 끌어야 하는지 모를 수도 있다. 긍정적인 또래 상호 작용을 방해하여 학습 목표로 포함시켜야 하는 또 다른 행동들에는 지나치게 지시적인 것, 다른 아동의 주도를 따르지 못하는 것, 놀이 활동 중 변화에 적응하는 데 어려움을 보이는 것(예: 잡기 놀이 중 역할 전환), 그리고 사회적 교류 중 무언가 계획대로 되지 않았을 때 평정심을 잃고, 좌절감을 처리하는 데 어려움을 겪는 것 등이 포함된다.

성공적인 사회적 참여를 방해하는 이러한 문제들을 확인하고, 학습 목표로 포함해야 하며, 가능한 한 빨리 이러한 것들을 다루어야 한다. 또한 성인과 아동은 1:1 상호 작용을 통해 아동의 특정한 어려움으로 인해 또래들과의 관계에서 일어날 수 있는 갈등을 시뮬레이션해 보고, 상황을 관리하는 방법을 연습할 수 있다. 이것은 아이들의 주도를 따르기보다 통제권을 공유하는 방식으로 작업할 때 얻을 수 있는 장점 중 하나이다. 통제권을 공유하는 법을 배운 아이들은 따르고 이끄는 법을 아직 배우지 못한 아이들보다 더 나은 또래 상호 작용에 대한 기초 기술을 습득할 수 있다.

따라서 그룹의 각 아동이 무엇을 할 수 있고, 무엇을 좋아하고, 무엇을 배워야 하는지를 알고, 그것을 기초로 자폐 스펙트럼 장애가 있는 아이들 및 전형적인 발달을 하는 아이들을 같은 공간에 있도록 하는 놀이 및 학습 활동을 설계한다면, 각 아동의 개별화된 목표들을 그룹 루틴 및 활동들의 전반적인 목적 및 기대 안에서 다룰 수 있을 것이다. 이러한 맥락 안에서 전형적으로 발달하는 아동들은 다음 부분에 자세히 설명된 절차에 따라 자폐 스펙트럼 장애가 있는 또래들에게 피드백과 연습 기회를 제공하게 된다.

또래를 참여시키는 교육 전략

긍정적인 분위기가 조성되고 각 아동의 개별화 계획이 결정되면 또래와의 협력 학습을 포함하는 교육 전략들을 수립해야 한다. 또래 상호 작용에 초점을 맞춘 특정한 교육 활동을 만들기보다는 계획된 활동들, 자유놀이 시간 및 식사 시간 등을 포함한 모든 일과에 걸쳐 또래와의 협력 학습이 가능하도록 해야 한다. 이러한 각 맥락 안에서의 목표는 아이들이 자연스럽게 함께하는 상황을 만드는 것이다. 물/모래 놀이, 만들기 및 블록 놀이 영역, 그림 · 미술 영역, 그리고 그룹 동작 놀이(예: 둥글게 둥글게, 호키 포키, 파라슈트 게임 등), 소품을 이용한 놀이 · 노래 활동 등은 아이들이 자발적으로 같은 공간에 모이도록 이끄는 활동 중 몇 가지 예시이다. 각각의 주제에 따라 공간들을 다르게 구성할 수 있고, 그렇게 했을 때 관심사가 같은 아이들이 동일한 공간에 모일 수 있게 된다. 제4장에서 설명한 G-ESDM 원칙에 따라, 각 영역에는 협력 놀이를 유도하는 장난감 및 재료가 있어야 하고, (평행놀이 및 모방놀이를 촉진하고, 서로 가지려고 싸우는 상황을 예방하기 위하여) 같은 재료가 두 벌씩 있어야 한다. 그리고 노는 동안 서로 마주 볼 수 있도록 의자와 책상(또는 스탠딩 책상)을 배치한다. 또한 놀이 재료는 학급이나 그룹, 플레이룸의 각 아동에게 적합하고 적절한 것이어야 활동 주제에 관심 있는 모든 아동이 그들의 기능 수준에 관계없이 참여할 수 있다. 제시된 주제 중 어떤 것에도 관심을 보이지 않는 아동을 위해서는 활동에 대한 아동의 개별적인 관심과 관련하여 동기가 될 만한 아이템/재료 등을 소개하는 노력을 해야 한다. 예를 들어, 어떤 아동이 만들기에는 관심이 없지만 글자를 좋아한다면, 글자나 숫자가 쓰여 있는 블록을 이용한 만들기 활동에는 참여할 수도 있다. 놀이 활동이 더 의미 있고 보상이 될수록 아이들은 활동에 더 많이 참여하게 되고, 사회 기술을 연습할 기회가 극대화된다.

중요한 것은, 활동에 참여하고 재료를 이용하려는 자발적인 동기가 같은 활동에 참여하는 다른 또래들에 대한 자발적인 관심을 갖게 하는 시작점이라는 것이다. 성인의 역할은 공유 활동이 이루어지도록 상황을 설정하는 것이고, 그 안에서 성인이 아닌 전형적인 발달을 하는 아이들이 자폐 스펙트럼 장애가 있는 또래를 촉구하고, 보상해 주며 학습 기회를 제공하게 될 것이다. 여러 아이가 자발적으로 같은 공간이나 같은 테이블 주위에 모이면 성인은 놀이 상대로 참여하여 모델링, 촉구 등을 제공하고, 놀이의 흐름을 원활하게 해 준다. 그리고 물건 주고받기, 보여 주기, 모방하기, 정서 공유하기, 요청하기, 언급하기 및 활동 전반에 걸쳐 서로 무엇을 하는지 단순히 보거나 주목하기 등과 같은 목표 행동을 할 수 있도록 돕는다. 성인은 간단한 언어와 행동을 사용하여 자연스럽게 나타나는 놀이 패턴을 모니터링하고, ① 공동 놀이 활동에 대해 이야기하며 아이들이 서로에게 관심을 갖도록 유도한다(예: "준비, 시작!"이라고 말하여 각 아동의 차례 강조하기). ② "윌리엄(William) 차례야." "네 차례" "내 차례야."와 같은 말로 또래 상호 작용의 흐름을 '조절'하고, ③ 또래가 상호 작용을 시작하고 유지하도록 촉구하며, ④ 적절한 상호 작용 시도에 대해 빠르고 적합한 반응이 일어났는지 확인한다.

우리는 아이들이 단지 이미 숙달한 기술을 연습하기보다는 새로운 행동 및 새로운 기술을 배우기를 원하기 때문에, 자폐 스펙트럼 장애가 있는 아이들의 삶을 '너무 쉽게' 만들도록 상호 작용을 인위적으로 '조작'하지 않는 것이 중요하다. 이 목표를 달성하기 위해 성인은 전형적인 발달을 하는 아이들이 자폐 스펙트럼 장애가 있는 또래들의 학습을 촉진하는 방법으로 상호 작용할 수 있도록 적극적인 지침을 제공해야 한다. 여기에는 새로운 기술 습득과 부적응 행동의 감소가 모두 포함된다. 전형적인 발달을 하는 아이들은 자폐 스펙트럼 장애가 있는 아이들의 비정형적인 행동(예: 분노폭발)에 대해 자연스럽게 호기심을 갖고, 깊은 인상을 받을 수 있다. 그러므로 이 아이들이 자폐 스펙트럼 장애가 있는 아이들의 부적절한 행동에 관심을 두지 않도록 하고, 긍정적인 행동에 주목하고, 반응하도록 격려할 준비가 되어 있어야 한다.

또한 전형적인 발달을 하는 아이들은 자폐 스펙트럼 장애가 있는 또래들이 종종 상호 작용에 반응하지 않고, 함께 놀기를 '포기'할 수도 있다는 것을 알게 될 것이다. 이러한 상황을 예방하기 위해서는 반응을 끌어내기 쉬운 다양한 사회적 상호 작용을 시작하도록 전형적인 발달을 하는 아이들을 적극적으로 촉구해야 한다. 그리고 ① 놀이 활동 제안하기, 놀이 재료 공유하기 및 공유 요청하기, 도움 제공하기 및 도움 청하기 등과 같은 '놀이 주최자'로서의 행동을 시작하도록 가르쳐야 하고, ② 그들의 사회적 개시를 지속하도록 해야 한다(McConnell, 2002; Odom & Strain, 1984; Strain & Odom, 1986; Tsao & Odom, 2006). 그리고 전형적 발달을 하는 또래가 자폐 스펙트럼 장애가 있는 아이들의 동작과 말을 따라하고 확장하도록 성인이 촉진해 주면, 같은 테이블이나 영역 주위에 있는 아이들은 다른 아이들이 장난감을 가지고 하는(또는 노래 부르기나 제스처 게임 등의 활동이라면 장난감 없이 하는) 재미있는 동작과 말을 따라하기 시작한다. 이것이 다음 예시에서 설명하는 것과 같이 더 복잡한 행동과 언어, 경험에 대한 감정의 공유 등을 구축해 나가는 기반이 된다.

소그룹 활동 내에서의 또래 상호 작용 예시

맥락: 모래상자 놀이–모래성 만들기 위한 여러 개의 양동이 및 삽

전략:

- 맥스(Max; 자폐 스펙트럼 장애가 있는 아동)가 놀이 주제를 만들기 시작하면, 성인은 다른 아동의 관심을 맥스가 하고 있는 일에 집중시키고, 그 놀이에 참여하도록 지원할 수 있다

(예: 모래성을 장식하기 위한 막대기 꽂기).

- 재료들을 전략적으로 활용하여 아이들이 사회적으로 상호 작용할 기회를 만들어 준다. 예를 들어, 잭(Jack)과 제이콥(Jacob; 전형적으로 발달하는 아동)이 삽과 양동이를 들고 있도록 하면 재료를 요청하고 건네주는 상황을 만들 수 있다.
- 맥스가 또래의 언어적 요청에 반응하도록 촉진하고 지원한다. 예를 들어, "내 차례야." "네 차례야." "이거 봐!"와 같이 맥스의 언어 확장하기(예: "막대기는 내 차례야.")
- 어떤 아동이 놀이 주제에 대해 아이디어를 내거나 놀이 주제를 확장시킬 때, 성인은 전형적 발달을 하는 또래들이 그것을 알아차리고 참여하도록 촉진하고, 적절한 때에 더욱 정교화할 수 있도록 함으로써 아동의 주도를 강화하도록 도와줄 수 있다. 예를 들어, 에단(Ethan)이 모래성에 꽂혀 있는 막대기를 향해 바람을 불었을 때, 성인은 "생일 축하해!"라고 말하고 박수를 쳐 줄 수 있고, 또래들도 함께 박수치도록 촉진할 수 있다. 그리고 새로운 놀이 아이디어를 제시하고("더 큰 케이크를 만들자."), 놀이 재료를 공유하며(큰 케이크를 만들 더 많은 모래), 공유를 요청하도록(큰 케이크를 만들기 위해 모래를 함께 사용함) 촉구할 수 있다. 그리고 도움을 주도록 할 수도 있다(케이크에서 떨어진 막대기 '초' 주워 주기).

가능한 목표:

- 이러한 맥락 안에서 제스처, 사물을 이용한 동작 또는 효과음 따라하기 등을 포함한 모방(단순한 모방부터 복잡한 모방까지)을 목표로 할 수 있다.
- 각 아동에게 한 단계 지시를 할 수 있다(예: '넣어' '앉아' '이리와' '줘').
- 모래성 케이크에 같은 수만큼의 막대기 초를 꽂도록 하여 양 매칭하기를 목표로 할 수 있다.

- 막대기 초를 이용할 때 집게 집기와 같은 소근육 기술 목표를 다룰 수 있다.

그 밖에 다른 일과들 중에서도 소그룹 활동과 또래 상호 작용이 일어나도록 촉구하고 가능하게 할 수 있다. 예를 들어, 이야기 시간, 음악 활동, 식사 시간 또는 야외 활동과 같은 대그룹 루틴은 교사가 공동 참여를 목표로 삼고 자연스럽게 발생하는 상호 작용을 촉진할 수 있도록 하는 아주 좋은 상황이다.

예를 들어, 식사 시간 동안 성인은 아이들이 다음과 같이 하도록 촉진하고 격려할 수 있다.

- 상 차리기, 또래에게 그릇과 컵 건네기, 서로에게 음식 담아 주기, 음료수 나눠 주기, 서로 도와 흘린 것 치우기
- 먹고 있는 음식 서로 보여 주기 및 음식, 색깔, 질감, 비교, 좋아하는 것과 싫어하는 것 등에 대한 일반적인 대화 지원하기
- 물병으로 물 따르기와 같은 차례 기다리기 연습
- 손 씻는 동안 서로 돕기(예: 수도꼭지 틀어 주기)

또래 상호 작용을 통한 교육의 주요 과제는 활동에 참여하는 모든 아동의 적극적인 참여와 학습을 보장하는 것이다. 이를 가능하게 하기 위해서는 활동을 주도하는 성인은 모든 아동이 자신의 개별적인 수준에 맞게 참여할 수 있는 기회를 만들기 위한 각 아

동의 특정 목표들에 대해 잘 알고 있어야 한다. 미술 및 만들기 활동을 포함한 다음의 예시에 이 과정을 원활하게 할 수 있는 몇 가지 전략이 기술되어 있다.

- 다양한 방식의 참여를 이끌 수 있는 개방형 활동인지 확인한다. 예를 들어, 2단계 활동이 아직 미숙하거나, 풀의 촉감을 싫어하는 아동인 경우, 붙이기 활동 중이라도 크레파스로 그릴 수 있게 하여 만들기 활동에 계속 참여할 수 있게 한다.
- 다양한 능력에 맞는 재료를 제공한다. 예를 들어, 각기 다른 소근육 기술에 맞춰 두꺼운 붓과 얇은 붓을 모두 제공한다.
- 아이들의 개별적인 관심사를 활동에 통합시킬 방법을 찾아 참여를 촉진한다. 예를 들어, 교통수단에 관심이 있는 아이를 위해서는 종이에 그림을 그려 운전할 수 있는 장난감 자동차를 줄 수 있다.
- 아이들과 성인의 위치를 전략적으로 정한다. 예를 들어, 성인의 도움이 많이 필요한 자폐 스펙트럼 장애가 있는 아이들은 성인 및 적절한 행동의 롤모델이 되어 줄 전형적인 발달을 하는 또래의 옆자리나 맞은편 자리에 앉힐 수 있다.
- 각 아동이 재료를 성공적으로 조작하고 유사한 목표를 달성할 수 있도록 활동을 준비한다. 예를 들어, 아직 가위를 사용할 준비가 되지 않은 아동을 위해서는 찢을 수 있는 큰 종이를 제공하고, 가위로 선을 따라 자르거나 오릴 수 있기 시작한 아이들을 위해서는 작은 종이를 제공할 수 있다.

아동이 흥미를 잃거나 부적절한 행동을 하기 시작한다면, 이것은 일반적으로 적절한 수준에서 적극적으로 참여할 수 있도록 충분한 기회나 지원을 받지 못하고 있다는 것을 의미한다. 이런 일이 발생하면 성인은 어떤 지원이 필요한지, 활동을 보다 의미 있고 보상이 되게 만들기 위해 어떤 변화가 필요한지 생각해야 한다.

또한 전형적인 발달 아동들이 빈번한 학습 기회를 제공하고 자폐증이 있는 또래들을 참여시키려는 노력을 지속하도록 하려면 성인이 적극적인 지도를 제공해야 한다. 지도의 수준은 또래의 나이와 특성에 따라 달라지며, 적절한 반응과 개시를 촉구하고 강화하는 것에서부터 다른 전형적인 발달을 하는 또래나 성인과 함께하는 연습 및 역할 모델링을 통해 '해야 할 일'을 명확히 가르쳐 주는 것에 이르기까지 다양할 수 있다(전형적인 발달을 하는 아이들이 자폐 스펙트럼 장애가 있는 또래들과 상호 작용하도록 동기를 부여하고 가르칠 수 있는 좋은 아이디어와 자료 등에 대해서는 Strain & Odom, 1986; Odom et al., 1997 참조).

또래 상호 작용이 '원활하게 진행'되고, 목표로 정한 모든 사회적 행동이 놀이 주제의 일부로 자연스럽게 발생하면 성인의 역할은 '보이지 않는 지원'(제5장 참조)과 유사해진다. 성인은 활동 내에서 상호 작용 및 학습의 정도를 모니터링하고, 아이들이 활동에 집중하도록 하며, 필요에 따라 의사소통이 단절되었을 때 이를 바로잡는 것에 초점을 둔다. 이러한 상황에서 성인이 곧바로 뛰어들어 행동에 대해 즉각 촉구를 주지 않는 것이 중요하다. 대신 성인이 아이들의 행동을 지도하기 전에 아이들 스스로의 관심과 동기에 따라 놀이 상호 작용을 만들어 가고 맞춰 갈 수 있는 기회를 주어야 한다. 예를 들어, 자폐 스펙트럼 장애가 있는 어떤 아동이 찰흙을 쿡쿡 찌르기 시작하고, 전형적으로 발달하는 아동이 자발적으로 그와 같은 행동을 반복한 다음, 찰흙을 굴리는 행동으로 정교화할 수 있다. 이 경우, 성인이 무엇을 하라고 지시하거나(예: "똑같이 해 봐.") 자폐 스펙트럼 장애가 있는 아동에게 신체적 촉구를 제공하는 것보다는 또래가 하고 있는 행동에 아동이 주의를 기울일 수 있도록 하고[예: "봐! 오웬(Owen)이 찰흙을 굴리고 있네!"], 그 아동이 같은 동작을 할 수 있는 찰흙이 있는지 확인하면서 간단하고 재밌는 말로 진행되는 활동에 대해 이야기해야 한다. 놀이 주제가 설정되었는데 자발적인 학습 에피소드가 나타나지 않는다면 성인은 또래 상호 작용을 이끌기 위해 좀 더 적극적인 역할을 하게 된다.

결론

통합 환경은 또래 간 긍정적인 사회적 상호 작용을 관찰하고 연습할 기회를 제공한다. 또래 상호 작용에 성공적으로 참여하게 되면 결과적으로 학습과 또래관계가 원활하게 이루어진다. 그럼에도 불구하고, 자폐가 있는 미취학 아이들의 통합은 그러한 환경에 아이들을 배치하는 것만으로는 이루어지지 않는다. 또래 상호 작용과 학습을 지원하는 통합 환경을 조성하기 위해서는 여러 가지 과제를 해결해야 한다.

첫째, 통합이 성공적으로 이루어지기 위해서는 교실에서 자폐가 있는 아이들과 함께하는 모든 성인이 기꺼이 도전을 받아들이고, 공통된 문화를 공유하며, 통합의 교육적·윤리적 가치를 인식해야 한다. 둘째, 통합 환경에는 각 아동의 개별 목표와 관련된 활동이 포함되어야 한다. 자폐가 있는 아동 및 비장애 아동의 양육자들과 팀 구성원들의 우려 사항은 프로그램을 지원하는 목표 및 근거뿐 아니라 교실 내 모든 아이의 성공적인 학습을 보장하기 위해 제공될 자원들에 초점을 두어 다루어야 한다.

사회적으로 통합된 환경에서 학습을 지원하기 위해 G-ESDM 스탭들은 자폐 스펙트럼 장애가 있는 아동 및 비장애 아동 모두에게 의미 있고 보상이 될 수 있는 활동을 고안해야 하고, 참여하는 모든 아이의 적극적인 참여와 학습을 원활하게 하는 데 필요한 수준의 지원을 제공해야 한다. 아이들이 근접한 거리에서 놀고, 서로의 행동에 관심을 가질 때 학습 목표를 다룰 수 있는 기회가 많이 생긴다. 이러한 맥락에서, 성인이 적극적으로 지도하고 또래들이 지속적으로 노력하도록 함으로써 전형적 발달을 하는 아이들은 자폐 스펙트럼 장애가 있는 또래를 위해 적절한 행동에 대한 모델링, 강화 및 촉구를 제공하게 된다.

참고문헌

Bene, K., Banda, D. R., & Brown, D. (2014). A meta-analysis of peer-mediated instructional arrangements and autism. *Review Journal of Autism and Developmental Disorders, 1*(2), 135-142.

Ferraioli, S. J., & Harris, S. L. (2011). Effective educational inclusion of students on the autism spectrum. *Journal of Contemporary Psychotherapy, 41*(1), 19-28.

Lindsay, G., Ricketts, J., Peacey, L. V., Dockrell, J. E., & Charman, T. (2016). Meeting the educational and social needs of children with language impairment or autism spectrum disorder: the parents' perspectives. *International Journal of Language & Communication Disorders*.

Marini, I., & Stebnicki, M. A. (2012). *The psychological and social impact of illness and disability.* Springer Publishing Company.

McConnell, S. R. (2002). Interventions to facilitate social interaction for young children with autism: Review of available research and recommendations for educational intervention and future research. *Journal of Autism and Developmental Disorders, 32*(5), 351-372.

National Research Council. (2001). *Educating children with autism*. National Academy Press.

Odom, S. L., & Schwartz, I. S. (2001). So what do we know from all this? Synthesis points of research on preschool inclusion. In S. L. Odom (Ed.), *Widening the circle: Including children with disabilities in preschool programs* (pp. 154-174). Teachers College Press.

Odom, S. L., McConnell, S. R., Ostrosky, M., Peterson, C., Skellenger, A., Spicuzza, R., … & McEvoy, M. A. (1997). *Play time/social time: organizing your classroom to build interaction skills.* University of Minnesota.

Odom, S. L., & Strain, P. S. (1984). Peer-mediated approaches to promoting children's social interaction: A review. *American Journal of Orthopsychiatry, 54*(4), 544.

Rogers, S. J. (2000). Interventions that facilitate socialization in children with autism. *Journal of Autism and Developmental Disorders, 30*(5), 399–409.

Rogers, S. J., & Dawson, G. (2010). *Early Start Denver Model for young children with autism: Promoting language, learning, and engagement*. Guilford Press.

Stainback, W., & Stainback, S. (1990). *Support networks for inclusive schooling: Interdependent integrated education*. PH Brookes Publisher

Strain, P. S., & Odom, S. L. (1986). Peer social initiations: Effective intervention for social skills development of exceptional children. *Exceptional Children, 52*(6), 543–551.

Thiemann-Bourque, K. (2013). Peer–mediated intervention. In *Encyclopedia of Autism Spectrum Disorders* (pp. 2152–2161). Springer.

Tsao, L., & Odom, S. L. (2006). Sibling mediated social interaction intervention for young children with autism. *Topics in Early Childhood Special Education, 26*, 106–123.

United Nations (2006). *Convention on the rights of persons with disabilities*. http://www.un.org/disabilities/convention/conventionfull.shtml.

Vivanti, G., Hudry, K., Duncan, E., Dissanayake, C., & the ASELCC Team. (in preparation). *Outcomes for children receiving the Early Start Denver Model in a mainstream versus autism-specific setting: A Pilot Randomized Controlled Trial.*

Whitaker, P. (2007). Provision for youngsters with autistic spectrum disorders in mainstream schools: What parents say–and what parents want. *British Journal of Special Education, 34* (3), 170–178.

Winton, P. J. (2016). Taking stock and moving forward: Implementing quality early childhood inclusive practices. In *Handbook of early childhood special education* (pp. 57–74). Springer International Publishing.

제8장

아동이 진전을 보이지 않는다면 어떻게 해야 하는가*

G-ESDM을 받은 자폐 아동은 빠른 진전을 보일 것으로 예상된다. 그러나 성공적인 교육 프로그램을 구축하기 위해 모든 조치를 취하더라도 일부 아동은 하나 이상의 영역에서 눈에 띄는 향상을 보여 주지 못하거나 매우 느릴 수 있다. 이것은 치료사, 가족, 그리고 아마도 아동에게도 매우 절망스러운 경험이기 때문에 교육 프로그램을 재구성하기 위한 조치가 신속히 취해져야 한다. 이 장에서는 예상대로 진전이 보이지 않을 때 않을 때 G-ESDM 프레임워크 내에서 어떻게 프로그램을 재조정하는지에 대한 지침을 제공할 것이다.

* Ed Duncan · Giacomo Vivanti · Jess Feary · Geraldine Dawson · Sally J. Rogers

왜 몇몇 아동은 개입 프로그램에 빠르게 반응하는 것에 실패하는가

지난 수십 년 동안 자폐 스펙트럼 장애 연구의 발전이 이루어짐에 따라 개인의 다양성이 자폐 스펙트럼 장애의 가장 중요한 특징 중 하나라는 것이 분명해졌다. 다양한 유전적 요인과 환경적 요인의 조합이 자폐 스펙트럼 장애에 영향을 미치며 이는 인지, 언어 및 행동 수준에서 엄청나게 다양하게 반영된다(Waterhouse, 2013). 이것은 자폐 아동들이 서로 다른 방식으로 세상을 경험하고, 서로 다른 방식으로 배우며, 결과적으로 교수법에 대한 반응이 다를 수 있음을 의미한다. 이것은 모든 아동에게 해당되지만 학습 및 인지의 다양성은 다른 집단에 비해 자폐 스펙트럼 장애에서 더 극단적이며, 일부 자폐 아동에게 매우 성공적인 교육 전략이 다른 아동들에게는 동등하게 효과적이지 않을 수도 있다는 것을 말한다.

이 연구는 개인차를 고려해야 할 필요성을 지적하면서 한 아이에게 잘 맞는 전략이 모든 자폐 아동 또는 심지어 대부분의 자폐 아동에게도 잘 통할 것이라고 가정하는 일을 피해야 한다고 말하고 있다. 단일 '자폐 학습 스타일'이라는 아이디어는 매우 인기가 있지만, 최근 연구에서는 동의를 받지 못하고 있다(Trembath, Vivanti, Iacono, & Dissanayake, 2015; Wei, Christiano, Yu, Wagner, & Spiker, 2015). 이것은 모든 아동에게 적용되는 단일 교수법은 없다는 의미이며, 이는 G-ESDM 전략의 맥락에서도 마찬가지이다. 따라서 아동의 느린 학습 속도는 아동이 학습할 수 없다는 것을 의미하는 것이 아니라 성인이 아동의 학습 스타일에 맞지 않는 교수 전략을 사용하고 있으며 팀은 접근방법을 변경해야 한다는 것을 의미한다. 이를 위해 G-ESDM은 다양한 근거 기반 전략을 다양한 접근 방법에서 도출하여 모든 아동에게 유연하고 개별화된 교육 프로그램을 제공한다.

언제 교육 방식을 변경해야 하는가

제3장에서 자세히 다루었듯이 아동의 진도를 체계적으로 모니터링하여 진전 영역과 '정체' 영역을 파악해야 한다. 진전이 있는 영역에 중점을 두고 싶은 욕구가 생기겠지만, G-ESDM은 모든 발달 영역을 동시에 촉진하도록 개발되었다. 이것은 자폐 아동이 한 영역(예: 퍼즐 맞추기, 기술 및 문자 인식)에서 진전을 보이는 반면 다른 영역(예: 상호 사회적 관계)에서는 훨씬 뒤처지는 일반적인 패턴을 피하는 데 도움이 된다. 따라서 한 영역에서라도 좋은 진전을 만들어 내는 데 실패한 아동 개입 프로그램은 목표 달성의 진행 상황을 즉시 확인하고 즉각적인 조치를 취해야 한다.[1]

1 개입 프로그램을 적절하게 변경한 후에도 아동이 여러 영역에서 진전을 보이지 않으며, 졸리거나 괴로워하거나 부주의해 보이거나 혹은 좋은 진전을 보이다가 갑자기 여러 영역에서 진전을 보이지 않는다면, 수면, 식

경험에 의한 규칙은 '2주 규칙'이다(프로그램에 일주일에 3일 참석하는 아동의 경우, 즉 더 자주 참석하는 아동의 경우 더 짧음). 일주일의 교육 후 아동이 하나 이상의 영역에서 전혀 진전이 없는 경우, 팀 리더는 목표와 단계를 검토하고 적절한 모든 자료가 준비되어 있는지 확인해야 하고(예: 사용 가능한 자료가 준비되었는지, 적절한 활동이 커리큘럼에 포함되었는지, 모든 성인이 어떻게 목표에 도달할지에 대해 인지하고 있는지 등), 교육 기회의 성공적인 전달에 대한 가능한 방해요인을 해결해야 한다(예: 보다 복잡한 기술을 목표로 지도해야 하는 치료사 팀 구성원에 대한 지원 부족). 일주일 후에도 아동이 목표에 대해 충분한 진전을 이루지 못한 경우 팀은 이 장의 다음 절에서 설명하고 있는 체계적인 의사결정 절차를 사용하여 교육 절차를 수정해야 한다. 이를 위해서는 팀 리더, 팀의 나머지 구성원 및 아동의 보호자 간의 조화로운 의사결정 절차가 필요한데, 이는 아동의 치료 프로그램에 변화가 생길 때 모든 사람이 동일하게 이해했는지에 대해서 확인할 필요가 있기 때문이다.

중요한 것은 전문가와 보호자가 때때로 아이가 즉각적인 반응을 보이지 않더라도 동일한 지도 전략들을 사용하면서, 이 방법을 지속하면 조만간 아이가 배울 것이라는 희망을 품고 있다는 것이다. 다른 경우에 일부 치료사는 그들이 사용하고 있는 특정 접근방식에 대한 확고한 철학과 신념 때문에 동일한 교육 기법을 사

사 또는 기타 의학적 문제가 진전을 방해하고 있는지 여부를 결정하도록 의료적 상담이 필요하다.

용하도록 고집할 수 있다. 그러나 이러한 고집은 여러 가지 부정적인 영향을 미칠 수 있다. 첫째, 아이가 학습을 경험하지 않고 교육이 계속되면 시간이 지남에 따라 어른의 지시는 '배경 소음' (예: 아동의 일상 루틴에서 아무런 의미가 없고 보상이 되는 경험으로 전환되지 않는 소리)이 된다. 최악의 경우, 학습 실패에 반복적으로 노출된 아이는 어른들의 요구와 기대에 그들이 할 수 있는 일이 아무것도 없다는 것과 그들은 그들의 세상을 통제할 수 없다는 '학습된 무기력'으로 이어질 수 있다는 것이다. 이런 일이 발생하면, 아이는 자신이 속한 학습 환경이나 교육자료 앞에서 '이건 내가 할 수 없는 일이야.'라는 생각을 하게 된다. 이와 마찬가지로 어른들도 그들의 교육 시도에 체계적 실패에 노출되었을 때 동일한 감정을 경험할 수 있으며, 교육 목표와 전략의 적절성에 의문을 제기하는 대신 무의식적으로 아동이 희망이 없고 배울 수 없다는 생각을 하게 된다.

마지막으로, 그들의 자녀가 배우지 않는 것을 관찰하는 보호자는 교육 프로그램이나 이를 구현하는 성인에 대한 신뢰를 빠르게 잃을 수 있다. 이것은 그들의 자녀가 학습할 수 없으며 어떤 것도 장애를 해결하는 데 도움이 될 수 없다는 생각을 갖게 할 수 있다. 이러한 모든 위험을 고려하여 아동이 교육 프로그램에 신속하게 반응하지 않을 때 개입 팀은 조치를 취하고 대체 전략을 사용하여 프로그램을 수정해야 한다. G-ESDM에는 원래 ESDM과 마찬가지로 이러한 상황에서 의사결정을 안내하는 구체적인 절차가 있다.

만약 아동이 학습하지 않으면 무엇을 할 수 있는가

ESDM에서는 아동이 교육 프로그램에 반응하지 않을 때 '의사결정트리(decision tree)'를 사용한다. 의사결정트리는 '예' 혹은 '아니요'로 답변하는 질문으로 구성된 순서도(flow chart)인데, 각 질문은 사용자마다 다른 레벨을 이용한다. 이것은 우리로 하여금 학생이 체계적으로 수업 절차를 바꾸었음에도 학습이 일어나지 않을 때 "어디로 가야 하는가?"에 대한 대답을 해 준다. 의사결정트리는 어린 자폐 아동들을 위해서 실험적으로 검증된 교수 방법들로 구성된 '도구상자'이다. 이것은 필요할 때 ESDM 교수 전략을 언제, 어떻게, 얼마나 오래 수정해서 사용해야 하는지에 대해서 알려 준다.

중요한 것은 이 프로세스에는 표면적으로 ESDM의 자연주의적 프레임워크에 맞지 않는 요소의 사용이 포함될 수 있다는 것이다. 아이에게 의미 있고 보상이 되는 학습 경험을 제공한다는 생각은 동일하지만, ESDM 기본 도구와 다른 전략들은 그 전략들이 근거 기반이며 학습을 촉진하는 한 체계적으로 도입될 것이다. 예를 들어, 내적 강화제 사용, 자연스러운 맥락에서의 교육, 상호작용에 대한 공유된 통제와 같은 기본 ESDM 규칙은 성인이 보다 더 주도하는 절차, 산만하지 않은 별도의 환경 및 외적 강화제 사용을 위해 일시적으로 변경될 수 있다. 아동의 반응이 이러한 교육 절차의 변화가 더 빠른 학습의 진전을 촉진하는지 여부를 보여 줄 것이다. 유사하게, 교육 에피소드 내에서 다양한 선행사건의 사용 및 환경의 정교화에 대한 초점은 보다 구조적으로 반복되는 지시로 잠시 대체될 수 있다. 아동이 교육에 일관되게 반응하면 이러한 성인 중심의 지시 절차를 체계적으로 뺄 수 있지만 학습 속도가 다시 느려지면 신속하게 재도입해야 한다. 이러한 의사결정은 데이터 기반 결정이며 데이터는 교수 방법 수정의 성공을 측정하는 유일한 척도이다.

그룹 프로그램의 맥락에서는 수정된 관심 혹은 교수 기법을 사용하기 전에 두 가지 측면이 특히 고려되어야 한다. ① 환경의 특성(예: 환경이 이 특정 아동에게 너무 시끄럽거나 산만한가?), 그리고 ② 환경 내에서 아동에게 제공되는 학습 기회의 빈도(예: 이 특정 아동에게 의도치 않게 다른 아동에 비해 더 적은 기회가 주어지는가?)이다. 매일 수집 및 검토되는 데이터는 학습에 부정적인 영향을 미칠 수 있는 요인을 팀이 이해하는 데 도움이 되는 풍부한 정보를 제공한다. 성공적인 학습을 방해하는 이러한 요소 또는 기타 중요한 요소가 확인되면 신속하게 해결해야 한다. 학습을 방해하는 모든 가능한 요인이 해결되었음에도 불구하고, 측정 가능한 치료 반응이 관찰되지 않으면 다음 단계를 수행할 수 있다. 첫째, 진행이 느린 아동에게 교육 시수를 늘리는 것이 권고될 수 있다. 책 전반에 걸쳐 논의하고 있듯이 각 아동은 G-ESDM 그룹 활동 중에 빈번하고 체계적인 학습 기회를 받아야 하지만, 진행 속도가 느린 아동을 위해 교육 기회가 더 자주 제공되도록 속도를 조정할 수 있다. 그룹 활동 상황에서 교육 기회를 제공하기 위한 최선의 노력에도 불구하고 아동이 여전히 좋은 진전을 보이지 않는다면,

G-ESDM에서 다음의 의사결정트리를 적용해야 한다.

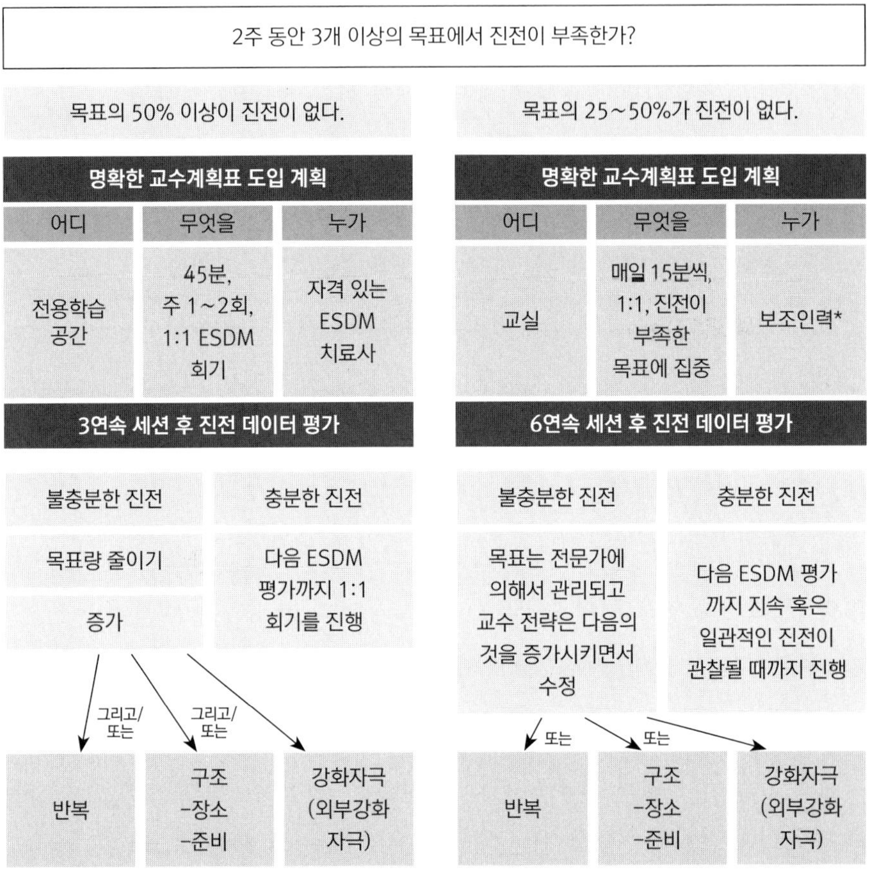

이 의사결정트리의 첫 번째 질문은 아동이 3~7개의 학습 목표에서 '고착'되는지 또는 대부분의 목표에서 반응이 부족한지 여부이다. 학습 부족이 제한된 수의 목표(목표의 25~50%)일 경우 팀 리더는 플레이룸 내에서 매일 15분 이상(일반적으로 1:1 교육) 교육 회기가 이루어지도록 구성한다. 반대로 목표의 50% 이상에서 제한된 학습이 있는 경우 그룹 상황 밖에서 1:1 교육 회기를 구성하는 옵션을 고려해야 한다. 발생하는 실행적 · 교육적 문제는 사용 가능한 자원을 고려하여 팀 및 아동의 보호자와 논의해야 한다. 개별 교육 회기 설정을 고려할 때 G-ESDM 내의 모든 교육은 그룹 활동 중에 성인이 개별 아동에게 주의를 기울여 1:1로 전달된다는 점을 기억하는 것이 중요하다. 그러나 일부 아동에게는 여러 또래가 포함된 활동에서 구체적인 기술을 습득하는 것이 어려울 수 있다. 따라서 이러한 아동들을 위해 우리는 산만하지 않은 분리된 환경(필요한 경우 다른 방 또는 플레이룸 내 전용 공간)에서 1:1 교육 세션을 구성하고 원래 ESDM 의사결정트리(Rogers & Dawson, 2010)에서 수정된 교수법을 사용한다.

아동의 팀 리더는 1:1 회기를 위한 '명시적 교육 계획표'를 개발하는데, 여기에는 필요한 자원들(예: 아동이 좋아하는 장난감)과 이러한 자원들을 아동이 제한된 목표를 달성하는 데 어떻게 활용할 수 있는지 설명한다. 회기를 수행하는 성인이 쉽게 바로 사용할 수 있는 자원들을 갖도록 장난감 상자를 만드는 것도 도움이 될 수 있다.

이러한 1:1 개별 회기는 목표로 삼고 있는 학습 목표와 가장 관련성이 높은 전문지식을 가진 팀 구성원이 수행한다(예: 운동 영역의 목표를 위해서는 작업치료사, 그리고 의사소통 영역의 목표를 위해서는 언어치료사). 세 번의 회기에서 측정 가능한 진전이 관찰된다면, 진전이 부족한 것은 ESDM 교수법 자체 때문이 아니라 그룹 배치 때문이라고 추측할 수 있다. 이것은 이 특정 아동이 그룹 환경에서 제공되는 학습 기회로부터 혜택을 받지 못하게 할 수 있는 특정 요소(예: 산만함 감소의 필요성)에 대한 추가 조사를 해야 한다.

그러나 중요한 것은 그룹 기반의 수업 대신에 보다 집중된 1:1 교육 회기를 사용하기로 한 결정은 아동이 '그룹 환경에 대한 준비가 되어 있지 않다' 또는 '다른 사람들과 함께 있기 위한 예비 기술을 배워야 한다' 또는 '그룹 상황의 스트레스로부터 보호될 필요가 있다'는 가정에 근거해서는 안 된다는 것이다. 제2장에서 언급했듯이 G-ESDM 철학에서 그룹 경험에 참여하는 것은 고립된 환경에서 많은 기본적인 단계를 습득해 하나의 목표에 도달하는 것보다 사회적 상호 작용과 사회적 학습을 촉진하기 위한 출발점이자 기본 근간으로 생각한다. 자폐 아동이 집단 상황에서 학습한다는 증거(Ledford & Wehby, 2015; Vivanti et al., 2014)와 1:1 교육 방식이 사회적 어려움이 있는 아동을 또래로부터 더욱 고립시킬 수 있다는 사실을 고려할 때, 그룹 기반이 아닌 1:1 개별 교수를 사용하는 것을 결정할 때에는 치료 데이터가 아동의 진전에 대해서 무엇을 말하는지에 근거하여 결정되어야 한다.

아동이 여전히 배우지 않는다면

집중적인 1:1 ESDM 회기를 구성했음에도 불구하고 눈에 띄는 학습이 발생하지 않는 경우 다른 상황이 발생하게 된다. 3회의 연속적인 1:1 ESDM 회기에 진전이 없다면, 팀이 ① 필요한 영역에서 더 집중적인 교육을 제공할 수 있도록 학습 목표의 양을 줄이고(예: 16개 목표 대신 12개 목표), ② 초기 ESDM 접근방식보다 훨씬 더 구조화되고 반복적인 접근을 사용하는 대안을 생각해야 한다. 다음의 변화가 교수 프로그램에 적용될 수 있다.

구조화와 반복의 증가 이 조치를 취하면 ESDM에서 사용되는 공동 활동 루틴은 구조화된 교육 및 개별시도교수(Discrete Trial Training: DTT) 접근법에 근거한 전략들로 변경된다(Mesibov, Shea, & Scholpler, 2005; Lovaas 2003). 여기에는 다양성과 정교함이 감소하고 일관성과 예측 가능성이 증가하게 된다. 따라서 목표 행동은 변화를 시도하기보다는 같은 환경에서 항상 같은 선행사건과 같은 수업 자료로 연습하게 된다. 예를 들어, 어른에게 물건을 건네줌으로써 도움을 요청하는 것을 배우는 데 어려움을 겪고 있는 아동의 경우, 어른은 간식 시간 동안 아동이 좋아하는 음식을 용기에 넣고 도움을 요청하도록 하는 것을 연습할 수 있다. 이 예시에서 목표 기술은 오직 목표한 환경 안에서 동일한 선행사건(음식은 아이가 도움 없이는 꺼낼 수 없음)과 동일한 재료(용기 및 좋아하는 음식)를 사용한다. 아동이 이러한 행동을 일단 습득하면 다양한 환경, 선행사건, 그리고 다양한 자료를 포함하여 기술을 일반화할 수 있다.

또한 구체적인 과제는 새로운 행동의 숫자와 복잡성을 줄임으로써 지도할 수 있다. 동일한 과제 또는 지시의 반복적인 숫자는 새로운 행동의 습득을 촉진하기 위해서 증가할 수 있고, DTT 형식에 기반한 절차를 사용할 수 있다(이 기술에 대한 자세한 설명은

Smith, 2001; Lerman, Valentino, & LeBlanc, 2016 참조). 견고한 근거 기반이 있는 이 교육 형식은 목표 행동이 자연스럽게 발생하는 상황과는 다르게 지시를 기계적으로 반복하여 전달하는 것을 포함한다. 목표 행동이 숙달될 때까지 반복적인 방식으로 여러 번 지시를 전달하는 이 절차는 기본 G-ESDM에 대해 학습반응이 일어나지 않는 아동에게 올바른 선택일 수 있다.

물리적 환경과 과제의 수정 추가적으로 우리가 취할 수 있는 단계는 산만함을 최소화하기 위해 물리적 환경과 작업을 수정하고 TEACCH(Treatment and Education of Autistic and Related Communication-Handicapped Children; Mesibov et al., 2005)와 같은 구조화된 교육 프로그램의 절차에 따라 과제의 명확성을 높이는 것이다. 이 접근방식은 작업과 관련된 일련의 행동을 명확하고 예측 가능하게 만들기 위해 환경 수정 및 시각적 수단의 사용을 강조한다. 여기에는 다가오는 일(물체 또는 그림의 형태를 취할 수 있음)의 시각적 스케줄을 사용하고 자료를 조직화하여 작업의 중요한 특징(예: 주의를 집중할 위치 또는 자료를 배치할 위치)이 강조되도록 자료를 제공한다. 예를 들어, 바닥에 깔린 카펫의 패턴, 장난감이 여러 개 있는 것, 다른 아이들의 소음에 쉽게 주의가 산만해지는 아이를 위해 학습 공간은 바닥이 다른 조용한 공간에 구성하고 작업 관련 자료만 사용하게 한다.

강화자극의 강화력 증가 초기 ESDM 전략의 혜택을 받지 못하는 것으로 보이는 아동의 학습을 지원하기 위한 추가적인 시도는 외부 강화제를 도입하는 것이다. 이전 장에서 언급했듯이 ESDM의 초석은 내적으로 보상이 있는 활동에 참여함으로써 학습이 성취될 수 있고 성취되어야 한다는 개념이다. 그러나 이 접근방식에 반응하지 않는 일부 아동의 경우 교육 활동 참여와 관련된 보상 가치는 외적 강화제(즉, 교육 상호 작용 자체와 관련되지 않은 보상 자극 또는 상황)를 통해 명시적으로 만들 수 있다. 이 기법은 제공된 학습 기회에 의해 동기가 부여되지 않더라도 활동의 결과로 높은 동기 부여가 되는 무언가(외부 강화제)가 발생하기 때문에 아동이 활동에 참여할 수 있도록 보장하는 데 사용된다.

이 방향의 첫 번째 단계는 원하는 활동(예: 모래 구덩이에서 노는 것)을 덜 원하는 활동(예: 그리기)의 강화로 사용하는 것이다. 이것은 '프리맥의 원리'라고 부른다. 덜 선호하는 활동 다음에 더 선호하는 활동이 오는 것은 덜 선호하는 활동에 대한 보상의 역할을 하여 아동이 해당 활동에 참여할 확률을 높이는 것이다. 교육 활동의 보상 가치를 높이기 위해 취할 수 있는 추가 단계는 태블릿 PC와 같은 전자 장치를 포함하여 아동이 선호하는 특정 장난감이나 물건을 강화자극으로 사용하는 것이다. 예를 들어, 박수 치기 게임에서 모방을 목표로 할 때, 아이가 박수를 치는 행동에 의욕이 없다면 어른은 목표 행동을 강화하기 위해 아이가 모방할 때 비눗방울을 불어 줄 수 있다. 이러한 전략 중 어느 것에도 반응하지 않는 아동의 경우 음식을 강화자극으로 사용할 수도 있다.

근거가 있는 한 어떤 교육 옵션도 제한이 없는 반면에, 외적 강화자극들이 교육 활동과 관련이 없을수록(예: 그리기 작업에서 강화로 선호하는 대상에 접근), 활동에 대한 아동의 참여는 '함께 활동하기'에 대한 진정한 욕구를 반영하기보다는 보상을 얻기 위한 도구가 될 것이다. 그러나 이러한 절차를 도입하는 의사결정이 되었다고 하더라도 외적 강화물은 사회적 강화물(성인의 긍정적인 감정과 칭찬)과 관련되어 있어야 하고, 데이터가 좋은 진전을 보일 때 외부 강화물은 점차적으로 줄어들고 사회적 강화물로 대체될 수 있다.

1:1 상황에서 제공되는 ESDM에서와 같이 일반적인 규칙은 교수적 방법을 좀 더 자연주의적 환경에서부터 시작해서 보다 어른 중심적이고, 구조화되고 반복적인 방법으로 이동하는 위계를 따르는 것이다(Rogers & Dawson, 2010, p. 130 참조).

[그림 8-1]과 같이 추가된 교수 절차를 얼마큼 사용하느냐와 실행 절차는 아동이 거의 진전을 보이지 않는 목표 및 영역의 수에 따라 달라진다. 다음의 짧은 사례에서 어떻게 의사결정트리가 학습지원에 적용되는지 설명할 것이다.

[그림 8-1] 놀이 시간 동안 보완대체의사소통(AAC) 상징책을 '착용한' G-ESDM 치료사

칼리(Carly)는 데이터 감독을 통해 하비(Harvey)가 여러 영역에서 다섯 가지 목표에 대해 진전을 보이지 않고 있음을 관찰했다. 칼리는 G-ESDM 의사결정트리를 참조하여 하비가 정해진 목표에 대한 학습 진전을 위해 그룹 프로그램 외에도 개별 교육 회기가 필요하다고 판단했다. G-ESDM 의사결정트리에 따르면, 하비는 다음 커리큘럼 체크리스트 평가가 열릴 때까지 매주 2회의 30분 1:1 회기를 제공받아야 한다. 칼리는 하비의 보호자와 만나 학습 목표 전반에 걸쳐 진전이 부족하다는 사실을 알리고 하비의 학습 목표를 지원하기 위해 모든 직원이 일관되게 시행할 교육 계획 개발에 대해 논의할 것이다.

목표	• 놀이 기술 1: 반복되는 행동이 필요한 장난감으로 놀기 • 표현언어 3: 어른과 음성 주고받기 • 모방 1: 얼굴표정을 모방하기 • 사회 기술: 감각적 상호 작용 루틴에 참여하기 • 수용언어 1: 지시 따르기 • 수용언어 2: "줘."라는 지시에 반응하기
준비물	애벌레 공, 나무 공, 공이 움직이는 장난감, 돼지저금통, 페그보드, 도형 맞추기
	CD 플레이어
장소	다용도 교실(작은 치료실)
전환	하비가 감각적 상호 작용 루틴에 있도록 하다가 다용도 교실 문 1m 거리에 있을 때 다용도 교실 문으로 들어오라는 제스처 단서를 사용한다. 만약 하비가 지시를 따르지 않으면, 최소–최대 촉구 방법을 사용한다.
구체적인 강화자극	좋아하는 물건들; 교실 사무실에 '하비가 좋아하는 물건들 상자'를 확인한다. 예를 들어, 하비가 사물 매칭하기를 좋아한다면, 2개의 파란색 블록, 2개의 글자 블록, 2개의 파란색 쌓기 컵을 준비한다.
활동의 개요	• 사회적 상호 작용 루틴 활동을 하면서 시작할 때 몸으로 노는 놀이를 한다. 예를 들어, 어른이 바닥에 누우면 하비가 비행기를 탄다(목표는 구강 운동 모방, 음성 주고받기). • 수용언어: 하비에게 들고 있는 물건을 달라고 요구한다. • 수용언어: 의자가 준비되고 장난감과 강화자극들이 책상 위에 준비되었을 때 하비에게 "앉아."라고 지시하기(최대–최소 촉구 방법 사용하기) • 놀이 기술 1: 손이 닿지는 않지만 눈에 보이는 거리에 강화자극(하비가 가지고 있는 사물)을 놓는다. 장난감으로 예시를 보여 주고 기다린다. 하비가 5초 이내에 행동을 시작하지 않는다면, 장난감으로 움직이는 것을 반복해서 보

	여 주고 최대-최소 촉구 방법을 사용하여 하비가 장난감으로 놀도록 도와준다. 놀이 행동을 모방하도록 부여 주고, 그러고 나서 장난감을 하비에게 쥐여 준 뒤 독립적으로 놀이를 끝내도록 기다린다. 하비에게 "놀이를 끝내."라고 말한다. 아이가 가리키는 물건이 무엇이든 그 물건을 강화제로 사용한다. 아이가 책상을 30~60초 정도 떠나는 것을 허용한다. 다른 장난감으로 이 절차를 반복한다. • 다른 종류의 장난감으로 이 과정을 1:1 회기에 4회 이상 반복한다. • 하비와 좋아하는 몸 놀이가 포함된 감각적 상호 작용 놀이 혹은 다른 선호하는 노래로 끝낸다.
예비계획	만약 필요하다면(하비가 기분이 좋지 않다면) 회기가 시작될 때 CD 플레이어를 켜거나 혹은 좋아하는 노래를 틀어 준다.

G-ESDM 의사결정트리에 따라 칼리는 4회의 회기 후 하비의 진전 상황을 평가하고 하비가 이제 목표를 향해서 진행하고 있음을 관찰하였다. 목표 기술이 더 일관될 때까지 현재 교육 계획을 계속하기로 결정하였다.

4주 후 칼리는 하비가 자신의 교육 계획의 일부로 표적으로 삼고 있는 목표에 대해 지속적으로 향상되고 있으며 이러한 향상이 1:1 세션에서 여러 성인에 걸쳐 유지되고 있음을 관찰하였다. 칼리는 추가 기술의 사용을 중단하기로 결정하고 1:1 회기에서 일반 학급으로 목표 기술의 일반화를 촉진하기 위해 새로운 교육 계획(다음을 참조)을 개발한다.

새로운 교육 계획의 일환으로 처음 3주 동안 하비의 1:1 회기는 다른 아이들이 밖에서 노는 동안 교실에서 이루어진다. 칼리는 교실 주변의 3~4개의 다른 놀이 공간에 선호하는 장난감을 준비하고(장난감이 교실의 놀이 공간 주제와 관련이 있고 근접해 있는지 확인) 칼리는 자연주의적 G-ESDM을 사용하여 하비를 각 놀이 공간으로 전환한다. 장난감으로 하비의 관심을 끌거나(예: "하비, 이것 봐."), 또는 필요한 경우 하비가 장난감을 칼리에게 가져와 테이블로 함께 가서 활동을 전환하도록 동기를 부여하는 것을 포함하는 전략을 사용한다. 3주 동안 칼리는 하비가 놀이 공간에서 장난감을 가지고 놀 때 그녀의 도움을 점점 줄임으로써(하비가 장난감을 가지고 놀고 있을 때 멀리 이동하는 것을 포함하여) 교실에서 하비의 독립성 증진을 지원한다. 교육 계획의 마지막 2주 동안 칼리는 놀이 공간을 설정하지 않고 대신 교실에서 사용할 수 있는 놀이 공간과 놀이 재료를 사용하고 근처에 다른 아동이 있는 동안 하비와 함께 작업한다. 칼리는 개입을 더 줄이면서 하비가 놀이 활동에 주의를 기울이고 놀이 영역 사이의 일부 전환을 위해 가끔 지원이 필요하다는 것을 관찰한다. 새로운 교육 계획의 일환으로 칼리는 하비를 감각적 사회 루틴에 참여시켜 각 회기를 마친다. 이를 통해 칼리는 이 목표 행동을 교실 환경으로 일반화할 수 있다.

목표	• 놀이 기술 1: 반복되는 행동이 필요한 장난감으로 놀기 • 표현언어 3: 어른과 음성 주고받기 • 모방 1: 얼굴표정을 모방하기 • 사회 기술: 감각적 상호 작용 루틴에 참여하기 • 수용언어 1: 지시 따르기 • 수용언어 2: "줘"라는 지시에 반응하기

준비물	애벌레 공, 나무 공, 공이 움직이는 장난감, 돼지저금통, 페그보드, 도형 맞추기, 움직이는 애벌레 장난감
장소	교실
전환	다음에 기재한 사항
구체적인 강화자극	• 사회적 칭찬+간지럼 • 좋아하는 감각 사회적 놀이
활동의 개요	• 교실에서 좋아하는 장난감을 3~4개 책상에 준비한다. 하비를 가까이 있는 책상으로 이동시켜서(예: "하비, 봐."라고 말한다) 앉히고 장난감으로 논다. • 하비가 독립적으로 장난감을 가지고 놀도록 지원한다. 독립적으로 하비가 놀이를 끝내면, 장난감 정리하는 것을 도와준다(그가 책상을 떠나서 교실의 다른 쪽으로 이동하는 것도 괜찮다). • 하비의 관심을 끌면서 다른 책상으로 이동시킨다(예: "하비, 여기 봐."라고 말한다. 또는 장난감을 그에게 가져가서 그를 동기화시키거나 장난감이 있는 책상으로 이끄는 것도 괜찮다). • 반복: 하비가 독립적으로 논다면 당신의 도움을 뺀다. • 다른 장난감으로 4번 이상의 회기를 통해서 반복한다. • 프로세스의 일부로 지시를 내린다(예: '앉아' '줘' '이리와'). • 감각적 상호 작용 루틴을 끝낸다. 선호하는 신체놀이 혹은 좋아하는 노래로 끝낸다. 감각적 상호 작용의 부분으로 음성으로 반응하기를 목표로 한다.
예비계획	외적 강화자극들(예: 파란색 블록)을 책상에서의 활동들 사이에 전환을 도와주기 위해서 사용한다.

G-ESDM 의사결정 과정에서의 전문가 투입

중요한 것은, 앞에서 자세히 설명한 일반적인 규칙이 학습 영역 전반에 걸쳐 관련이 있지만 특정 발달 영역에서 진전이 부족하면 특정 전문가의 도움을 받는다는 것이다.

아동이 언어를 말하고 사용하는 능력의 진전을 보이지 않으면 어떻게 하는가: 언어병리학자의 도움

언어를 사용하여 자신의 요구 사항을 전달할 수단이 없는 아동은 많은 좌절감을 경험할 수 있으며, 이는 종종 도전적 행동을 유발하고 학습 활동 참여를 방해한다. 따라서 ESDM 프로그램의 첫 2~3개월 이내에 구두 의사소통에 진전이 없다면 언어병리학자는 가족 및 팀 리더와 협력하여 다음에 설명한 대로 대체 언어 개발 프로그램을 만들어야 한다. G-ESDM은 언어 사용(학습 목표 및 교육 전달에 사용되는 형식)을 강조하지만, 아동이 언어로 의사소통하는 능력이 거의 향상되지 않으면 다른 접근방식을 고려해야 한다. 여기에는 일반적으로 보완대체의사소통(Augmentative and Alternative Communication: AAC)의 사용이 포함된다. AAC는 상징(즉, 수화, 사진, 심볼 혹은 글씨)을 사용하는데, 이러한 상징은 언어가 일상적인 의사소통 욕구를 충족시키기에 부족한 개인을 위해 의사소통 표현을 지원하고자 사용된다(Beukelman & Mirenda, 2013).

보완대체의사소통(AAC) 의사결정트리는 교육 전략에 대한 아동의 반응이 약하다는 데이터가 표시되는 경우 개입이 시작된 후에만 도입된다. 따라서 소수의 아동만 의사결정트리가 필요할 것으로 예상된다. 예를 들어, 최근 연구에서 우리는 자폐 아동의 약 60%가 G-ESDM 프로그램을 시작할 때 언어가 거의 없었지만 12개월의 집중 개입 후에 약 85~90%의 아동이 언어 프로그램을 변경할 필요 없이 기능적 언어를 사용했다는 것을 확인하였다(Vivanti et al., 2014).

그러나 AAC의 의사결정트리에 요약되어 있듯이 G-ESDM 개입 2~3개월 후에도 최소한의 언어기능으로 남아 있는 **모든** 아동의 경우, 이러한 아동과 의사소통하는 모든 성인이 언어 상징을 사용하는 것이 추천된다(Gevarter et al., 2013). 언어 상징 의사소통 도구를 사용하려면 아동뿐만 아니라 교육 팀에게도 높은 수준의 학습이 필요하다. 성인은 언어 상징 의사소통 도구를 동시에 가리킴으로써 모든 구두 의사소통을 상징과 짝을 이루도록 의식적 노력을 기울여야 한다. 또한 성인들은 의사소통 도구를 사용 가능하고 접근 가능하게 하여 아동과의 의사소통을 할 때 시스템을 사용할 수 있도록 해야 한다[즉, 일상생활 중에 성인이 모든 구두 지침을 제공하는 동시에 화면의 관련 기호를 가리킬 수 있음(예: "교실 안" 혹은 "끝")]. [그림 8-1]과 같이, 성인은 G-ESDM 환경에서 수업하는 동안 AAC 언어 상징 도구를 '착용'할 수 있다.

최소의 언어 능력이 있는 자폐 스펙트럼 장애가 있는 미취학 아동이 사용할 수 있는 모든 잠재적인 AAC 옵션과 각 아동에게 도입할 시스템을 결정하는 과정을 설명하는 것은 이 책의 범위를 벗어난다(종합적인 검토는 Ganz, 2014 참조). 의사결정트리에서 강조되어 있듯이 언어병리학자는 팀과 협력하여 적절한 AAC 접근방식을 선택하는 데 도움이 되도록 각 아동의 언어 기술(및 기타 관련 정보)을 임상적으로 평가해야 한다. 여기에는 ESDM 커리큘럼 체크리스트의 표현적 의사소통 레벨 1 영역의 항목이 포함되지만, 이에 국한되지는 않는다(예: '도움을 요청하기 위해 물건을 건네준다.'와 '선택을 하기 위해 포인팅하기').

G-ESDM에서 고려하는 AAC 방식에는 상징보드, 수화 및/또는 음성산출장치(Speech-Generating Devices: SGD)이다. 음성산출장치는 최소한의 언어를 사용하는 아동이 또래와 의사소통할 수 있도록 돕는 데 특히 유용하다. 그림교환의사소통체계(Picture Exchange Communication System: PECS; Bondy & Frost, 1994; Flippin, Reszka, & Watson, 2010)와 같은 보다 구조화된 AAC 접근법은 비언어적 의사소통이 덜 발달한 무발화 아동을 위해 고려할 수도 있다. 의사결정트리에 요약되어 있듯이 언어 습득의 느린 진전이 잘못된 구강 운동 기술과 관련이 있다고 판단되면 PROMPT[1]와 같이 이러한 결함 영역을 해결하기 위해 고안된 특

1 역자 주: PROMPT는 구강 근육을 음성산출을 돕기 위해 재구성하는 치료를 말한다. 이 기술은 환자의 조음기(턱, 혀, 입술)에 터치 신호를 사용하

정 방법을 시행해야 한다(Rogers et al., 2006).

효과적인 언어 개발 프로그램을 만들 때 아동의 기술과 선호도를 생각하여 만드는 동안, [그림 8-2]의 AAC 의사결정트리는 G-ESDM에서 어떤 AAC 시스템을 사용할 것인지에 대한 의사결정을 안내하는 데 사용된다. AAC 전략이 특정 아동에게 도입되면, 그 아동과 함께 작업하는 모든 사람은 다른(그리고 새로운) 의사소통 방법을 배우는 아동의 능력이 최적화되도록 충분한 훈련과 지원을 제공받아야 한다. 따라서 지원적인 AAC 문화는 팀에서 육성되어야 하며, 여기에서 의사소통의 대안적 형태의 사용을 가르치고, 평가하고, 기대하며, 독립적이고 기능적으로 의사소통하기 위해 AAC 전략을 사용할 수 있는 아동의 능력이 지속적으로 지원된다. AAC 의사결정트리에서 아동을 위한 사회적이고, 의사소통적이며, 놀이적인 기회는 그룹의 다른 아동과 동일해야 한다. 팀은 교육 목표에 도달하기 위해 G-ESDM의 모든 원칙과 전략을 따르지만, 대체 언어 시스템(Rogers & Dawson, 2010 참조)을 사용하는 것이다. 의사결정 안에 검토 과정이 있는데, 이것은 팀이 모든 AAC에 대한 아동의 반응을 프로그램 안에 중요하게 반응하고 필요할 때에 수정하도록 하는 것이다.

여 대상 단어, 구 또는 문장을 말하도록 손으로 안내하는 촉각-운동 감각 접근방식이다.

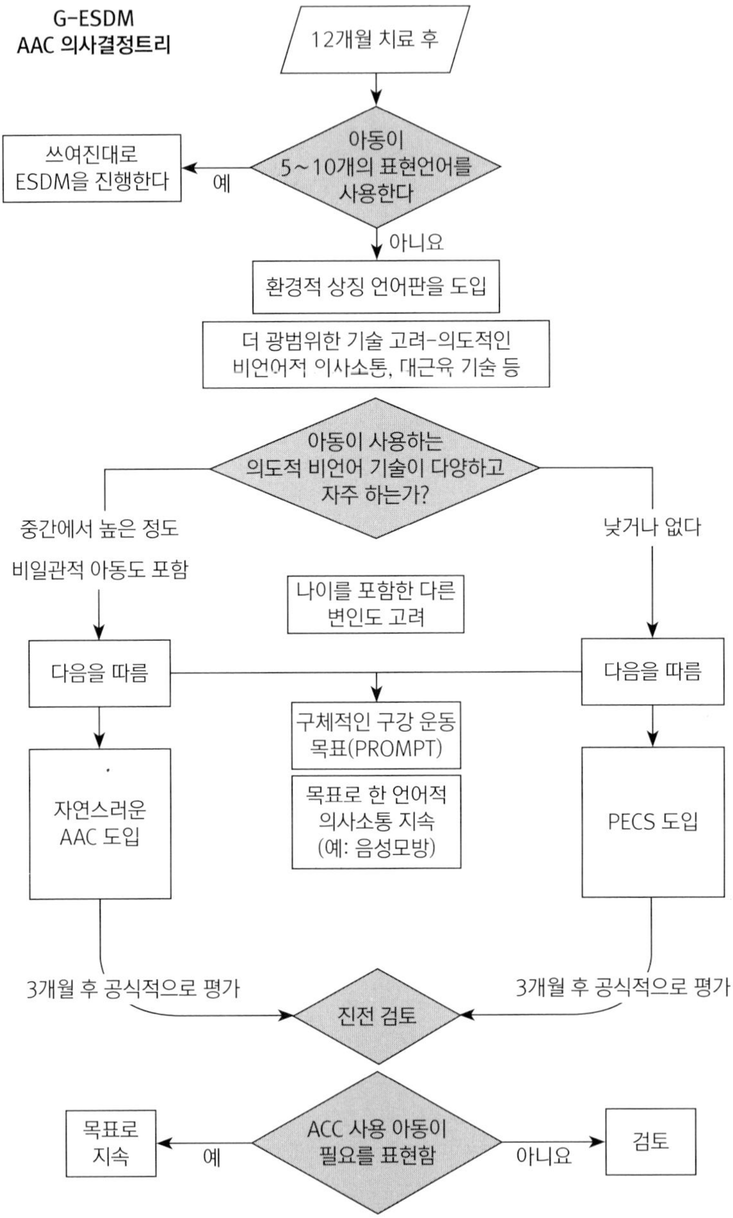

[그림 8-2] 보완대체의사소통(ACC) 의사결정트리

아동의 문제행동이 프로그램을 방해한다면 어떻게 해야 하는가: 행동분석의 도움

자폐가 있는 미취학 아동은 공격, 자해, 회피, 감각 추구와 같은 도전적 행동들을 보이기도 한다. 이러한 행동은 특히 그룹 환경에서 수업 활동을 방해할 수 있다. '도전적' 행동 또는 '부적응' 행동을 구성하는 정의는 다양하지만, 그룹 활동에서 학습을 방해하는 모든 행동은 근거 기반 방법인 응용행동분석 기법을 사용하여 다루어져야만 한다(Horner, Carr, Strain, Todd, & Reed, 2002; Doehring, Reichow, Palka, Phillips, & Hagopian, 2014). 교사 혹은 치료사가 특정 아동의 행동이 프로그램을 방해한다는 것을 말하면, 팀의 행동분석가는 기능행동평가(Functional Behavior Assessment: FBA; Machalicek, O'Reilly, Beretvas, Sigafoos, & Lancioni, 2007; Powers, 2005 참조)를 수행하는 중요한 역할을 한다. 기능행동평가 절차는 문제행동이 일어나기 직전과 직후의 상황에 대한 정확한 조사가 필요하다. 이는 ① 원치 않는 행동의 원인, 그리고 ② 아동이 본인의 요구를 사회적으로 받아들일 수 있는 방법을 사용하여 요구할 수 있도록 지도하는 대안적인 행동을 파악하기 위해서이다. 그룹 지도 상황에서는 아동의 행동에 반응하는 또래들을 포함하여 문제행동을 강화할 만한 요소들이 있는데, 행동개입이 성공을 거두기 위해서는 목표 행동과 목표 행동에 반응하는 또래들의 반응까지 모두 다루어야 한다.

긍정적인 행동 지원의 원칙에 따라 G-ESDM 철학은 바람직하지 않은 행동을 해결하는 가장 좋은 방법은 새롭고 기능적인 행동을 적극적으로 가르치고, 아동이 의미 있고 보람 있는 활동에 계속 참여하도록 하는 것이다. 그런데도 부적응 행동이 발생하면 팀의 행동분석가가 근거 기반 전략을 기반으로 행동 계획을 조정한다(예: Powers, Palmieri, D'Eramo, & Powers, 2011 참조). 이러한 계획은 모든 사람이 같은 생각을 가지고 있고 개입 전략이 일관되게 실행되도록 전체 팀 및 가족과 철저히 논의해야 한다.

부가적으로, 다른 문제는 의사결정 및 전문가들의 투입이 필요할 수 있다. 예를 들어, 배변 훈련은 종종 G-ESDM에서 아동의 가족과 보호자의 관심 주제이다. G-ESDM 프로그램의 2세 이상인 각 아동은 배변 기술 개발을 다루는 개별화된 계획을 가져야 한다. 팀의 작업치료사는 특정 아동의 필요에 맞는 근거 기반 전략을 사용하여 이러한 계획을 개발하기 위한 지원을 제공할 수 있다(예: Kroeger-Geoppinger, 2013). 다른 교육 절차와 마찬가지로 ESDM에서 사용되는 대안 계획을 설계 및 구현하기 전에 먼저 증거 기반에 근거한 루틴적 접근을 따르고, 필요하다면 부가적인 강화자극이나 구조화를 사용하게 된다.

결론

모든 자폐 아동은 올바르게 가르친다면 배울 것이다. 학습 속도는 개인마다 다르지만 학습 능력의 부족은 자폐 아동에게서 거의 볼 수 없다. 아동의 발전이 없다는 것은 적절한 교육이 부족하다는 것을 의미하며, 우리가 사용하고 있는 교육 방식이 특정 아동에게 적합하지 않다는 점을 고려하는 것이 도움이 된다. 몇몇 아동은 여러 목표에서 진전이 부족할 수 있다. 아동은 더 자주 특정 목표 또는 특정 영역에서 진전을 보이지 않을 때가 있다. 두 경우 모두 근거 기반 프로그램에서 도입된 절차를 사용하여 개입을 재구성하고 기본 ESDM 전략(아동의 주도에 따라 통제를 공유, 자연주의적 공동 활동 루틴에 교육 포함, 일상 자료 사용, 학습의 맥락으로 따뜻하고 즐거운 상호 작용 강조)을 사용하고 조치를 취하는 것이 필수적이다.

데이터가 예상보다 진전이 느리다는 것을 보여 주면, 우리는 목표 행동을 강화하는 방법, 물리적 환경, 그리고 반복과 연습 기회의 빈도를 바꿀 수 있다. 이 장에서 자세히 설명한 것과 같은 의사결정트리 및 ESDM 의사결정트리(Rogers & Dawson, 2010, p. 130)는 의사결정을 안내하고 목표, 전략, 환경 또는 치료 접근방식의 변경을 조율하는 데 사용할 수 있다. 이러한 변화는 아동에게 가장 좋은 학습 환경이나 교육 프로그램이 무엇인지에 대한 인식보다는 치료 경과에 대한 데이터에 근거하여야 한다.

이 장에서 논의하는 한 단계는 가르치는 양을 늘리는 것과 관련이 있다. 그룹 활동 중에 아동에게 수업 활동을 전달하고 이것이 작동하지 않으면 산만하지 않은 환경에서 1:1 교육 회기를 설정한다. 중요한 것은 그룹 환경에서 개입을 받는 것이 개인의 요구가 다루어지지 않는다는 것은 아니다. 앞서 언급했듯이 개별화된 목표와 교수 계획의 구성은 G-ESDM을 지원하는 근간이다. 그러나 데이터가 아동이 여러 또래가 참여하는 활동의 환경에서 특정 목표를 달성하는 데 어려움을 겪고 있는 것으로 나타나면 집중적인 1:1 회기를 사용할 수 있다. 또한 진행이 느린 목표를 진행하기 위해 프로그램에 다양한 근거 기반 방법을 추가할 수 있으며, 이 장과 ESDM 매뉴얼(Rogers & Dawson, 2010)에서 검토한다. 따라서 전문적인 스탭들은 어린 자폐 아동을 위해 경험적으로 확인된 많은(스물다섯 가지 이상!) 교수 방법에 대해서 잘 교육받을 필요가 있다(Wong et al., 2015).

의사결정트리 절차를 통해 프로그램을 수정하는 과정에는 다양한 분야에 걸쳐 팀 전문가의 강력한 투입이 필요하다. 데이터 중심의 교육 절차 선택 및 다양한 옵션의 장단점 평가에는 팀 리더, 수정된 프로그램에 관련된 전문가 및 아동 보호자 간의 긴밀하고 신뢰할 만한 의사소통이 필요하다. 개별 계획을 실행하는 것은 결과를 최적화하기 위해 모든 G-ESDM 팀 구성원에게 높은 수준의 지원과 교육이 필요하다. 교육 전략 수정에 대한 결정을 내리기 전에 G-ESDM 교실 시행 충실도 평가 도구(부록 참조)를 사용하여 프로그램을 효과적이고 일관되게 전달할 수 있는 팀의 역량을 정기적으로 평가하는 것이 중요하다.

참고문헌

Beukelman, D. R., & Mirenda, P. (2013). *Augmentative and alternative communication: Supporting children and adults with complex communication needs* (4th ed.). Brookes Publishing.

Bondy, A., & Frost, L. (1994). Bondy, A. S., & Frost, L. A. (1994). The picture exchange communication system. *Focus on Autism and Other Developmental Disabilities*, *9*(3), 1–19.

Doehring, P., Reichow, B., Palka, T., Phillips, C., & Hagopian, L. (2014). Behavioral approaches to managing severe problem behaviors in children with autism spectrum and related developmental disorders: A descriptive analysis. *Child and adolescent psychiatric clinics of North America, 23*(1), 25–40.

Flippin, M., Reszka, S., & Watson, L. R. (2010). Effectiveness of the Picture Exchange Communication System(PECS) on communication and speech for children with autism spectrum disorders: A meta-analysis. *American Journal of Speech-Language Pathology, 19*(2), 178–195.

Ganz, J. B. (2014). *Aided augmentative communication for individuals with autism spectrum disorders.* Springer.

Gevarter, C., O'Reilly, M. F., Rojeski, L., Sammarco, N., Lang, R., Lancioni, G. E., et al. (2013). Comparisons of intervention components within augmentative and alternative communication systems for individuals with developmental disabilities: A review of the literature. *Research in Developmental Disabilities, 34*(12), 4404–4414.

Horner, R. H., Carr, E. G., Strain, P. S., Todd, A. W., & Reed, H. K. (2002). Problem behavior interventions for young children with autism: A research synthesis. *Journal of Autism and Developmental Disorders, 32*(5), 423–446.

Kroeger-Geoppinger, K. (2013). Toilet Training. In *Encyclopedia of Autism Spectrum Disorders* (pp. 3128–3131). Springer New York.

Ledford, J. R., & Wehby, J. H. (2015). Teaching children with autism in small groups with students who are at-risk for academic problems: Effects on academic and social behaviors. *Journal of Autism and Developmental Disorders, 45*(6), 1624–1635.

Lerman, D. C., Valentino, A. L., & LeBlanc, L. A. (2016). Discrete trial training. In *Early Intervention for Young Children with Autism Spectrum Disorder* (pp. 47–83). Springer International Publishing.

Lovaas, O. I. (2003). *Teaching Individuals with Developmental Delays: Basic Intervention Techniques*. PRO-ED Inc.

Machalicek, W., O'Reilly, M. F., Beretvas, N., Sigafoos, J., & Lancioni, G. E. (2007). A review of interventions to reduce challenging behavior in school settings for students with autism spectrum disorders. *Research in Autism Spectrum Disorders, 1*(3), 229–246.

Mesibov, G. B., Shea, V., & Schopler, E. (2005). *The TEACCH approach to autism spectrum disorders*. Springer Science & Business Media.

Powers, M. (2005). Behavioral assessment of individuals with autism: A functional ecological approach. In F. R. Volkmar, A. Klin, R. Paul., & D. J. Cohen (Eds.), *Handbook of autism and pervasive developmental disorders*(3rd ed.). Wiley.

Powers, M. D., Palmieri, M. J., D'Eramo, K. S., & Powers, K. M. (2011). Evidence-based treatment of behavioral excesses and deficits for individuals with autism spectrum disorders. In *Evidence-based practices and treatments for children with autism* (pp. 55–92). Springer US.

Rogers, S. J., & Dawson, G. (2010). *Early Start Denver Model for young children with autism: Promoting language, learning, and engagement*. Guilford Press.

Rogers, S. J., Hayden, D., Hepburn, S., Charlifue-Smith, R., Hall, T., & Hayes, A. (2006). Teaching young nonverbal children with autism useful speech: A pilot study of the Denver model and PROMPT interventions. *Journal of Autism and Developmental Disorders, 36*(8), 1007–1024.

Smith, T. (2001). Discrete trial training in the treatment of autism. *Focus on autism and other developmental disabilities, 16*(2), 86–92.

Trembath, D., Vivanti, G., Iacono, T., & Dissanayake, C. (2015). Accurate or assumed: Visual learning in children with ASD. *Journal of Autism and Developmental Disorders, 45*(10), 3276–3287.

Vivanti, G., Paynter, J., Duncan, E., Fothergill, H., Dissanayake, C., Rogers, S. J., & Victorian ASELCC Team. (2014). Effectiveness and feasibility of the Early Start Denver Model implemented in a group-based community childcare setting. *Journal of autism and developmental disorders*, *44*(12), 3140–3153.

Waterhouse, L. (2013). Rethinking autism: *Variation and complexity*. Academic Press.

Wei, X., Christiano, E. R., Yu, J. W., Wagner, M., & Spiker, D. (2015). Reading and math achievement profiles and longitudinal growth trajectories of children with an autism spectrum disorder. *Autism:*

The international journal of research and practice, *19*(2), 200–210.

Wong, C., Odom, S. L., Hume, K. A., Cox, A. W., Fettig, A., Kucharczyk, S., … & Schultz, T. R. (2015). Evidence-based practices for children, youth, and young adults with autism spectrum disorder: A comprehensive review. *Journal of Autism and Developmental Disorders, 45*(7), 1951–1966.

제9장

자주 묻는 질문들*

이 장에서는 우리의 경험을 바탕으로 대부분의 독자와 관련이 있을 수 있는 몇 가지 질문을 다룰 것이다.

G-ESDM은 모든 자폐 아동에게 적합한가

자주 제기되는 우려 중 하나는 G-ESDM과 같은 그룹 기반 환경이 일부 자폐 아동에게 적합하지 않을 수 있거나 일부 아동은 그룹 환경에 '준비'되기 전에 먼저 1:1 치료를 받아야 한다는 것이다. 현재 개별 치료와 그룹 기반 치료의 결과를 비교한 연구는 없

* Giacomo Vivanti · Ed Duncan · Geraldine Dawson · Sally J. Rogers

으며, 어떤 특성을 가진 아동이 두 가지 형식 중 하나에서 더 많은 혜택을 얻을 수 있는지 여부를 나타내는 충분한 증거는 없다.

그럼에도 불구하고, G-ESDM과 기타 증거 기반 그룹 프로그램에 대한 연구(예: Stahmer, Akshoomoff, & Cunningham, 2011)는 개별 가정 기반 교육에서 보고된 것과 유사한 결과를 기록했으며, 이는 전반적으로 그룹 세팅이 자폐 아동에게 적합한 학습 환경이라는 것이다. 자폐 아동이 집단 환경에 '준비'되지 않을 수 있다는 우려는 ESDM의 원칙과 일치하지 않는다. ESDM은 사회적 · 의사소통적 · 인지적 발달의 구성 요소를 가르치는 데 개별화된 접근방식을 포함하고 있으며 어떤 선행 지식을 필요로 하는 것은 아니다. 또한 그룹 프로그램의 혜택을 받기 위해 아동이 '고기능'이거나 음성언어를 구사할 필요가 없다는 증거가 있다(Vivanti et al., 2014). G-ESDM에 대한 반응의 개인차가 있다고 예상할 수 있지만(다른 프로그램과 마찬가지로), 현재 증거에 따르면 G-ESDM에 '부적합한' 자폐 아동이 있다고 결론을 내릴 수 없다.

개인 및 그룹 기반 ESDM 프로그램을 모두 사용할 수 있는 경우 보호자와 의사는 아동과 가족의 특정 특성과 관련하여 두 가지 옵션의 장단점(제2장에서 논의함)을 평가해야 한다. 중요한 것은 이 책 전반에 걸쳐 논의하고 있듯이 ESDM을 제공받은 아동은 빠른 발전을 보일 것으로 예상되며, 단기적인 향상은 체계적으로 모니터링된다. 형식에 따라 치료사는 가족과 대체 옵션을 논의해야 한다. 제8장에서 논의하였듯이 이러한 상황에서 의사결정을 안내하기 위해 G-ESDM에는 특정 절차가 있다.

요약하면, 현재 연구는 일부 자폐 아동이 G-ESDM에 부적합하다는 것을 나타내지 않으며, 언어 및 인지 기능 수준 전반에 걸쳐 아동들에게서 치료 이점이 보고되었다. 또한 그룹 기반 프로그램은 전 세계의 아동에게 서비스와 교육을 제공하는 가장 일반적인 방법이므로 사회화 및 학습을 위해 문화적으로 적절하고 일반적으로 접근 가능한 환경을 제공한다. 그러나 다른 옵션이 있을 때 프로그램이 아동에게 적합한지 여부에 대한 결정은 아동과 가족의 목표와 우선순위에 따라 안내되어야 하며, 진행 상황을 지속적으로 모니터링해야 한다.

ESDM은 자폐 이외의 진단을 받은 아동에게 적합한가

ESDM에서 사용되는 놀이 기반의 의미 있고 본질적으로 보상이 되는 기술 내에서 행동 기법의 체계적 사용은 이론적으로 아동의 특정 진단에 관계없이 학습을 촉진한다. 그러나 이 모델의 효과가 자폐 스펙트럼 장애 이외의 진단을 받은 아동 또는 다운증후군이나 약체염색체증후군과 같이 자폐와 관련된 증상과 동시에 다른 유전자적 질환이 있는 아동에게서 경험적으로 검증되지 않았다.

ESDM과 G-ESDM의 효과를 뒷받침하는 과학적 증거는 무엇인가

연구는 다양한 구현 양식(예: 가정 개별 치료, 원격 의료, 보호자 개입 방식) 및 참여한 아동의 다양한 기능 수준(최근 리뷰에 대해서는 Ryberg, 2015; Talbott, Estes, Zierhut, Dawson, & Rogers, 2016; Waddington et al., 2015 참조)을 고려했을 때에도 ESDM이 효과적이라고 말하고 있다.

이 분야에서 가장 관련성이 높은 연구 중 하나에 따르면 ESDM의 효능에 대한 증거는 무작위 대조 실험(Dawson et al., 2010)에서 입증되었으며, 이 연구에서 2년 동안 주당 15시간의 개인 가정 기반 치료와 매월 4시간의 개인 부모 코칭을 받은 자폐 유치원생 그룹이 인지, 언어, 적응행동에서 유의미한 효과를 보였다. 도슨과 동료들(Dawson et al., 2012)은 ESDM을 받는 아동 그룹과 지역사회에서 일상적으로 이용 가능한 개입을 받은 아동 통제 그룹을 비교하였는데, 두 그룹에서 얼굴과 물체를 보는 것에 대한 뇌 활동 패턴을 측정하기 위해 뇌파 검사(EEG)를 사용했다. 이때 ESDM 그룹 아동들이 물체보다 얼굴에 대한 뇌 반응이 더 큰 것으로 나타났다. ESDM 그룹의 뇌 활동 패턴은 일반적으로 성장하는 같은 연령의 아동 뇌에서 발견되는 것과 동일했다.

우리는 보다 최근에 ESDM이 지역사회 보육 환경에서 성공적으로 전달될 수 있음을 확인했다(Vivanti et al., 2014; Vivanti et al., 2014 참조). 우리는 12개월 동안 주당 15~25시간의 ESDM 치료를 받은 자폐 스펙트럼 장애가 있는 유치원생 아동 27명의 결과를 유사한 지역사회 장기보육 서비스에서 제공되는 일반 개입 프로그램을 받고 있는 자폐 스펙트럼 장애가 있는 또래 30명의 결과와 비교하여 측정했다. ESDM은 정규 보육교사와 1:3의 아동 대 직원 비율을 사용하여 전달되었다. 두 그룹의 아동이 상당한 개선을 보인 반면, ESDM을 받은 아동은 언어(대조군 10점 대비 발달지수 20점)와 인지(대조군 7점 대비 발달 지수 14점)에서 상당히 더 높은 향상을 보였다. 프로그램 초기에는 ESDM 프로그램의 아동 중 40%만이 언어를 사용했다. 12개월 후 언어를 사용하는 아동의 비율은 85~90%였다. 이러한 결과는 집중적인 개별 가정 치료 대신 보육 그룹 환경에서 프로그램을 제공하더라도 ESDM이 자폐 스펙트럼 장애가 있는 유치원생 아동을 위한 효과적인 개입 모델임을 말하고 있다.

또한 ESDM의 그룹 시행이 자폐 아동의 부적응 행동 감소 결과를 가져온다는 증거가 있다(Fulton, Eapen, Črnčec, Walter, & Rogers, 2014). 이러한 발견은 접근 가능하고 지속 가능한 지역사회 보육 프로그램 내에서 자폐 아동의 필요를 성공적으로 채울 수 있는 가능성을 보게 한다. 또한 G-ESDM에서 사용되는 교수법은 전 세계의 고품질 보육 및 유치원 센터에서 사용되는 유아 교육을 위한 지침과 일치한다(National Association for the Education of Young Children, 2009).

G-ESDM을 제공하려면 어떤 자격이 필요한가

현재 G-ESDM을 지도하기 위해서 ESDM 지도에 필요한 자격 외에 추가 자격이 필요하지는 않는다. ESDM 웹 사이트(https://cpe.ucdavis.edu/subject-areas/early-start-denver-model)에 ESDM에서 치료사 또는 코치로 인증받기 위한 프로세스가 자세히 설명되어 있다. ESDM 및 G-ESDM의 효과를 문서화한 모든 연구는 훈련되고 자격을 갖춘 치료사와 직원이 수행하였다. 공인 ESDM 강사 및 치료사 목록은 UCDavisMINDInstitute 웹사이트에서 확인할 수 있다.

ESDM 치료사로 훈련받을 수 있는 전문가의 배경으로는 심리학, 정신건강의학과, 언어병리학, 작업치료, 유아 교육 및 특수 교육뿐만 아니라 유아 발달에 인증된 전문지식을 포함하는 기타 분야가 포함된다. 전문 자격이 없는 개인은 ESDM 치료사로 인증될 수 없지만 ESDM 자격을 갖춘 치료사의 교육 및 감독하에 일할 수 있다. 이 경우 개입의 충실도와 일관성을 확보하기 위해서 충실도를 자주 확인해야 한다.

보호자는 G-ESDM 내에서 어떤 역할을 하는가

보호자는 G-ESDM에서 두 가지 중요한 역할을 한다. 첫째, 무엇을 가르칠지에 대한 중요한 정보를 제공한다. 따라서 치료 우선순위를 파악하고 각 아동의 개별화된 계획을 수립하는 데 기여한다. 또한 집에서 아동을 돌보면서 가정 내 루틴을 하는 동안 ESDM 전략을 사용하는 방법을 배울 수 있다. 연구에 따르면, 보호자는 인증된 ESDM 코치로부터 적절한 코칭을 받으면 ESDM 전략을 숙달하고 집에서 성공적으로 적용할 수 있다(Vismara, McCormick, Young, Nadhan, & Monlux, 2013). 보호자의 ESDM 기술 숙달은 G-ESDM 실행의 '필수' 구성 요소는 아니지만, 또래와의 놀이 루틴 상황과 가정에서의 양육 루틴 중에 ESDM을 결합하면 최적의 진전을 위한 강력한 조합이 된다. 보호자들은 ESDM 원칙과 전략을 학습하는 데 도움이 되는 매뉴얼을 사용할 수 있다(Rogers et al., 2012).

G-ESDM에서 시각적 지원의 역할은 무엇인가

자폐 스펙트럼 장애 분야의 많은 실무자는 자폐 아동이 '시각적 학습자'라는 개념으로 교육을 받아 왔으며, 학습 환경에서 시각 보조 도구의 사용은 지난 수십 년 동안 많은 개입 프로그램의 중심 요소가 되었다. 따라서 일부 독자는 '전형적인 플레이룸' 환경에서 치료를 제공한다는 것에 당황스러워 할 수 있다. 이 제안의 근거는 두 가지이다. 먼저, 제2장에서 언급되었듯이, G-ESDM은 자폐 아동은 사람에게서 배워야 한다는 개념(사회적 학습)을 기반으로 두고 있다. 사람의 얼굴, 감정 표현, 행동, 비언어적 의사소통이 G-ESDM 환경에서 학습을 촉진하기 위해서 우리가 아이들에게 제공하는 시각적 자극이다. 따라서 G-ESDM 환경은 실제로 학습을 지원하는 시각적 정보가 매우 풍부하다. 시각적 정보를 처리하고 시각적 자극으로부터 학습하는 자폐 아동의 능력을 무시하는 대신, 우리는 이러한 명백한 강점을 사회적 환경에 사용한다. ESDM의 사회적 학습의 강조와 일관되게, 학습 환경을 단순화하기 위한 추가 시각적 지원은 교육 개입을 위한 물리적 환경의 핵심 구성 요소가 아니다(필요한 경우 시각적 지원의 사용을 포함할 수 있는 개별화된 프로그램 수정이 도입되기는 하지만; 제9장 참조). 앞서 언급하였듯이 학습 환경이 의미 있고 보람 있을 때 아이들은 그 환경에서 많은 것을 배울 가능성이 높다.

시각적 지원으로 플레이룸을 채우지 않는 두 번째 이유는 G-ESDM의 의사소통이 공동의 사회적 참여를 목표로 하기 때문이다. 실제로 G-ESDM 프로그램의 모든 활동에는 언어적 · 비언어적 행동을 매개로 한 사회적 의사소통의 기회가 포함된다. 이것은 의사소통이 파트너의 사회적 · 감정적 얼굴 및 신체 단서의 인식을 포함하는 사회적 교환의 일부임을 의미한다(예: 탑의 마지막 블록을 쌓을 때 기대에 찬 미소를 지으며 '준비, 시~작!'이라고 말하는 것은 스릴이라는 감정과 긍정적인 감정을 공유하는 것이다). 차후 보다 정교한 언어 사용의 기반이 되는 이러한 유형의 의사소통은 시각적 지원으로 쉽게 대체되지 않으며, 시각적 지원으로 가득 찬 학습 환경이 필요하지 않는 것이다. 그러나 명확하게 정리된 시각 정보가 자폐 아동이 학습 환경을 탐색하는 데 도움이 될 수 있다는 것은 의심의 여지가 없다. 이것은 우리 모두가 공공 서비스에 접근하기 위해 국제 교통 및 도로 표지판과 그림 및 기호로부터 혜택을 받는 것과 같은 원리이다. 이것이 바로 G-ESDM의 교육 환경이 단순한 '전형적인 플레이룸'이 아닌 이유가 된다. 이 플레이룸은 고도로 계획되고 역동적인 사회적 학습 플레이룸으로, 명확한 사회적 목표를 중심으로 자료가 구성되어 있고, 물리적 공간은 의사소통과 사회적 관계를 최적화하기 위해 의도적으로 설계되고 배열되어 있다. 그러나 이 매우 의미 있는 물리적 환경 내에서 G-ESDM은 치료사가 구체적으로 언어, 몸짓 및 기타 자연스러운 비언어적 의사소통의 사용을 목표로 하는 사회적 학습 장면에 아동의 지속적인 참여를 포함시킨다. 제7장에서 언급했듯이 프로그램에서 사용되는 언어의 복잡성은 아동의 현재 처리 능력을 고려하여 신중하게 조정된다. 중요한 것은 제4장에서 자세히 설명하였듯이 G-ESDM 학습 환경은 인쇄된 단어, 그림 및 기호로 표시된 영역 및 재료(예: 식사 중 아동용 의자 및 장난감 상자)를 포함하여 자연스러운 시각적 지원의 존재를 배제하지 않는다. 또한 의미 있고 보람 있는 사회 활동이라는 맥락에서 언어 입력이 제공되고 처리될 때 대부분의 자폐 아동은 구두 의사소통을 발달시킬 수 있지만 소수의 아동은 이러한 절차에 반응하지 않을 수도 있다. 따라서 G-ESDM 내에서 보완대체의사소통(AAC) 전략 사용에 관한 결정은 교육 목표에 대한 아동의 진전에 맞춰서 결정하고 주요 팀 구성원(관리자 포함)과 협의한 후 수행한다. 이러한 경우 우리는 G-ESDM 학습 환경에서 AAC 시스템의 사용을 확실히 권장하고 지원한다. 음성산출장치, 그림교환의사소통체계(PECS) 또는 기타 AAC 시스템과 같은 보완적 의사소통 도구가 G-ESDM 환경에 도입되면 모든 활동 중에 학생과 치료사가 사용할 수 있고 접근이 가능해야 한다. G-ESDM에서 이러한 시스템의 도입 및 지원을 안내하는 특정 의사결정 절차는 제8장에서 자세히 설명되었다.

마지막으로, 아동은 다감각 학습자이며 G-ESDM 환경은 모든 감각 영역에서 정보 처리를 지원하는 환경이다. 청각 정보, 촉지각 감각 정보, 시각 정보가 G-ESDM 환경에서 구성되고 통합된다. 그러나 사회적 파트너로부터 오는 다감각적 정보가 우선시되며, 성인의 몸짓, 얼굴 표정, 정서, 일상생활에 포함된 아동에게 적합한 언어는 아동에게 가장 중요한 정보로 간주한다. 따라서 G-ESDM에서는 성인이 그림, 그림 일정표 및 기타 유사한 장치를 포함한 자극 다른 환경에 노출되지 않도록 주의한다. 이는 이러한 자극들이 아동이 사회적 정보를 처리할 필요성을 줄이고, 주변 환경의 주요 인물에 대한 아동의 관심과 다른 사람과의 의사소통 및 사회적 단서들을 방해하기 때문이다. 제8장에서 자세히 다룬 것처럼 우리는 모든 자폐 아동이 같은 방식으로 배우고, 같은 것을 인식하고, 반응하므로 학습에 대한 한 가지 유형의 접근만 필요하다고 가정하지 않고 개별 아동에게 필요한 교육 전략과 환경 지원을 제공한다.

이 책의 많은 활동은 아동이 책상에 앉아 있어야 한다. 만약 아동이 몇 초밖에 혹은 전혀 앉아 있지 못한다면 어떻게 해야 하는가

우리가 책상 활동을 설정했는데 아이들이 우리와 함께하지 못할 때 우리는 스스로에게 다음의 세 가지 질문을 한다. ① 활동이 아이들을 참여하도록 '초대'하는가? ② 아동이 최적의 각성 수준을 유지하는 방식으로 활동이 전환되었는가? ③ 아동의 현재 수준에 따라 기대치를 조정하고 있는가?

첫 번째 요점을 다루기 위해 우리는 책상에서의 활동이 특정 아동에게 의미 있고 보람이 있는지 확인해야 한다. 그렇지 않은 경우, "활동에 대한 동기 부여와 '의미'를 높이기 위해 활동에 무엇을 추가할 수 있는가?"를 생각해야 한다. 이 질문을 해결하는 한 가지 방법은 최소 10초 동안 가지고 놀고 싶을 만큼 아이가 흥미를 느끼는 재료와 활동에 대해 정보를 수집하고 기록하는 것이다(부모, 교사, 다른 스탭, 그리고 직접 관찰을 통해서). 우리의 경험에 따르면, 모든 자폐 아동은 ESDM 전략(즉, 아동의 자발적인 관심에 대한 학습 기회 구축)을 적용하기에 충분한 시간 동안 최소한 하나의 재료 세트에 반응한다. 하지만 이 목록들은 한 달에 한 번 업데이트가 필요하다. 상동행동을 보이는 것은 자폐 스펙트럼 장애의 증상이기는 하지만, 자폐 아동은 전형적으로 발달하는 아동과 마찬가지로 시간이 지남에 따라 반복적으로 제공되는 자료 및 활동에 흥미를 잃을 수 있다(활동이 특별한 재미와 관련되지 않는 한!).

또한 책상으로 이동하는 경우에 아동이 더 보람 있는 활동에서 덜 보람 있는 활동으로 갑작스럽고 불쾌한 변화를 경험하지는 않는지 고려해 보아야 한다. 예를 들어, 모래밭에 성을 짓는 것을 좋아하는 아동의 경우, ① 시간에 대한 정보가 없었다면(예: 교사가 갑자기 '안으로 들어갈 시간'이라고 말함) 책상 활동으로의 전환은 부정적인 사건으로 경험할 수 있다. ② 다음 활동이 현재 활동보다 덜 흥미롭다. 이 경우 전환 자체를 의미 있고 보람 있는 경험으로 전환하는 것이 중요하다. 예를 들어, 교사는 모래밭에서 놀고 있는 아이에게 가서 ① 시간이 얼마 남았는지 알려 주고, ② 아이와 함께 놀면서 아이가 어른에 대한 관심을 높이고 모래밭에 대한 관심을 줄이도록 하고, ③ 재미있는 놀이 활동(예: 들어 올리기, 뛰기, 정말 빨리 뛰기)에 아이를 참여시킨다. 또한 활동 사이의 경로가 원활한 전환을 촉진하도록 물리적 환경을 조정하는 것이 중요하다(제4장의 '영역 간 전환' 절 참조). 또 다른 중요한 점은 아이의 현재 기술 수준에 따라 책상에 앉아 있는 시간에 대한 기대치가 너무 높지 않은지 살펴보는 것이다. 우리가 아이들에게 의미 있고 보람 있는 활동을 준비해 놓고 책상에 앉기를 기대하는 동안에도 우리는 아이들이 완전히 개발된 기술을 가지고 프로그램에 들어갈 것을 바라지 않는다. 제3장에서 언급한 것처럼 기대치는 항상 '근접발달영역'을 기반으로 한다. 즉, 아동이 현재 10초 동안 책상에 앉아서 활동에 참여하는 경우 우리는 15초 지속 시간을 목표로 한다. 따라서 토니(Tony)는 현재 착석수준이 10초이므로 15초 동안 앉아 있어야 하고, 애덤(Adam)은 현재 착석수준이 10분이므로 15분 동안 앉아 있어야 한다.

마지막으로 아이가 어떤 이유로든 의자에 앉는 것을 싫어한다면, 우리는 아이가 선호하는 활동은 오직 앉아 있을 때만 가능하고 자리를 떠날 때는 물건을 놓고 떠나는 것을 의미하는 구체적인 교육 계획을 짤 것이다. 대부분의 아이는 특히 음식을 가지고 돌아다니는 것이 허용되지 않는 경우 식사를 위해 앉을 것이다. 식사가 끝날 때나 음식이 제공되기 전에 선호하는 장난감을 추가하면 의자에 앉는 기술은 다른 종류의 활동과 짝을 이룰 수도 있다.

ESDM은 감각반응을 어떻게 다루는가

자폐 아동은 종종 감각 자극에 대한 비정상적 반응을 보인다. 예를 들어, 특정 소리나 질감에 '과민 반응'하거나 환경의 다른 자극에 반응하지 않을 수 있다(Lane, Molloy, & Bishop, 2014; Uljarević, Lane, Kelly, & Leekam, 2016). 제6장에서 논의하였듯이 이러한 차이는 전형적인 유치원 그룹 환경을 특징짓는 소음, 냄새, 빛 및 움직임과 같은 자극에 대한 반응으로 감각 각성을 조절하는 데 어려움이 있음을 말해 준다. 자폐 스펙트럼 장애의 비정상적 감각 처리는 과민 반응보다는 과소 반응과 더 자주 연관된다는 점을 주목할 필요가 있다(Baranek, Little, Diane Parham, Ausderau, & Sabatos-DeVito, 2014). 일반적으로 아동의 행동을 감각 회피로 과도하게 해석하지 말아야 한다. 이러한 비정상적 감각 반응은 학습을 방해할 수 있으므로 아동이 '과민'(예: 안절부절 못하게 방 주위를 뛰어다니는 아동) 및 '과소'(예: 수동적이고 무기력한 아동)일 때 몇 가지 전략을 적용해야 한다. 먼저, 제4장에서 설명한 것처럼 물리적 공간의 배열은 감각 자극의 처리, 감각의 구성 및 적응을 쉽게 하는 역할을 한다. 이는 명확한 목적과 주제를 중심으로 조직된 각 플레이룸 영역과 함께 '자극'의 양과 질을 신중하게 관리함으로써 달성할 수 있다. 명확한 의미가 부여된 공간은 그 환경에서 아이가 더 쉽게 자극을 처리하고 조직하도록 돕는다. 또한 제6장에서 언급한 것처럼 G-ESDM에서 성인은 놀이 재료 선택, 목소리 톤, 성인 활동 수준을 통해 아동의 각성과 감각적 반응성을 최적화하여 아동이 학습하는 동안 자연스러운 사회 학습 활동에 보다 최상으로 참여(학습)할 수 있도록 한다.

따라서 ESDM의 자연주의적인 사회적 학습 초점과 일치하여, 감각 이상은 별도의 '부가적 문제'로 다루기보다는 일상과 학습 경험의 사회적 · 물리적 맥락에서 다루어진다. 앞에서 설명한 전략을 시행하기 위한 모든 노력에도 불구하고 아동이 G-ESDM 플레이룸에서 학습하는 데 방해가 되는 감각적 어려움을 경험하는 것 같으면, 팀의 작업치료사와 상의하고 필요에 따라 아동의 프로그램을 수정해야 한다.

태블릿 PC 또는 다른 모바일 기술 도구가 G-ESDM에서 학습을 촉진하기 위해 사용되는가

태블릿 PC와 같은 터치스크린 장치는 자폐 아동을 위한 교육 도구로 점점 인기를 얻고 있다(Grynszpan et al., 2014). 이러한 유형의 기술이 제공하는 잠재적인 이점은 ① 자폐 아동에게 종종 높은 동기를 부여하는 매체의 사용, ② 특정 과제의 조건부 보상을 줄 수 있는 가능성(예: 아동이 성공적으로 매칭을 끝낸 후 좋아하는 TV 프로그램을 보여 주는 것), ③ 아동이 입력하는 것에 대한 전체 통제를 주어서 학습처리 과정에 들어가는 힘을 최소화하고 소음 없는 학습 정보에 집중할 수 있도록 하는 것, ④ 아이의 취향에 따라 개별맞춤식 자극을 제공할 가능성이 있다는 것이다.

일반적으로 G-ESDM의 동기 부여 물건(예: 태블릿 PC)은 공동주의, 감정 공유, 새로운 행동 모방, 언어적 · 비언어적 의사소통과 같은 사회적 의사소통 기술의 습득을 촉진하는 데 도움이 될 때 사용할 수 있고, 사용해야 한다. 의미 있는 경험에서 분리된 태블릿 PC 자체의 사용은 이러한 사회 영역 및 의사소통 영역에서 학습 목표를 달성하는 데 도움이 되지 않는다. 최악의 시나리오에서 태블릿 PC에 대한 강한 관심은 사회적 학습을 촉진하기보다는 사회적 관심과 사회적 참여에 오히려 해로울 수 있다.

따라서 우리의 임상 경험은 터치스크린 장치 사용에 주의를 기울이고, 그 사용이 각 아동의 목표 달성에 도움이 되는지 해가 되는지 여부를 고려하도록 제안한다. 최근 연구(Fletcher-Watson et al., 2015)는 자폐 스펙트럼 장애가 있는 미취학 아동에게 사회적 의사소통 기술을 가르치기 위해 설계된 태블릿 PC 기반 사회적 의사소통 기술 앱의 사용이 현실에서의 사회성 기술 개선을 촉진하지 못했다는 것을 보여 주었다.

G-ESDM 프로그램에서 계획 및 회의는 어느 정도 필요한가

G-ESDM 플레이룸 커리큘럼 내에서 개별 목표의 상호 작용과 복잡한 조정을 해야 할 일들은 일반적으로 그룹 보육 또는 유치원 환경에서 요구되는 것보다 더 많은 스탭 계획 및 의사소통이 필요하다. 각 환경과 G-ESDM 프로그램 요구 사항은 고유하지만, 다음 회의를 구성하는 것을 추천한다.

ESDM 전문가 검토 회의

ESDM 전문가 검토 회의의 광범위한 목표는 ESDM 자격이 있는 직원이 아동 프로그램을 검토할 수 있는 장(場)을 제공하여 ESDM 프로그램 전달을 최적화하는 것이다. 이러한 회의는 일반적으로 매주 실시되며, 팀이 개별 아동의 진행 상황을 검토하고 프로그램 수정 사항을 논의할 수 있는 장을 제공한다. 각 사례 토론은 관련 팀 리더가 주도하고, 논의된 주제에는 다음이 포함되지만 이에 국한되지 않는 것이 좋다.

주제	간단한 개요
프로그램 평가	팀 리더(및 다른 사람들)가 최근 관찰한 내용, 아동의 프로그램(즉, 목표에 대한 진전) 및 그룹 환경에서의 행동 등을 반영하도록 함. 여기에는 아동의 현재 관심사에 대한 생각과 일반적인 관찰내용이 포함될 수 있음
전문가 업데이트	만약 가능하다면 관련 전문 전문가들의 치료 프로그램과 관련된 피드백을 반영함(예: 문제행동을 가진 아동을 위한 긍정적인 행동 지원 계획)
보호자 피드백/보고	관련 보호자의 아동 관찰에 대한 피드백(예: 관찰)이 논의되어야 함(예: 집에서의 특정 행동의 빈도와 강도)
질문들	스탭들이 그들의 팀 리더들로부터 아동 프로그램에 대해 명확한 이해를 할 수 있도록 하는 것이 중요함

스탭이 필요에 따라 아동에 대한 최신 정보를 적시에 제공할 수 있는 기회를 갖는 것도 중요하다. 따라서 스탭이 필요에 따라(예: 문제행동을 해결하기 위해 행동 계획을 수정하거나 즉시 구현해야 하는 경우) 아동의 프로그램에 대해 논의할 수 있도록 회의 주제에 비상 토론의 기회를 제공하는 것도 좋다.

개별 교실 회의

팀의 규모와 개별 프로그램의 운영 제약에 따라 모든 스탭이 ESDM 전문가 검토 회의에 참석하지 못할 수도 있다. 예를 들어, 스탭은 예정된 회의 시간 동안 아동을 돌봐야 할 수 있다. 이러한 상황에서는 개별 아동 프로그램에 대한 관련 정보를 공유하고 구체적인 교실 회의에서 회의록을 검토하는 것이 중요하다.

보호자 회의

제공된 ESDM과 일치하게, G-ESDM은 가족 중심 개입 모델이다. 제3장에서 자세히 설명하였듯이 G-ESDM 치료사는 ESDM 커리큘럼 체크리스트를 사용하여 3개월마다 각 아동에 대한 평가를 수행하고 새로운 목표를 작성하는 일을 담당한다. 이것은 각 아동의 보호자와 연락할 수 있는 중요한 기회를 제공한다. 이 정기 ESDM 평가 및 목표 회의 외에 보호자는 최소 6주마다 팀 리디와 공식적으로 만나 아동의 프로그램을 논의하고 검토하는 것이 좋다.

팀 회의

ESDM 전문가 검토 회의와 달리 이 회의는 서비스 관리자/리더가 서비스 운영에 대한 관련 정보를 팀에 제공할 수 있는 포럼을 제공한다. 예를 들어, 스탭을 대상으로 한 교육, 교육 기회, 직업 건강 및 안전 요구 사항, 기타 법적 요구 사항 및 관련 연구 기회가 있다.

다학제적 팀 문화는 어떻게 확립될 수 있는가

다학제적 접근방식에서는 각 팀 구성원이 지속적인 학습과 조정(Samson & Daft, 2009) 그리고 아동을 위한 긍정적인 결과를 촉진하기 위해 '통제'하기 위한 철학이 아닌 '통제' 내에서 상호적으로 작업하는 데 전념해야 한다. 앞서 언급하였듯이 다학제적 실행은 조기 개입 내에서 최고 수준의 팀 협력을 필요로 하므로 이 접근방식에 헌신하는 팀을 구성하는 문제를 과소평가해서는 안 된다.

G-ESDM 팀은 '학습 유기체'(Senge, 2006)처럼 작동한다. 다시 말하면, 환경에 대응하여 지속적으로 변화하면서 구성원의 학습을 촉진하는 조직이다. 이 접근방식은 개별 팀 구성원이 공유된 비전에 헌신해야 하고, 팀으로서의 학습절차, 그리고 자신의 개인적·직업적 추측에 도전하게 해야 한다. 이러한 헌신적인 특징의 팀에서는 팀 구성원 간의 개방적이고 지원적인 의사소통은 공식적·비공식적 학습을 촉진하고, 중재활동에 내재된 정서적 요구를 관리하는 데 중요하다. 따라서 의사소통은 공유 경험을 장려하고 이러한 실제 경험을 통해 발생할 수 있는 학습 및 개발에 중점을 두어야 한다. 이것은 프로그램에서 부모와의 의사소통과 관련하여 매우 중요하다. 특히 개입에 대한 진전이 예상보다 느릴 때 그렇다. 따라서 협력적이고 공개적으로 일하겠다는 약속을 바탕으로 하는 팀 문화는 조직과 아동, 가족에게 유익이 된다(예: 스탭 유지, 지식, 직업 만족도 증가).

G-ESDM 프로그램의 관리자로서 G-ESDM 실행에 도움이 될 수 있는 자료가 있는가

우리는 G-ESDM 관리 및 팀 충실도 평가 도구를 만들었다(부록 참조). 이 자료는 G-ESDM 팀이 G-ESDM 프로그램의 질을 개선하기 위해서 자신들의 중재에 대해 적극적으로 확인해 보고 적합한 목표를 설정하는 데 지침서가 될 것이다.

참고문헌

Baranek, G. T., Little, L. M., Diane Parham, L., Ausderau, K. K., & Sabatos-DeVito, M. G. (2014). Sensory features in autism spectrum disorders. *Handbook of Autism and Pervasive Developmental Disorders* (4th ed.). John Wiley & Sons, Inc.

Dawson, G., Rogers, S., Munson, J., Smith, M., Winter, J., Greenson, J., & Varley, J. (2010). Randomized, controlled trial of an intervention for toddlers with autism: the Early Start Denver Model. Pediatrics, *125*(1), e17-e23.

Dawson, G., Jones, E. J., Merkle, K., Venema, K., Lowy, R., Faja, S., & Smith, M. (2012). Early behavioral intervention is associated with normalized brain activity in young children with autism. *Journal of the American Academy of Child & Adolescent Psychiatry*, *51*(11), 1150-1159.

Fulton, E., Eapen, V., Črnčec, R., Walter, A., & Rogers, S. (2014). Reducing maladaptive behaviors in preschool-aged children with autism spectrum disorder using the Early Start Denver Model. *Frontiers in pediatrics, 2*, 40.

Fletcher-Watson, S., Petrou, A., Scott-Barrett, J., Dicks, P., Graham, C., O'Hare, A., … & McConachie, H. (2015). A trial of an iPadTM intervention targeting social communication skills in children with autism. *Autism*, 1362361315605624.

Grynszpan, O., Weiss, P. L. T., Perez-Diaz, F., & Gal, E. (2014). Innovative technology-based interventions for autism spectrum disorders: A meta-analysis. *Autism*, *18*(4), 346–361.

Lane, A. E., Molloy, C. A., & Bishop, S. L. (2014). Classification of children with autism spectrum disorder by sensory subtype: A case for sensory-based phenotypes. *Autism Research, 7*(3), 322–333.

National Association for the Education of Young Children. (2009). *Developmentally appropriate practice in early childhood programs serving children from birth through age 8 (position statement)*.

Rogers, S. J., Estes, A., Lord, C., Vismara, L., Winter, J., Fitzpatrick, A., & Dawson, G. (2012). Effects of a brief Early Start Denver Model (ESDM)-based parent intervention on toddlers at risk for autism spectrum disorders: A randomized controlled trial. *Journal of the American Academy of Child & Adolescent Psychiatry*, *51*(10), 1052–1065.

Ryberg, K. H. (2015). Evidence for the implementation of the Early Start Denver Model for young children with autism spectrum disorder. *Journal of the American Psychiatric Nurses Association, 21*(5), 327–337.

Samson, D., & Daft, R. L. (2009). *Fundamentals of management* (3rd ed.). Cengage Learning Australia.

Senge, P. M. (2006). *The fifth discipline: The art and practice of the learning organisation*. Random House Publishing.

Stahmer, A. C., Akshoomoff, N., & Cunningham, A. B. (2011).

Inclusion for toddlers with autism spectrum disorders: the first ten years of a community program. *Autism, 1362361310392253*.

Talbott, M. R., Estes, A., Zierhut, C., Dawson, G., & Rogers, S. J. (2016). Early Start Denver model. In *Early intervention for young children with autism spectrum disorder* (pp. 113–149). Springer International Publishing.

Uljarević, M., Lane, A., Kelly, A., & Leekam, S. (2016). Sensory subtypes and anxiety in older children and adolescents with autism spectrum disorder. *Autism Research*.

Vismara, L. A., McCormick, C., Young, G. S., Nadhan, A., & Monlux, K. (2013). Preliminary findings of a telehealth approach to parent training in autism. *Journal of Autism and Developmental Disorders, 43*(12), 2953–2969.

Vivanti, G., Paynter, J., Duncan, E., Fothergill, H., Dissanayake, C., Rogers, S. J., & the Victorian ASELCC Team (2014). Effectiveness and feasibility of the Early Start Denver Model implemented in a group-based community childcare setting. *Journal of autism and developmental disorders, 44*: 3140. doi:10.1007/s10803-014-2168-9

Waddington, H., van der Meer, L., & Sigafoos, J. (2015). Effectiveness of the Early Start Denver Model: a systematic review. *Review Journal of Autism and Developmental Disorders*, 1–14.

부록

G-ESDM 충실도 평가 도구

G-ESDM 교실 그룹 시행 계획

장소 ____________ 평가자 ____________ 날짜 ____________

시간 ____________ 활동 ____________ 직원 ____________

등급 척도

1: 항목이 구현되지 않음

2: 항목이 일관되지 않게 구현됨

3: 지속적으로 구현된 항목

* 모든 항목에서 1점은 추가 교육이 필요함
* 모든 항목에서 얻을 수 있는 총점 대비 80% 이상의 점수는 실행 충실도를 나타냄

항목 설명	항목 정의	평가	코멘트
A. 교실 구성 공간이 잘 정리되어 있음. 동선이 명확하고 방해 요소가 최소화되어 있음	1. 교실 환경의 방해 요소는 환경적 경계를 사용하여 관리함. 활동/그룹의 위치는 아동의 개별적인 필요에 따라 배치됨(예: 그룹 시간 동안 소음과 시각적 방해 요소 관리) 2. 외부 방해 요소(예: 전화벨 소리, 늦게 도착한 아동/부모)는 센터 정책이나 비상 계획에 따라 관리됨 3. 활동 사이에는 명확한 동선과 시각적으로 확실한 전환 경로가 있고 아동들은 가야 할 목표 장소를 볼 수 있음 4. 사회적 파트너에게 주의를 집중할 수 있도록 물리적 환경이 배치되어 있음(예: 책상과 의		

	자는 친구들과 성인들의 얼굴을 마주볼 수 있도록 준비되어 있음) 5. 각 공간은 잘 정리되어 있고 명확한 놀이 주제가 있음. 개별 놀이, 소그룹 활동, 대그룹 활동이 가능한 공간이 있음. 감각적 사회성 발달을 위한 공간이 제공되고 유아의 발달에 적절한 다양한 종류의 놀이를 위한 공간을 배치함(예: 사회극 놀이. 조작, 대근육 운동)		
A. 참여 아동 참여의 기회가 극대화됨	1. 모든 아동은 스탭들로부터 잦은 상호 작용 기회를 얻음. 아동은 오랜 시간 동안 고립되거나 분리되거나 기능적이지 않은 활동에 참여시키지 않음 2. 성인은 활동과 일과 내에서 아동에게 선택할 기회를 자주 주고 통제를 공유하여 참여 동기를 최적화함. 자료, 아이디어, 시작과 반응에 대한 통제권은 아동과 성인이 동일하게 공유함 3. 대기 시간 혹은 아무것도 하지 않는 시간을 최소화함. 루틴과 활동들을 관리하여 불필요한 대기 시간을 최소화함. 만약 아동들이 기다려야 한다면 개별 아동 또는 그룹의 필요에 적절한 수준의 지원을 통해 적극적으로 시간을 관리하도록 지원함 4. 모든 아동은 개별화를 통해 참여하도록 지원됨. 필요에 따라 전략과 조정이 이뤄짐 5. 활동 시간은 활동/루틴 및 아동의 개별적 요구(예: 연령별 그룹, 시간대, 활동의 각성 수준 등)에 적절해야 함 6. 활동 중 아동의 배치는 개별적 필요, 기술 수준, 각성 수준, 목표에 따라 계획되었음(예:		

	전환에 어려움이 있는 아동은 손을 씻는 공간과 가장 가까운 식탁에 앉힘)		
B. 또래 상호 작용 또래 상호 작용이 촉진되고, 긍정적이고, 빈번하게 일어남	1. 또래 상호 작용은 모든 아동이 하루 종일 모든 활동과 루틴이 이루어지는 동안 촉진됨. 성인은 아동의 개별적 기술에 적합하게 언어적 · 신체적 단서 등 다양한 방법을 통해 또래 상호 작용을 촉진시킴 2. 또래 상호 작용에 맞게 자리배치됨. 성인은 또래 상호 작용이 최대한 일어날 수 있도록, 그리고 아동들이 서로에게 관심을 기울일 수 있도록 지원하기 위해 자신의 개입 필요성을 줄이는 방식으로 아동들을 배치하는 전략을 고려함 3. 또래 상호 작용을 장려하고 지원하기 위해 전략적으로 자료를 계획·준비·사용되어야 함(예: 사용되는 물건, 소품의 건네주기, 받기, 공동으로 사용하기 등을 촉진하기 위해 성인은 자료들을 제한시킴) 4. 아동은 또래와는 갈등을 가능한 한 독립적으로 해결하고 행동지도에 관한 센터 정책에 따라 지원받음		
C. 전환: 아동 그룹이 잘 조직화 되어 있음. 일정을 알고, 루틴에 참여하고, 전환 시 이동이 독립적으로 이루어짐	1. 성인은 조정된 전략을 사용하여 루틴과 활동에 들어가고 나가는 전환을 지원함(예: '보이지 않는 지원' '플로트' '리드' '연결하기' 등) 2. 아동들은 루틴을 알고 있음. 매일의 루틴과 일정은 예측 가능하며, 이는 아동의 참여와 독립적인 참여를 지원함 3. 아동의 독립성을 촉진하고 환경적 단서를 사용하여 해당 영역 또는 그 시간에 무엇을 해		

	야 하는지를 강조하고, 아동의 필요에 따라 개별화(예: 매트나 의자는 그룹 시간을 위해 준비하고, 식사 시간을 위해 테이블 매트를, 미술 활동을 위해 물감을 준비해 놓음)		
D. 커리큘럼: 활동들이 전체 그룹을 위해 잘 계획되어야 함. 개별화 허용. 흥미와 동기를 일으켜야 함	1. 그룹 사이즈는 활동에 적합해야 하고, 성인과 아동의 비율은 모든 아동의 참여를 촉진시키기 적절함 2. 아동의 동기 부여를 지원하기 위해 각 아동 및 그룹 전체의 관심사를 활용한 활동을 계획함 3. 활동시간은 각 아동에 맞게 적절하고 개별적임 4. 교실 일정은 하루 종일 균형 있게 운영함. 활동들은 1:1 상호 작용, 소그룹 활동 및 대그룹 활동을 포함하며 에너지와 각성 수준, 발달 영역 측면에서 균형이 잘 잡혀 있음 5. 활동은 각 아동의 개별 목표를 다룰 수 있는 기회를 제공하며 성인은 동일한 활동을 통해 다양한 수준의 다양한 목표를 달성할 수 있음 6. 목표와 아동의 관심사는 교수 커리큘럼을 개발하는 데 사용됨. 교수 커리큘럼은 매일, 매주, 계획된 기간에 걸쳐 모든 발달 영역을 다룸 7. 성인은 커리큘럼을 일관되게 준수하여 아동 학습에 대한 교육 기회를 제공함		
E. 자료 플레이룸에서 스탭이 정기적으로 수집한 자료	1. 모든 성인은 자신의 교육수준에 맞게 자료를 취합함 2. 정확한 자료를 수집함 3. 정기적이고 적절한 간격으로 자료를 수집함 (예: 활동 종료)		

	4. 플레이룸 안에서 자료 기록 장치 또는 기록지는 성인이 쉽게 접근할 수 있음		
F. 감정과 각성 수준 안전하고 활기차고 편안하고 즐거운 분위기	1. 아동의 자발적인 의사소통 시도는 성인이 한결같이 지속적으로 반응함 2. 성인의 따뜻함과 즐거움이 분명하게 표현되고, 온종일 풍부하고 자연스럽고 긍정적인 정서를 지속적으로 보여줌 3. 개별 아동을 위한 적절한 속도: 스탭은 개별 아동의 각성 상태에 민감하고 정서적 반응을 다양화하거나 아동의 각성을 조절할 수 있는 기회를 제공함으로써 적절하게 대처함 4. 성인은 플레이룸의 전반적인 각성 수준을 모니터링하고 플레이룸에서 최적의 각성 수준을 유지하기 위해 조정된 전략을 사용함(예: 그룹의 전반적인 각성 수준이 너무 높아 최적의 학습을 방해한다면 각성 수준을 낮추기 위해 소그룹 감각 활동들을 실행)		
G. 역할과 책임 그룹을 지원하기 위해 조율된 단위로서 스탭이 작업함. 역할이 명확하고 준비가 분명함	1. 성인이 하루 종일 특정 영역, 활동, 역할에 잘 배치되고 배정되어 놀이 및 상호 작용을 도움 2. 역할과 책임이 명확하고 문서화되어 있음. 성인들은 자신의 역할을 알고 준수하며, 필요한 경우 비상 계획을 실행하도록 지정된 성인을 포함하여 활동과 일과를 조정하기 위해 플레이룸 리더의 최소한의 지시만 필요로 함 3. 자료가 계획 및 구성되어 있고 쉽게 사용할 수 있도록 효율적으로 세팅되었음		

	4. 성인은 조율된 단위로 작업함. 자료 설정, 구현 및 활동 종료가 조율되고 효율적으로 이루어지며, 혼란의 흔적이 없음. 아동의 행동/결석/기타 방해로 인해 변경이 필요한 경우 이러한 변경이 원활하게 처리됨		
H. 개별화 계획 즉시 사용 가능하며 적절하고 일관되게 구현됨	1. 의사결정트리에 있는 아동을 지원하기 위한 개별화된 계획이 있음 2. 개별화 계획을 실행하는 데 사용할 수 있는 자원이 있음(예: 만약 아동에게는 음성산출장치가 필요하다면, 이를 쉽게 이용 가능함) 3. 스탭에게 계획을 알림 4. 계획이 적절하게 실행됨		

G-ESDM 관리 실행 측정

장소 ____________ 평가자 ____________ 날짜 ____________

등급척도

1: 항목이 구현되지 않음

2: 항목이 일관되지 않게 구현됨

3: 지속적으로 구현된 항목

* 모든 항목에서 1점은 추가 교육이 필요함
* 모든 항목에서 얻을 수 있는 총점 대비 80% 이상의 점수는 실행 충실도를 나타냄

항목설명	항목 정의	평가	코멘트
A. 다학제 팀	1. 모든 아동에게 팀 리더가 배정됨. 팀 리더가 일주일 이상 자리를 비울 때를 대비한 비상계획이 있음 2. 모든 리더는 ESDM 자격증을 받았거나 교육이 진행 중임 3. 팀은 작업치료사, 언어병리학자, 심리학자, 교사, 행동분석가 등을 포함한 전문가를 즉시 이용할 수 있음 4. 모든 스탭은 ESDM 교육을 받음(교육 수준은 각자의 역할과 전문 교육에 따라 적절히 조정됨) 5. ESDM 충실도 평가는 지속적으로 수행됨 6. 팀 학습을 촉진하고 숙련도를 높이며 전문가가 자신의 전문 역량과 표준 내에서 작업하도록 보장하는 프로세스가 마련되어 있음		
B. ESDM 팀 리더의 역할	1. 가족과의 적극적인 의사소통을 지원하기 위한 공식적(비공식적)인 의사소통 시스템이 마련되어 있음 2. 매주 팀 리더가 자료를 검토함		

	3. 팀 리더가 담당 아동의 프로그램을 적극적으로 관리함 4. 의사결정트리가 적절하게 적용됨 5. 전문가에게 의뢰가 적절하게 이루어짐		
C. ESDM 커리큘럼 평가와 목표	1. 3개월마다 ESDM 커리큘럼 체크리스트 실시함 2. 가족이 평가에 참여함 3. 여러 전문가가 평가에 기여하고 교육 프로그램 개발함 4. 평가 후 근무일 기준 5일 이내에 16개 목표 작성함 5. 목표는 다양한 영역에서 도출됨 6. 목표는 G-ESDM 형식에 따라 작성됨 7. 숙달 기준은 매일 정확한 데이터 수집을 용이하게 함		
D. ESDM 자료 수집 체계	1. 모든 스탭은 시스템 사용에 대한 교육을 받음 2. 모든 아동 목표는 낮 동안 모든 직원이 쉽게 접근할 수 있음 3. 스탭은 하루 종일 지속적으로 시스템을 사용함 4. 자료 요약 절차는 매일 수행됨 5. 추가 지원은 개별 아동의 목표에 대한 스탭의 지식을 증진하기 위해 사용됨(예: 치트 시트) 6. 단계별 학습, 메모 등을 포함하여 필요에 따라 아동의 프로그램을 변경할 수 있는 유연한 시스템이 마련되어 있음		
E. 보건 전문가와 연합	1. 적합한 전문가를 팀에 사용할 수 있음(필요시)		

	2. 전문가를 위한 추천 시스템이 마련되어 있음 3. 의뢰에 대한 반응이 시의 적절함 4. 전문가 계획은 고안되고, 팀은 실행을 위해 지원함 5. 전문가 계획은 관련(또는 신규) 목표 및 데이터 수집과 연결됨 6. 계획의 결과를 검토하고 적절히 수정함		
F. 팀 구성원 간의 의사소통	1. 정기적인 플레이룸 및 팀 리더 회의 일정(각 아동의 프로그램은 최소 1개월에 한 번씩 논의) 2. 모든 스탭이 회의록을 볼 수 있음 3. 팀워크가 촉진됨 4. 비공식 의사소통 창구는 직원 의사소통을 지원하는 데 사용함		
G. 의사소통: 관리진과 팀 간의 의사소통	1. 정기적인 팀 회의 2. 모든 스탭이 회의록을 볼 수 있음 3. 팀워크가 촉진됨 4. 비공식 의사소통 창구는 스탭의 의사소통을 지원하는 데 사용함 5. 스탭이 회의에 참여하도록 권장함 6. 관련 프로젝트가 적절하게 관리되고 전달됨		
H. 팀 문화	1. 탁월한 업무 능력과 긍정적인 팀 및 고객 중심 태도가 권장됨 2. 스탭이 자신의 개인적 · 직업적 가정에 도전할 수 있도록 격려함 3. 팀 문제해결을 장려함 4. 스탭이 업무에서 권한이 있다고 느낌(스탭을 대상으로 한 설문조사를 통해 측정함)		

	5. 팀은 모든 스탭의 의견을 소중히 여기고 격려하며 키워 주는 포용적이고 협력적인 팀 문화를 조성함(스탭 설문조사를 통해 측정함) 6. 스탭에게 혁신적이고 창의적인 업무 수행을 장려함 7. 스탭은 팀 내에서 문제를 제기할 권한이 있다고 느낌(직속 상사 포함; 스탭 설문조사를 통해 측정)		
I. 조직 문화	1. 조직에는 명백한 사명, 비전 및 가치가 있음 2. 스탭은 관련된 개별 성과 및 개발 계획(최소 연 1회 실시)을 가지고 있음 3. 팀 학습을 지원하는 시스템이 마련되어 있음 4. 스탭이 일과 삶의 균형을 긍정적으로 유지할 수 있도록 지원하고 장려하는 업무 공간 5. 계획 수립을 포함한 적절한 자원 조달 6. 높은 스탭 유지율		

G-ESDM 소그룹 활동 충실도 평가 도구

성인 ____________ 아동 ____________ 평가자 ____________

등급 척도

5: 최적의 그룹 교육의 예. 성인은 이 항목의 모든 관련 전략을 통합함
4: 약점보다 강점이 더 많음. 성인은 이 항목의 전략을 일관되게 통합함
3: 균형 잡힌 강점과 약점. 이 항목에서 그룹 교육 기술을 개선할 여지가 있음
2: 강점보다 약점이 더 많지만 성인은 이 항목의 일부 교육 전략을 통합함
1: 성인이 이 항목의 교육 전략을 통합하지 못했음

* 모든 항목에서 1점은 추가 교육이 필요함
* 모든 항목에서 얻을 수 있는 총점 대비 80% 이상의 점수는 실행 충실도를 나타냄
* 참고 : 이 도구는 2~4명의 아동이 참여하는 그룹 활동을 평가하도록 설계되었다. 더 큰 그룹의 경우 G-ESDM 교실 측정 도구를 사용하라.

항목 설명	항목 정의	평가	코멘트
A. 아동 주의집중 관리 아동은 성인, 또래 및 교육 활동에 최대한 집중할 수 있도록 배치됨. 모든 아동의 집중력을 최대화하기 위해 개별화된 전략이 적용됨	• 아동은 성인, 자료, 또래에 주의집중할 수 있도록 전략적으로 자리 배치되었음 • 성인은 활동 시작 시 모든 아동이 주의 집중하도록 했으며, 즉시 활동을 시작함 • 환경의 방해 요소를 최소화함 • 자료는 그룹의 모든 아동이 관심을 가짐 • 성인은 모든 아동의 관심을 극대화하기 위해 개별화된 전략을 사용함 • 성인은 아동이 성인, 자료 및 또래 사이에서 주의를 전환할 수 있도록 도와줌		
B. 행동 교수의 질 각 행동에 대한 A-B-C가 분명함. 학습 기회는 자주 제공됨	• 각 아동은 분당 최소 한 번의 학습 기회를 얻었음 • 선행사건, 행동, 결과의 형태가 분명함 • 반복 횟수가 개별 아동과 그룹의 필요에 잘 맞았음 *목표가 설정되지 않았을 경우 '1점'		

C. 교수 기법 적용 성인은 최소-최대 촉진, 용암법, 행동연쇄, 행동형성 등의 기법을 사용하여 아동에게 새로운 행동을 가르침	• 적절한 촉진의 사용(최소-최대 촉진), 행동형성(목표 행동에 대한 근접행동 강화), 행동연쇄(연관된 기술 연결), 용암법(신속한 촉진 제거) • 목표 행동을 유도하기 위해 보이지 않는 지원을 적절하게 사용 • 오류 관리: 성인은 각 아동의 적절한 행동을 목표로 하며 2회 이상 연속적 오류가 나지 않도록 교수 전략을 조정함		
D. 아동의 정서와 각성 관리 그룹의 정서적 분위기는 즐겁고 재미있으며 모든 아동의 요구와 맞아야 함	• 그룹의 전체적인 느낌이 유쾌하고 즐거움 • 각성 문제가 관찰되면, 성인은 그룹의 필요에 맞게 활동을 조정함(예: 속도 변경) • 성인은 감정 · 각성 문제를 보이는 아동을 돕기 위해 보이지 않는 지원을 적절하게 사용함 *각성 문제가 관찰되지 않으면 '5점'		
E. 부적절한 행동 관리 적절치 않은 행동에 대한 긍정적 행동 지원 전략을 사용함	• 성인은 부적절한 행동이 나오도록 기여하지 않음 • 긍정적 전략을 사용하여 성공적으로 아동을 다시 집중하도록 하고, 보다 적절한 행동을 유도함 • 성인은 모든 스탭과 아동의 안전을 유지함 • 행동이 확대되는 것을 방지하고 학습을 촉진하기 위해 효율적으로 실행되는 전략 • 행동 지원을 제공할 때 성인의 역할이 명확하고 일관되며 잘 전달됨 *적절치 않은 행동이 관찰되지 않으면 '5점'		

F. 또래 상호 작용 성인은 또래 상호 작용을 지원하기 위해 물리적 환경과 자료를 포함한 다양한 전략을 사용함. 모든 아동은 또래 상호 작용이 촉진되고 각 아동에 대한 전략은 차별화됨	• 자료 및 그룹의 물리적 설정이 또래 상호 작용을 촉진함 • 성인은 아동이 가능한 독립적으로 갈등을 해결하도록 지원함 • 그룹 활동 전반에 걸쳐 각 아동에 대해 또래 상호 작용을 위한 여러 전략이 활용됨 예: –또래 간 자료 전달 –서로 인사하기 –다른 또래를 관찰하도록 지원함 –서로를 모방할 수 있도록 지원함 –서로 의사소통 하도록 지원함(요청하기, 질문하기, 언급하기 등) *또래 상호 작용이 촉진되지 않은 경우 '1점'		
G. 아동 동기 최적화 성인은 아동이 활동을 하는 동안 동기를 유지하도록 여러 전략을 사용함	• 활동이 각 아동의 관심사에 따라 잘 선택되고 계획됨 • 활동 전반에 걸쳐 성인이 아동에게 선택권을 주고 아동이 이끄는 대로 적절히 따라감 • 성인이 각 아동에 대한 유지 기술(기존 기술)와 습득 기술(새로운 기술)의 조합을 목표로 함 • 성인이 개별 아동의 시도를 강화하고 자연스러운 강화를 제공함 • 동기를 유지하기 위한 전략은 필요에 따라 사용됨. 예: –'프리맥의 원리'의 사용 –아동이 흥미를 잃기 전에 활동 종료(활동 시간은 각 아동에 적절하도록 함) –동기를 부여하는 물건 사용		

H. 성인의 긍정적인 감정 사용 성인이 활동 전반에 걸쳐 자연스럽고 긍정적인 감정을 표현하며, 이는 아동의 감정과 일치함	• 성인은 얼굴, 목소리, 스타일에 긍정적인 감정을 표현함 • 성인의 긍정적인 감정은 집단 내 아동의 전반적인 감정과 일치함 • 성인의 정서는 집단의 필요에 적합하고 아동들을 지나치게 자극하지 않음		
I. 민감성과 색임 성인이 그룹에 있는 아동의 언어적·비언어적 신호에 민감함	• 성인은 각 아동의 언어적·비언어적 신호를 이해하기 위해 모든 노력을 기울임(보이지 않는 지원을 사용하여 도움을 주는 것을 포함) • 성인은 아동의 의사소통 단서에 반응함(바람직하지 않은 행동을 강화하지 않음)		
J. 다양하고 다수의 의사소통 기회 성인은 아동에게 다양한 기능을 포함하는 다수의 의사소통 기회를 제공함. 각 아동의 의사소통 목표를 다룸	• 성인은 다음 중 2개 이상에 대해 의사소통 기회를 제공함 요구하기, 언급하기, 명명하기, 거부/승인하기, 도움 요청, 완료 표시, 인사, 눈을 마주치며 성인의 소리 또는 제스처 모방하기 • 성인은 언어 모델링, 아동의 발화 확장, 아동의 발화를 다시 설명하기 등의 기술을 사용하여 아동의 의사소통을 지원함 • 그룹 활동에서 각 아동의 의사소통 목표는 적어도 한 가지 이상 다뤄짐		
K. 성인 언어 성인은 그룹의 각 아동 필요에 맞게 언어 사용을 조정함	• 성인은 하나씩 쌓아 가기 규칙(1-up rule)을 사용하여 아동의 의사소통을 확장함 • 언어 수준의 범위가 존재하는 경우, 성인은 각 아동에 따라 사용하는 언어를 달리함 • 성인의 언어는 구문론적·의미론적·화용적으로 적절함		

L. 공동 활동 및 정교화 성인은 그룹의 모든 아동들을 포함하는 4개의 공동 활동 루틴을 개발함. 여러 목표를 다룸	• 각 아동에게 적합한 수준으로 개별화된 활동 • 활동은 네 부분으로 구성됨(설정, 주제, 정교화, 종료) • 여러 발달 영역에 걸친 목표를 다룸		
M. 활동 간 전환 전환은 잘 계획되고 조정됨. 아동들은 가능한 한 독립적으로 전환함	• 가능한 한 아동이 독립적으로 전환하도록 지원함 • 독립적인 전환을 촉진하도록 환경을 구성함 • 전환 중 성인의 역할은 분명함 • 전환이 어려운 아동의 경우 직원이 전환을 지원하기 위해 개별화된 전략을 사용함		

찾아보기

인명

Karner, L. 30

Wing, L. 30

내용

2주 규칙 208

[A]

AAC 225, 226, 227

A−B−A 59

ABA 50

A−B−C 58, 59

[P]

PROMPT 226

[T]

TEACCH 216

[ㄱ]

각성 158, 159

감각반응 249

감각 사회적 루틴 57

감각 친화적 공간 105

강화자극의 강화력 216

개별 교실 회의 253

개별시도교수 215
개별적인 학습 목표 77
개인차 206
거울 뉴런 시스템 26
계획 및 회의 252
공감 30
공감 능력 23
공동 주의 27, 33, 114, 151
공동 활동 구조 및 정교화 171
과민 반응 249
과소 반응 249
관리 실행 측정 265
교수 기법 적용 155
구문 168
구조화와 반복 215
그림교환의사소통체계 226
근거 기반 61, 69
근거 기반 개입 43
근거 기반 전략 43
긍정적인 감정 54
긍정적인 정서 52, 145
기능행동평가 160, 229

[ㄴ]

난독증 36
뇌 가소성 47
뇌 네트워크 24, 26
뇌의 가소성 36
눈 맞춤 33, 52, 59, 88

[ㄷ]

다학제간 팀 접근방식 146
다학제적 185
도전행동 159
도전행동의 기능 160
동기 최적화 162

[ㄹ]

링 어라운드 로지 163

[ㅁ]

모바일 기술 251

모방 23, 26, 28, 49, 50, 51, 52, 78, 86, 87, 88, 94, 150, 161, 162, 164, 169, 173, 180, 184, 192, 193, 196, 222, 251

몸짓 23, 57

몸짓 언어 58, 166

민감성 145, 166

[ㅂ]

반복 행동 30

반응성 166

배제 181

번갈아 하기 23, 150

보상 24, 25, 28, 53, 54, 59, 105, 150, 154, 155, 160, 163, 164, 189, 193, 199, 201, 217, 239

보완대체의사소통 224, 228

복잡한 사회적 행동 23

부적응 68

부적응 행동 229

분리되는 위험 64

블록 영역 112

비언어적 의사소통 56, 166, 168, 169, 243, 245

[ㅅ]

사회적 고립 181

사회적 동기 21

사회적 상호 작용 184, 195, 200

사회적 이해 23

사회적 주의편향 26

사회적 참여 189, 191
사회적 통합 64, 182, 183, 184, 185
사회적 학습 22, 27, 29, 32, 33, 35, 36, 46, 47, 48, 50, 51, 52, 70, 105, 123, 150, 180, 250
사회적 학습 기회 120, 133
사회적 학습 부족 133
사회적 호기심 22
상징 놀이 151
상징적 놀이 107
상징적인 놀이 공간 112
상호 모방 23
상호 음성 교환 49
선행자극 82
소그룹 활동 충실도 평가 도구 151
시각적 지원 243, 244, 245

[ㅇ]

아동들과의 상호 작용 123
양육자-전문가 간 파트너십 68, 69
양육자 참여 186
언어병리학자 224, 226
언어적 · 비언어적 의사소통 28, 50
언어적 의사소통 170, 173
오류 수정 절차 155
용암법 60, 155, 156
음성산출장치 226
음운 168
응용행동분석 49, 100, 127, 147, 153
의사결정트리 210, 228

[ㅈ]

자세 23

자폐 스펙트럼 장애 159, 162, 172, 186, 187, 188, 189, 190, 191, 194, 195, 198, 199, 201
장애인교육법 61
장애인 권리에 대한 유엔 협약 45
전문가 검토 회의 252
전형적인 발달 28
정교화 172, 173
정서적 참여 21
제스처 33, 51, 52, 54, 87, 152, 195, 196
조기 개입 37, 43, 44, 61, 62, 255
조기 학습의 뇌와 인지적 기반 24
주의를 산만하게 만드는 요소를 배제 34
중심축반응훈련 50, 70

[ㅊ]

축구 60, 155
치료의 개별화 64
치료 충실도 176

[ㅋ]

커리큘럼 체크리스트 44, 50, 52, 78

[ㅌ]

통합 프로그램 181, 182, 183, 186
통합 환경 181, 182, 184, 186, 187, 188, 189
팀워크 185
팀 회의 254

[ㅍ]

표정 23

프리맥의 원리 163, 217

[ㅎ]

하나씩 쌓아 가기 규칙 170

할미니 법칙 163

합의된 의사결정 23

행동연쇄 60, 155, 157

행동의 경직성 34

행동형성 60, 155

협력적 행동 23

활동 간 전환 174

회의 253

저자 소개

Giacomo Vivanti, Ph.D.

필라델피아 드렉셀 대학교(Drexel University)의 A. J. 드렉셀 자폐연구소(A. J. Drexel Austism Institute) 조기 발견 및 중재 연구 프로그램 조교수이다. 예일 아동연구센터(Yale Child Study center)에서 객원 연구원으로, 샐리 로저(Sally Roger) 박사의 지도하에 캘리포니아 대학교 데이비스 캠퍼스(University of California, Davis)의 마인드 연구소(MIND Institute)에서 박사 후 연구원으로 근무하였다. 2010년 멜버른의 올가 테니슨 자폐연구센터(Olga Tennison Austim Research Center)에서 연구원으로 재직하는 동안 그룹 기반 조기 개입 환경하의 ESDM 실시에 대한 연방기금 5개년 프로젝트를 수행하였다.

Ed Duncan, B. S., M.B.A.

호주 멜버른의 라 트로브 대학교(La Trobe University) '자폐 조기 학습 및 치료 센터(ASELCC)'의 임상 감독이다. 그룹 기반 조기 개입 환경하의 ESDM 실행에 대한 연방기금 프로젝트가 시작된 2010년부터 참여해 왔다.

Geraldine Dawson, Ph.D.

듀크 대학교(Duke University) 정신건강의학과, 소아과, 심리학과, 신경과학과 교수이다. 듀크 대학교의 자폐와 뇌 발달센터(Duke Center for Autism and Brain Development)의 디렉터로 근무하며 자폐 스펙트럼 장애를 가진 사람들을 위한 학제 간 자폐 연구와 임상 서비스를 감독하고 있다.

Sally J. Rogers, Ph.D.

발달 심리학자, 임상 전문가, 정신 및 행동과학 교수, 캘리포니아 대학교 데이비스 캠퍼스에 있는 마인드 연구소의 교육 및 지도 책임자이다. NIH 기금을 받는 여러 자폐 연구 프로젝트의 수석 연구자였으며, 여기에는 10개년 CPEA 프로그램 프로젝트와 두 개의 Autism Centers of Excellence(ACE) 네트워크 프로젝트가 포함되어 있다.

기여자

Kristy Capes, B.Ed.

호주 멜버른의 라 트로브 대학교 자폐 조기 학습 및 치료 센터의 '자폐 놀이친구 프로그램' 수석 교사 겸 관리자, ESDM 트레이너

Jess Feary

호주 멜버른의 라 트로브 대학교 자폐 조기 학습 및 치료 센터의 ESDM 트레이너, ESDM 트레이닝 매니저, 작업치료사

Cynthia Zierhut, Ph.D.

미국 세크라멘토의 MIND 연구소 ESDM 트레이닝 프로그램 수석 트레이너, Early Start Lab의 임상 슈퍼바이저

역자 소개

허은정 Hur Eun Jung

단국대학교 특수교육학 박사
응용행동분석전문가(ABAS) 1급, BCBA-D
전 아이들세상 ABA연구소 소장
현 더자람ABA발달연구소 소장
한국응용행동분석전문가협회 회장
단국대학교 겸임교수

대표 저서

『아동발달을 위한 ABA 프로그램: 차근차근 알기 쉽게 써 놓은 발달장애아동을 위한 ABA 치료 실용서』(학지사, 2020)
『PACC: 아동발달을 위한 ABA 체크리스트』(인싸이트, 2023)

한상민 Han Sang Min

공주대학교 특수교육학 박사 수료
응용행동분석전문가(ABAS) 1급, BCBA
현 서울ABA연구소장
한국응용행동분석전문가협회 이사
대구사이버대학교, 한국체육대학교, 단국대학교 등 출강

대표 저·역서

『서두르지 않고 성장 발달에 맞추는 ABA 육아법: 자폐 아들을 키우는 국제행동분석가의 부모표 조기 중재』(마음책방, 2020)
『우리 아이 언어 발달 ABA 치료 프로그램: 자폐와 언어장애 아동을 위한 행동과제』(역, 예문아카이브, 2020)

신지명 Shin Jee Myoung

이화여자대학교 일반대학원 발달심리학 석사
응용행동분석전문가(ABAS) 1급, BCBA
ESDM certified therapist
현 캣츠아동행동연구소 소장
한국응용행동분석전문가협회 이사
단국대학교 특수교육대학원 출강

대표 역서

『자폐증이 있는 아이를 위한 긍정양육: 내 아이의 성장과 발달을 돕기 위한 강력한 양육전략! 응용행동분석에서 답을 찾다』(공역, 학지사, 2020)

김민영 Kim Min Young

위스콘신 대학교 매디슨 재활상담 및 특수교육학 박사

응용행동분석전문가(ABAS) 1급, BCBA

현 김민영 ABA 연구소 소장

한국응용행동분석전문가협회 이사

서울교육대학교, 이화여자대학교, 단국대학교 등 출강

대표 역서

『장애학생을 위한 통합교육: 교육과정 통합 및 교수학습 지침서』(3판, 공역, 시그마프레스, 2017)

그룹 ESDM

자폐 스펙트럼 장애 아동을 위한 협력적 치료

Implementing the Group-Based Early Start Denver Model for Preschoolers with Autism

2024년 4월 25일 1판 1쇄 인쇄
2024년 4월 30일 1판 1쇄 발행

지은이 • Giacomo Vivanti · Ed Duncan · Geraldine Dawson · Sally J. Rogers
옮긴이 • 허은정 · 한상민 · 신지명 · 김민영

펴낸이 • 김진환
펴낸곳 • ㈜ 학지사
04031 서울특별시 마포구 양화로 15길 20 마인드월드빌딩
대 표 전 화 • 02)330-5114 팩스 • 02)324-2345
등 록 번 호 • 제313-2006-000265호

홈 페 이 지 • http://www.hakjisa.co.kr
인스타그램 • https://www.instagram.com/hakjisabook

ISBN 978-89-997-3110-5 93370

정가 17,000원